三星堆·古蜀学术史研究

段渝 —— 主编

汪志斌 杨丽华 李桂芳 向野 —— 著

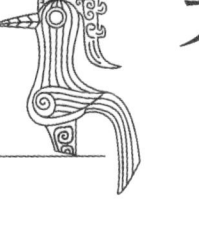

四川人民出版社

序 言

段 渝

学术史是学术研究的自我反思与总结,是学术研究得以升华的关键环节,是学术创新的重要根基。梳理学术进程、廓清学术源流、彰显学术焦点、总结学术经验,成为当前学术研究的重要任务。

三星堆与古蜀学术史是中国学术史的一个重要组成部分。从1934年至今,学术界对于三星堆文化与古蜀文明的研究已整整九十年,无论在研究方向、研究范围还是在研究的理论方法等方面,都取得了突破性进展,使三星堆文化与古蜀文明研究出现了崭新气象,研究更加深化,研究领域愈益广泛。但毋庸置疑的是,学术界在研究的价值取向上还存在相当分歧,这主要导源于学科及其材料、理论和方法等方面的差别。因此,为了进一步推进三星堆文化与古蜀文明的研究工作,很有必要对三星堆与古蜀学术史进行深入述评,以缕析学术源流,整理争论焦点,总结成果与不足,展望未来。这项工作的开展已是势在必行。

自2022年3月四川省社会科学院三星堆与青铜文明研究中心成立后,即致力于三星堆文化与古蜀文明的研究。为此,首先确定从学术史研究着手,实实在在地开展基础性工作,以夯实进一步研究的基础。本书即是其成果之一。

本书从三星堆遗址文化性质研究、三星堆文化起源与形成学术史研究、三星堆文化的交流研究、古蜀历史传说研究等四个方面展开综合述评,目的在于通过对三星堆文化与古蜀文明学术史的研究,从材料、理论和方法以及成果与分歧等方面,梳理学术历程、当前走向和发展变化趋势,为学界提供发展创新的学术和思想资料等方面的参考。同时,通过对三星堆学术史的研究,将可以明了,建立在各自学科基础上的学术研究,应扩展学术视野,充分吸收其他学科的研究方法和理论,将历史学、考古学、文化人类学以及其他相关学科的材料、理论和方法整合起来，达到深化科研的目的。

有必要指出，学术界关于三星堆与古蜀文明研究的论著数以千计，各种观点纷繁复杂，本书选取具有代表性的观点加以综合述评。限于本书作者的功力和水平，不周不妥以至错谬之处在所难免，诚恳希望读者批评指正。

2024年12月7日
于成都龙湖

目录

第一章 三星堆遗址文化性质研究述评 1
 第一节 月亮湾地点的认识 1
 第二节 三星堆遗址的认识 22
 结 语 60

第二章 三星堆文化起源与形成学术史研究述评 64
 第一节 在三星堆遗址分期研究中认识三星堆文化的内涵 65
 第二节 三星堆文化起源研究的阶段性特征 88
 第三节 三星堆文明的形成研究 120
 结 语 133

第三章 三星堆文化的交流研究述评 135
 第一节 三星堆与中原夏商的文化交流 136
 第二节 三星堆与周邻地区的文化交流 155
 结 语 168

第四章 古蜀历史传说研究述评 ... 170
引　言 ... 170
第一节　古蜀历史的文献研究 ... 171
第二节　古文字中的古蜀历史研究 ... 189
第三节　古蜀研究中的实物证据 ... 206
第四节　古史研究的方法论反思 ... 232
结　语 ... 238

第一章
三星堆遗址文化性质研究述评

汪志斌

三星堆遗址为成都平原新石器时代晚期至商周时期的连续性中心聚居遗址，面积约12平方千米，遗址内已知区域按功能认识划分为作坊区、居住区、墓葬区、宫殿区和祭祀区等。自1931年美国人戴谦和到广汉调查并发表报告以来，有关三星堆遗址文化性质的讨论已经有90余年，形成许多共识，分歧和争议也不少。

遗址的文化性质问题，总体来说需要回答一个"是什么"的问题，并主要呈现为从文化面貌到文化类型以及历史方位等话题的认识发展过程。有关三星堆遗址文化性质的认识，有一个从局部到整体、从表象到深入、从零散到系统的过程。以有关三星堆遗址面貌的认识为线索，这个认识过程大致可以分为"月亮湾地点的认识"和"三星堆遗址的认识"两个阶段。

第一节 月亮湾地点的认识

"月亮湾是马牧河北侧阶地上的一条略由东北向南弯曲延伸的土埂，形似月牙，故名。"[①] 一般认为，三星堆的发现始于民国时期广汉县太平场月亮湾玉石器坑的发现。在此之后，这个地点成为一个坐标点，以这个地点为中心的区域先后有"太平场遗址"[②]、"广汉文化遗址"[③]、"中心乡

---

① 马继贤：《广汉月亮湾遗址发掘追记》，四川大学博物馆、中国古代铜鼓研究学会编《南方民族考古》第五辑，成都：四川科学技术出版社，1993年，第310页。

② D.C.Graham, A Preliminary Report of the Hanchow Excavation. *Journal of the West China Border Research Society*, vol.Ⅵ（1933-1934），p.116. ［美］葛维汉：《汉州发掘简报》，《华西边疆研究学会杂志》，第6卷（1933—1934），四川大学博物馆整理《华西边疆研究学会杂志（整理影印全本）》，北京：中华书局，2014年，第3册，第1138页。

③ 郑德坤：《四川古代文化史》，成都：巴蜀书社，2004年。另见《三星堆研究》第一辑，成都：天地出版社，2006年。

古遗址"①、"横梁子遗址"②、"中兴公社古遗址"③、"广汉遗址"④、"中兴古遗址"⑤和"月亮湾遗址"⑥等不同称呼。根据这个地点在三星堆遗址观念结构中的地位，以月亮湾地点为中心的遗址区域的文化性质认识可以分为前后两个阶段：1931—1979年；1980—21世纪20年代。

在前一阶段的很长时间里，以月亮湾这个地点为中心的区域都是被作为整个三星堆遗址来看待的。1980年以后随着三星堆遗址完整面貌被证实，月亮湾地点逐渐相对边缘化。1990年以后，在三星堆遗址文化性质认识的深入探讨过程中，月亮湾这个地点被重新重视起来，并提出"月亮湾文化"类型，成为认识三星堆遗址文化性质的重要组成部分。根据治学风格上的差异，前一阶段又可以分为两个时期：1931—1949年；1950—1979年。

以下按三个时期分段叙述。

一、20世纪30—40年代

（一）考古调查与发掘概况

1927年⑦（一说1929年⑧），四川省广汉县（今四川广汉市）太平场月亮湾的燕道诚在其住宅旁沟渠（倒流堰）底部发现一个玉石器坑，获得玉石器（下称"广汉玉石器"）三四百件（一说一二百件⑨），有玉圭、玉璋、玉琮、玉斧、石璧等⑩，后陆续散失国内外，存留至今的极少。到

---

① 西南博物院筹备处：《宝成铁路修筑工程中发现的文物简介》，《文物参考资料》1954年第3期。
② 王家祐、江甸潮：《四川新繁、广汉古遗址调查记》，《考古通讯》1958年第8期。
③ 四川大学历史系考古教研组：《广汉中兴公社古遗址调查简报》，《文物》1961年第11期。
④ 冯汉骥、童恩正：《记广汉出土的玉石器》，《四川大学学报（哲学社会科学版）》1979年第1期。
⑤ 四川省文管会、四川省博物馆、广汉县文化馆：《广汉三星堆遗址》，《考古学报》1987年第2期。
⑥ 马继贤：《广汉月亮湾遗址发掘追记》，四川大学博物馆、中国古代铜鼓研究学会编《南方民族考古》第五辑，成都：四川科学技术出版社，1993年；宋治民：《1963年广汉月亮湾遗址发掘的回忆——纪念四川大学考古专业创建五十周年》，《四川文物》2010年第4期。
⑦ 许杰：《四川广汉月亮湾出土玉石器探析》，《四川文物》2006年第5期；霍巍、谌海霞：《三星堆遗址发现年代新考》，《四川大学学报（哲学社会科学版）》2023年第6期。
⑧ 冯汉骥、童恩正：《记广汉出土的玉石器》，《四川大学学报（哲学社会科学版）》1979年第1期。
⑨ 西南博物院筹备处：《宝成铁路修筑工程中发现的文物简介》，《文物参考资料》1954年第3期。
⑩ 冯汉骥、童恩正：《记广汉出土的玉石器》，《四川大学学报（哲学社会科学版）》1979年第1期。

1930年前后，这些玉石器开始引起有关方面的关注。

1931年，英国牧师董宜笃①和美国人戴谦和前往广汉调查发现地点，获得一批玉石器。随后，戴谦和撰成论文《四川的祭祀遗迹及一些新近发现的器物》（英文，又译为《四川古代遗迹和文物》）②，发表于《华西边疆研究学会会刊》第4卷（1930—1931）。

1934年，在广汉县政府支持下，华西大学博物馆馆长、美国人葛维汉与助理馆员林名均在燕氏宅旁发现玉石器坑的原址开展田野考古发掘，前后用时10日，匆匆结束。除重新发掘堰渠原坑外，在相邻堰渠岸边组织了发掘。依据发掘结果，葛维汉撰成《汉州发掘简报》（英文）③，1934年发表于《华西边疆研究学会杂志》第6卷（1933—1934）。

民国时期有关三星堆遗址的讨论所依凭的文物资料就来自上述三次发现。

---

① 即V.H.Donnithorne，见［美］戴谦和：《四川的祭祀遗迹及一些新近发现的器物》，《华西边疆研究学会杂志》，第4卷（1930—1931），四川大学博物馆整理《华西边疆研究学会杂志（整理影印全本）》，北京：中华书局，2014年，第2册，第522页；［美］葛维汉：《汉州发掘简报》，《华西边疆研究学会杂志》，第6卷（1933—1934），四川大学博物馆整理《华西边疆研究学会杂志（整理影印全本）》，第3册，第1130页；林名均《广汉古代遗物之发现及其发掘》作"V.H.Donnithotne"（《说文月刊》第3卷，1942年第7期，第94页），郑德坤《四川古代文化史》作"A.H.Donnithorne"（华西大学博物馆1946年印行，第31页）。此人汉译名，林名均作"董笃宜"（《说文月刊》第3卷，1942年第7期，第94页），《葛维汉民族学考古学论著》（巴蜀书社2004年版）和《三星堆研究》第一辑（天地出版社2006年版）所收录的戴谦和广汉考察报告和葛维汉发掘简报均译作"董笃宜"（《葛维汉民族学考古学论著》第176页、《三星堆研究》第一辑第17、85页）。"董宜笃"之译名，见于郑德坤《四川古代文化史》第四章"广汉文化"（华西大学博物馆1946年印行，第31页，另见上海书店1989年出版的"民国丛书"第五编第39册《四川古代文化史》第31页、巴蜀书社2004年出版的《四川古代文化史》第45页），《三星堆研究》第一辑收录其"广汉文化"一章则改作"董笃宜"（《三星堆研究》第一辑第104页）。许杰《四川广汉月亮湾出土玉石器探析》（《四川文物》2006年第5期）一文所节录戴谦和报告、葛维汉发掘简报均作"董宜笃"。四川大学博物馆整理的《华西边疆研究学会杂志（整理影印全本）》均作"董宜笃"。从时间上来说，汉译"董笃宜"之名自林名均始，"董宜笃"之名自郑德坤始。本文中除引文外均译作"董宜笃"。

② D. S. Dye, "Some Ancient Circles, Squares, Angles and Curves in Earth and in Stone in Szechwan, China. *Journal of the West China Border Research Society*, vol.Ⅳ (1930-1931).［美］戴谦和：《四川的祭祀遗迹及一些新近发现的器物》，《华西边疆研究学会杂志》第4卷（1930—1931），四川大学博物馆整理《华西边疆研究学会杂志（整理影印全本）》，北京：中华书局，2014年，第2册。

③ D.C.Graham, A Preliminary Report of the Hanchow Excavation. *Journal of the West China Border Research Society*, vol.Ⅵ (1933-1934).［美］葛维汉：《汉州发掘简报》，《华西边疆研究学会杂志》，第6卷（1933—1934），四川大学博物馆整理：《华西边疆研究学会杂志（整理影印全本）》，北京：中华书局，2014年，第3册。

（二）戴谦和的猜想：古老的蜀（Shuh）文化

戴谦和关于广汉的调查报告一般翻译为《四川古代遗迹和文物》。这是有关三星堆遗址文物古迹的第一份调查报告，从此三星堆遗址正式进入学术研究的视野。

如其调查报告的标题一样，戴谦和对太平场燕氏所发现的玉石器坑的看法是放在四川乃至世界的背景下来审视的。在介绍了"分布于世界各大洲的方形和圆形土石建筑遗迹"并探讨了"决定建筑遗迹基本外形的普遍（世界性）因素"之后，戴谦和介绍了在四川所见到的"圆形的'天坛'和方形的'地坛'"以及近代以来西方人在四川境内所发现的旧石器和早期新石器。在此背景下，他将广汉的发现归入"成都平原出土的晚期新石器"并对其文化性质做了初步的猜想：

> 要确定这些珍贵石器的年代并非易事，但由出土的石凿、石锛、石斧的制作工艺，特别是从石刀极其精美的艺术性判断，它们是公元前1000±300年制造的。当时，石制工具的加工水平已到达顶峰，同时金属器具也已开始应用（华西大学博物馆现藏有成都附近出土的公元前200年的铁矛和铁剑）。这批石器在艺术性方面堪与周朝的青铜器媲美。它们可能属于比成都平原的汉（Chinese）文化更为古老的蜀（Shuh）文化；可能是用于祭祀的礼器；还可能是某（几）位重要人物的陪葬品。出土的大石圈可能是用于祭天的宗教礼器，并且可能与汉文化中的上天崇拜有着比迄今在华西地区所发现的任何一种石器更为紧密的联系。除我们在前面提到的用于祭拜天地的"天坛"和"地坛"，以及后来出现的钱币外，这些石圈似乎并没有表现出与四川的其他文物古迹存在遗传关系。①

在此，戴谦和采用比较方法对广汉所发现的玉石器做了三个推断：（1）从"在艺术性方面堪与周朝的青铜器媲美"的制作水平推测这批玉石器的年代在距今3000年左右；（2）在文化类型上归属于"比成都平原的汉（Chinese）文化更为古老的蜀（Shuh）文化"，属"晚期新石器"时代文化；（3）在功能上可能是殉葬品，也可能是祭祀礼器。这三个推断开启了此后有关三星堆遗址文化性质认识的基本方向。

---

① ［美］戴谦和：《四川古代遗迹和文物》，杨洋译，《三星堆研究》第一辑，成都：天地出版社，2006年，第18—19页。

总体来说，戴谦和关于广汉玉石器以及三星堆遗址文化性质的认识是概略的、模糊的和零散的，以猜想为主，既有卓见也有很大程度的不确定性，这尤其表现在有关广汉玉石器反映的文化与"汉文化"及其他文化的联系上。一方面，戴谦和认为广汉玉石器所反映的是与"汉文化"不同的"蜀文化"，"没有表现出与四川的其他文物古迹存在遗传关系"，这里所说的"四川的其他文物古迹"显然指的是他当时所能够见到的属于"汉文化"的文物古迹。但另一方面他又说广汉玉石器"可能与汉文化中的上天崇拜有着比迄今在华西地区所发现的任何一种石器更为紧密的联系"，从而对广汉玉石器与"汉文化中的上天崇拜"之间的关系做了猜想。从上述两种表述的和解意义上来看，这里所说的"更为紧密的联系"显然不能做归属性理解而应该做同类性理解，即同属"上天崇拜"而具有相似性。这也符合戴谦和的报告一开始就从介绍"分布于世界各大洲的方形和圆形土石建筑遗迹"和"决定建筑遗迹基本外形的普遍（世界性）因素"着手的报告思路，由此也决定了"紧密的联系"（more closely relation）这一断语终究是一种程度性的模糊表述，"蜀（Shuh）文化"与"汉（Chinese）文化"之关系，尤其是二者之间是否具有传播关系而相互影响的问题在此是没有明确的，但考虑到其时代条件是可以理解的。

此外，戴谦和还基于形制与风格将这些玉石器与玛雅文明联系起来进行了比较探讨，形成有关三星堆遗址的最早的文明比较研究。这种跨文明比较在今天看来多少是有些"天马行空"的，但如果从张光直"玛雅—中国文化连续体"[①]的思路来重新审视，三星堆与玛雅文明之间虽不具有直接的传播关系，却可能存在共同的更为久远的底层结构渊源，因而戴谦和有关三星堆文化性质认识中这样的跨文明比较，还是有其启发意义的。

戴谦和报告中的这种概略性认识应该与资料的匮乏直接相关，但或许也正因如此，戴谦和直接注意到了广汉玉石器与蜀地汉代器物之间的关系：

> 这些石器在线形，做工和艺术风格，特别是石刀-石矛柄部宽出的齿饰等方面与汉代的器物间存在某种遗传关系。这种遗传关系在汉代的铜质饰物和挂有"金币"（上刻象征天地的符号）的"生命树"

---

① 张光直：《考古学专题六讲》，北京：文物出版社，1986年，第21页；张光直：《中国古代文明的环太平洋的底层》，《中国考古学论文集》，北京：生活·读书·新知三联书店，1999年，第357—369页。

（Trees of Life）（现藏华西大学博物馆）上表现得尤为明显。①

这种汉代"生命树"今天被通称为"摇钱树"，为巴蜀文化的典型器物之一，是与广汉玉石器所反映的蜀（Shuh）文化一脉相承的器物。

（三）葛维汉的命名：汉州文化（Hanchow culture）

葛维汉的考古报告是有关三星堆遗址的第一份正式发掘报告。

与戴谦和基于有限资料的多方比较类似，葛维汉对发掘报告的定位也是谨慎的："据目前的这些资料，结论也只能停留在暂时假设阶段。等将来找到更多的考古证据，以及广汉收藏品极为详细的第一手材料与中国其他地区的早期收藏品比较后，再来改变或确定结论。"② 但这种谨慎并没有改变在器物文化性质认识上的模棱两可。一方面，葛维汉的重要假设之一就是玉石器坑为墓葬，"玉刀、玉凿、玉剑、方玉以及玉璧等礼品，周代时均系死者的随葬品，玉珠也为死者的随葬物"③，另一方面他在报告中又说，"这些玉刀、玉剑，玉凿等显然是祭祀用的"④，并引用周代玉璧祭天、玉琮（方玉）祭地的礼制作为依据，因而实际上在假设（倾向）玉石器坑为墓葬、所出土文物为随葬品的同时，也承认了祭祀礼器的可能，并未改变戴谦和的猜想。

葛维汉的报告的最重要的认识成果应该是对发掘地点及发掘文物所反映的文化的命名。在葛维汉引述的董宜笃的信件中提及了在发现地点的调查和拍照，"We made an expedition to examine and photograph the site of the finds, at T'ai p'ing-ch'ang", some eighteen li from here."。⑤ 也就是说，广汉玉石器的发现地点在距离广汉县城18里的太平场。葛维汉在报告中才正式将这一地点称为"发掘地点"，"The site of the excavation is T'ai p'ing-

---

① ［美］戴谦和：《四川古代遗迹和文物》，杨洋译，《三星堆研究》第一辑，成都：天地出版社，2006年，第19页。
② ［美］葛维汉：《汉州（广汉）发掘简报》，沈允宁译，陈宗祥校，《三星堆研究》第一辑，成都：天地出版社，2006年，第94页。
③ ［美］葛维汉：《汉州（广汉）发掘简报》，沈允宁译，陈宗祥校，《三星堆研究》第一辑，成都：天地出版社，2006年，第88页。
④ ［美］葛维汉：《汉州（广汉）发掘简报》，沈允宁译，陈宗祥校，《三星堆研究》第一辑，成都：天地出版社，2006年，第88页。
⑤ D.C.Graham, A Preliminary Report of the Hanchow Excavation. *Journal of the West China Border Research Society*, vol.Ⅵ(1933–1934), p.114.四川大学博物馆整理：《华西边疆研究学会杂志（整理影印全本）》，第3册，北京：中华书局，2014年，第1130页。

ch'ang"①，直译即太平场发掘点，或可译为"太平场遗址"，算是比较标准的考古遗址命名方式。与此一致的是报告称所获文物反映的文化为"Hanchow culture"②，直译即为"汉州文化"。"汉州"是民国广汉县的旧名，用"汉州"大概是受清嘉庆《汉州志》的名称影响。这两处的译文今天分别译为"广汉文化遗址"和"广汉文化"③。"广汉文化"与"汉州文化"算是新旧地名的形式之别，其内在文化定位是一致的，但将"太平场遗址"译作"广汉文化遗址"则有些失真。

与戴谦和引用范围广泛的"蜀（Shuh）"来描述不同，这种以发掘地点的地名来命名文化的方式显然更符合考古规范，有利于尽可能减少干扰因素，有利于客观认识文物所反映的文化内涵，是一种相对谨慎的做法，也是认识三星堆遗址文化性质上的一个进步。此后，1942年林名均在《广汉古代遗物之发现及其发掘》④中采用"广汉遗物""广汉出土遗物""广汉古代遗物"，1946年郑德坤在《四川古代文化史》中设"广汉文化"专章并使用"广汉文化遗址"的名称⑤，都是这一思路的延续。新中国成立后的涉及三星堆遗址的命名与称呼都原则上遵循此一规范。"广汉文化"到20世纪80年代仍在使用。⑥

葛维汉报告中的"Hanchow culture"（汉州文化）命名为认识三星堆遗址的文化性质提供了基本立场。以此为依托，在肯定其是一种单独的考古学文化的前提下，葛维汉在报告中将"汉州文化"同当时中国境内可能与之有关联的部分考古发掘成果进行了比较：

> 中国考古学家李济博士的《安阳发掘简报》第一部分，其中三足陶器确有同样的饰纹，他认为是仿丝带或绳带纹。李济博士的解释可

---

① D.C.Graham, A Preliminary Report of the Hanchow Excavation. *Journal of the West China Border Research Society*, vol.Ⅵ(1933–1934), p.116. 四川大学博物馆整理：《华西边疆研究学会杂志（整理影印全本）》，第3册，北京：中华书局，2014年，第1138页。
② D.C.Graham, A Preliminary Report of the Hanchow Excavation. *Journal of the West China Border Research Society*, vol.Ⅵ(1933–1934), pp.128–129. 四川大学博物馆整理：《华西边疆研究学会杂志（整理影印全本）》，第3册，北京：中华书局，2014年，第1166、1169页。
③ ［美］葛维汉：《汉州（广汉）发掘简报》，沈允宁译，陈宗祥校，《三星堆研究》第一辑，成都：天地出版社，2006年，第86、94页。
④ 林名均：《广汉古代遗物之发现及其发掘》，《说文月刊》第3卷第7期，1942年；又见《三星堆研究》第一辑，成都：天地出版社，2006年。
⑤ 郑德坤：《四川古代文化史》，成都：巴蜀书社，2004年，第45—62页。另见《三星堆研究》第一辑，成都：天地出版社，2006年，第104—112页。
⑥ 沈仲常、黄家祥：《从新繁水观音遗址谈早期蜀文化的有关问题》，《四川文物》1984年第2期。

能是正确的，然而在殷墟和广汉文化中发现同样的纹饰，这确令人惊异。殷墟文化的年代判断为从公元前1400年至公元前1122年，即殷商时期的文化。

安特生（J.G. Andersson）博士曾说过：广汉和河南仰韶的出土物极相似。大大小小的石斧、石凿、石刀、石杵或斧、石璧、三足陶器、绳纹、小颈、尖底、砖红色圆形陶容器、陶纺轮，以及带有绳纹与刻纹的陶碗与陶缸等。在两个遗址里，没有发现金属器物或符号文字。其重要的区别在于仰韶遗址中出土有彩陶，而广汉遗址则未发现。

安特生鉴定奉天沙锅屯文物与广汉文物均属新石器时代，它们有令人相似之处，自然制作上也有明显区别。两者都有石斧和石凿，绳纹与刻纹，大小石珠，它们的形状和制作大致相似，沙锅屯的收藏品的器口稍圆。两者均有扁平的石璧，绳纹和刻纹陶以及黑色和单色陶等。

殷墟出土文物和广汉文物有明显区别，自然也有大致相同之处，如石斧、石刀和石凿以及陶器的刻纹和印纹等。不同之处就颇引人注目了。殷墟出土文物有大量的青铜器、甲骨文、骨器、彩陶等，但广汉附近遗址就未发现丝毫这类遗存。

这次广汉收藏品中有两个较突出的特点：在玉刀、玉剑和玉凿上发现有金属线锯刻画的痕迹，它们与周代使用的方玉、玉璧、玉剑和玉凿和纹饰极相似。另外我们还发现一个较重要的差别，周代玉器常刻有生动的禽鸟和动物形象，这次广汉收集的标本中就没有发现这类饰纹。按上述两种情况，我们可以给它定为铜石并用时代的晚期（译者按：原文aeneolithic时期，其意为新石器时代向青铜时代过渡的时期，意译为铜石并用时期）。

华西大学古物博物馆在四川采集的器物标本从汉代早期至清朝时期的陶器。但就这次采集的陶器而论，是与汉代陶器有区别的；另一方面，似乎后者是从几个世纪以来发展成的，出现这些相异的陶器也是必然现象。此外，广汉文化与华北和中原地区已知的新、旧石器时代文化之间的联系与传播很清楚地看到证据：广汉的非汉族人民受华北和中原地区的早期文化影响颇深，或者是四川的汉人或汉文化比前人所定的时期还要早些。[①]

---

① ［美］葛维汉：《汉州（广汉）发掘简报》，沈允宁译，陈宗祥校，《三星堆研究》第一辑，成都：天地出版社，2006年，第94页。

这些比较在今天看来是相当简陋的，基本在相似与相异的判断层面，但也已经由此形成认识三星堆遗址文化性质的基本范式之一。后来人们在这一路径上主要有三个方面的进步：一是材料更丰富，二是视野更全面，三是理论阐释更多样化和多层次。

根据此一简陋之比较，葛维汉报告实际形成了关于"汉州文化"从而对三星堆遗址文化性质的三点基本认识：（1）年代下限为"周代初期，大约公元前1100年"，上限则在新石器时代晚期[①]，较之戴谦和的年代判断更早了；（2）"汉州文化"与中原、华北等地的早期文化联系密切，深受其影响；（3）"汉州文化"的器物遗存是四川古遗址中最早的一批器物。

关于第三点，需要补充说明一下。葛维汉报告原文为"in this collection we have the oldest grave goods, the oldest jades, and the oldest pottery that have been found in situ in Szechwan province."[②]，其中的"in situ in Szechwan province"与"in the site near Hanchow"[③]的表述有别，后者指的就是太平场发掘点，前者所指则似更宽泛一些，应是泛指四川境内的古遗址或发掘点，因而这句话仅仅翻译为"我们这次在四川广汉县遗址发现的玉器、随葬物和陶器均系年代很早的标本"[④]可能并不足以传达其意思。报告似乎在暗示，"汉州文化"具有四川古文化的渊源性质，但报告本身就此没有更多的说明。在此句之下，报告引述郭沫若给林名均的信，似乎是对此的一种呼应。

（四）郭沫若：西蜀文化

或许因为是川人的原因，广汉玉石器坑的发现和葛维汉、林名均在广汉的发掘引起远在日本的郭沫若的关注。在1934年7月9日给林名均的信中，郭沫若写下了自己对广汉发现的看法：

> 你们在广汉发现的工艺品，如方玉、玉璧、玉刀等，一般与华北和中原地区的出土器物极相似。这就证明，西蜀（四川）文化很早就

[①] ［美］葛维汉：《汉州（广汉）发掘简报》，沈允宁译，陈宗祥校，《三星堆研究》第一辑，成都：天地出版社，2006年，第94—95页。

[②] D.C.Graham, A Preliminary Report of the Hanchow Excavation. *Journal of the West China Border Research Society*, vol.VI(1933–1934), p.129.四川大学博物馆整理：《华西边疆研究学会杂志（整理影印全本）》，第3册，北京：中华书局，2014年，第1169页。

[③] D.C.Graham, A Preliminary Report of the Hanchow Excavation. *Journal of the West China Border Research Society*, vol.VI(1933–1934), p.128.四川大学博物馆整理：《华西边疆研究学会杂志（整理影印全本）》，第3册，北京：中华书局，2014年，第1166页。

[④] ［美］葛维汉：《汉州（广汉）发掘简报》，沈允宁译，陈宗祥校，《三星堆研究》第一辑，成都：天地出版社，2006年，第95页。

与华北、中原有文化接触。在殷代甲骨文上就载有"蜀"称，武王伐纣时，蜀人协助周王作战。此外，在广汉发现的各种陶器是极古老的器型，你们判断为周代早期的文物，也许是可靠的。现在我只能说这么多。有朝一日四川别处会有新的发现，将展现这个文化分布的广阔范围。并且肯定会出现更可靠的证据。①

从这段文字可以看出，郭沫若对广汉考古发现的看法大致可以归纳为三层意思：一是四川很早就有比较发达的文化；二是这种文化很早就与中原发生了关系；三是相信在四川其他地方一定会有新的发现。尽管有广汉玉石器坑的发现和葛维汉、林名均的发掘，这三层意见实际上还是倾向于"务虚"而非"实证"的，语义模糊且猜想性质浓郁，并显然充溢着强烈的乡土意识，具有综合历史学识与个人情感而来的信心与预见性，尤其是在广汉玉石器所反映的"西蜀文化"具有"广阔"的分布范围上。后来的考古实践在一定意义上可以视为是对这种"预见"的证实，因而在今天看来，郭沫若的推断也再次提醒研究者注意挖掘关于巴蜀地区传世文献的可能价值。

（五）龚熙台：古蜀传说时代的遗存

1932年秋，成都金石名家龚熙台根据其从燕氏所购4件玉器撰成《古玉考》一文，1935年发表在成都东方美术专科学校校刊创刊号《太阳在东方》上。②他认为燕氏宅旁玉石坑为古蜀传说中的望帝的墓葬，并认为燕氏所发现玉石器中的穿孔石珠"系帝王冕旒"③。林名均评价说：

> 溪底出物地点，前已假定其为墓葬，诸物系殉葬所用，惟究为何人坟墓，颇难加以断定，龚氏以为望帝葬所，虽未可信，终要为古代蜀国一重要人物，以其遗物既多且富也。④

龚熙台将广汉玉石器坑的文化性质同古蜀传说历史联系起来，由此开

---

① ［美］葛维汉：《汉州（广汉）发掘简报》，沈允宁译，陈宗祥校，《三星堆研究》第一辑，成都：天地出版社，2006年，第95页。
② 林名均：《广汉古代遗物之发现及其发掘》，《说文月刊》第3卷第7期，1942年；又见《三星堆研究》第一辑，成都：天地出版社，2006年，第97页。
③ 林名均：《广汉古代遗物之发现及其发掘》，《说文月刊》第3卷第7期，1942年；又见《三星堆研究》第一辑，成都：天地出版社，2006年，第99页。
④ 林名均：《广汉古代遗物之发现及其发掘》，《说文月刊》第3卷第7期，1942年；又见《三星堆研究》第一辑，成都：天地出版社，2006年，第98页。

辟一条新的研究思路。这一思路在后来有关三星堆遗址文化性质的认识中被广为使用,当然,也形成新的争议。

(六)卫聚贤:巴蜀文化说

1941年,卫聚贤在综合蜀地所见遗址与遗物而提出"巴蜀文化"概念的时候,把广汉的文物遗存作为其立论的根据之一。他在《说文月刊》第3卷第4期《巴蜀文化》一文中所附之器物里列入广汉太平场出土的玉刀(玉璋):

47.玉刀,……广汉太平场出土,华西大学博物馆藏。

在文末的规划中他又说:"依照上列出土地,除成都白马寺外,如广汉太平场等广事发掘,以便出《巴蜀文化论》,在古史上添一笔材料。"[①]可见,卫聚贤是将"广汉太平场"这一出土地点归入巴蜀文化范围的。

卫聚贤提出的"巴蜀文化"概念自然不免粗略,但在认识三星堆遗址文化性质上无疑开启了一种新的认识路径,为开展关于广汉发现的讨论提供了综合历史学与考古学的新型认知框架。由于"巴蜀文化"概念的影响,从"巴蜀文化"的角度认识广汉太平场地点(三星堆遗址)成为20世纪40年代至50年代的一种普遍考虑。1950年初期因修建宝成铁路西南博物院筹备处到广汉中心乡(太平场)调查时就是抱着寻找"巴蜀时代文物"[②]的目的去的。随着20世纪50年代"巴蜀文化"概念的实证和此后研究中巴蜀文化面貌的清晰,三星堆遗址又对应地归入"早期巴蜀文化"[③]范畴。

(七)林名均的再思考:"二期说"的提出

1942年,林名均借卫聚贤提出"巴蜀文化"讨论之机,以亲历者身份写成《广汉古代遗物之发现及其发掘》[④]。作为葛维汉报告的一个补充,这个回顾整理1934年考古发掘成果的文章,以不同于葛维汉的视角补充了一些新材料,尤其是经由这种再思考而有了新认识。

首先,林名均提出广汉文物遗存的"二期说"。他将文物遗存分为

---

① 卫聚贤:《巴蜀文化》,《说文月刊》第3卷第4期,1941年。
② 西南博物院筹备处:《宝成铁路修筑工程中发现的文物简介》,《文物参考资料》1954年第3期。
③ 赵殿增:《广汉县三星—真武遗址》,中国考古学会编《中国考古学年鉴 1985》,北京:文物出版社,1985年,第209页。
④ 林名均:《广汉古代遗物之发现及其发掘》,《说文月刊》第3卷第7期,1942年。

两类。一类是"溪底出品",也就是燕氏玉石器坑所在位置,多玉石礼器;另一类是"溪岸发掘所获",有石器、陶器和玉器,以石器、陶器为主,而"于溪岸坑中,未尝发现有完整之玉器,仅在第一坑中得残璧一块"①。此两类,在葛维汉报告的介绍中有"墓坑"和"文化层"的出处表述差异,但总体是混同一起介绍并认识的,林名均的这一分类显然是一个进步,使得月亮湾地点所获文物遗存的文化面貌变得清晰一些,对于遗址文化性质的认识也就更为深入了。

基于文物遗存的两分分类,在年代问题上,林名均改变戴谦和、葛维汉同一时代的判断而提出"二期说":燕氏所发现的玉石器坑的年代或在周代;1934年所发掘的文化层的年代当在"新石器时代末期而殷周以前"。广汉遗物及三星堆遗址的复杂性因此"二期说"初露端倪。此一推断后因粗略且缺乏地层关系支持而受到批评②,但其思路有可取之处。

对于溪底文物,包括燕氏所发现的玉石器坑,林名均对其文化内涵也有进一步的认识,除仍"假定其为墓葬,诸物系殉葬所用",又额外提出"又或为古代祭祀天地山川之所"③的可能。尽管对于二者仍无法确定,但与戴谦和、葛维汉侧重于器物本身的功能从而提出"墓葬说"和"礼器说"可以并存不同的是,这一提法侧重于场所和土坑的功能,就有完全否定燕氏玉石器坑为墓葬坑的可能。这是林名均在广汉遗物(月亮湾地点)的文化性质认识上取得的第二个重要成就。

第三个成就是对广汉遗物发掘之意义做了重新评估:

> 古代之蜀,向皆目为戎狄之域,必无文化可言(《国策》记司马错伐蜀事,张仪曰:"夫蜀,西僻之国,而戎狄之长也。")。今观广汉出土诸器物,其制作之精工,实无逊于中土,加以玉器之使用,尤足显示其文化之崇尚复杂。由此可改变吾人对于古代四川之基本观念。④

这种观念改变正如林名均在报告引言中所说,广汉遗物使人们得以

---

① 林名均:《广汉古代遗物之发现及其发掘》,《说文月刊》第3卷第7期,1942年;又见《三星堆研究》第一辑,成都:天地出版社,2006年,第100—101页。
② 四川大学历史系考古教研组:《广汉中兴公社古遗址调查简报》,《文物》1961年第11期。
③ 林名均:《广汉古代遗物之发现及其发掘》,《三星堆研究》第一辑,成都:天地出版社,2006年,第98页。
④ 林名均:《广汉古代遗物之发现及其发掘》,《说文月刊》第3卷第7期,1942年;又见《三星堆研究》第一辑,成都:天地出版社,2006年,第102页。

"知古代蜀国文化，非若吾人想象中之幼稚，且与中原文化有若干相关之处，可补古史之缺略"①。但"古代蜀国文化"到底达到何等的程度，又是如何不"幼稚"，此时的林名均显然是不可能真正给出直接回答的。

（八）郑德坤：祭岷山山神圣地说

1946年，华西大学博物馆教授郑德坤出版《四川古代文化史》，综述史前至秦汉时期的四川古史，其中设"广汉文化"专章，对此前有关三星堆遗址的考察做了第一次综合论述。书中采用"广汉文化遗址"的名称，赞同林名均时代两分的"二期说"主张，但认为燕氏所发现玉石坑的年代当晚至东周，并发挥林名均"祭祀天地山川之所"的猜想，反对玉石器坑"墓葬说"而主张其为"晚周祭山埋玉遗迹"说，并由此提出玉石器坑为"祭祀岷山山神圣地之说"。②

综上所述，三星堆遗址的具有学术意义的初始发现在1927年，三星堆遗址的第一次学术考察在1931年，三星堆遗址的第一次考古发掘在1934年，有关三星堆遗址文化性质的探讨由此展开。在20世纪三四十年代，整个三星堆遗址还没有展现出全貌，人们所知道的仅是唯一的发掘地点月亮湾；所知的文物遗存仅有燕氏所发现的玉石器坑和葛维汉、林名均在其周边进行的有限发掘所获；有关三星堆遗址文化性质的认识分散而不成系统，多为猜想性，既有共识也分歧严重。

在共识方面，肯定广汉的发现反映了四川上古时期的文化；在四川上古文化与同时期中原文化的关系上，也一致肯定广汉玉石器所反映的文化内涵同中原及华北有密切关系，或因其具有相似性而可归属同类（戴谦和），或前者受后者很深的影响（更普遍的观点）。

至于分歧，则是多方面的。

在遗址年代问题上：戴谦和定在周代，距今3000年；葛维汉提升下限至周初，距今3100年，并将上限推前至新石器时代晚期；林名均分为两期，前期为新石器时代晚期至殷周之际，后期为周代；郑德坤确定前期为新石器时代晚期即距今3200—2700年，后期为东周时期距今2700—2500年。

在广汉玉石器坑的文化性质上，主要可以归纳为两说，其一为"墓葬说"（戴谦和、葛维汉、龚熙台、林名均），其二为"祭祀场所说"（林

---

① 林名均：《广汉古代遗物之发现及其发掘》，《说文月刊》第3卷第7期，1942年；又见《三星堆研究》第一辑，成都：天地出版社，2006年，第96页。
② 郑德坤：《四川古代文化史》，成都：巴蜀书社，2004年，第45—62页。另见《三星堆研究》第一辑，成都：天地出版社，2006年，第104—112页。

名均、郑德坤），林名均认为其可能是祭祀天地山川之所，郑德坤主张为"祭山埋玉遗迹"，并结合广汉与岷江和岷山的地理位置关系，认为是"祭祀岷山山神圣地"。这里需要指出的是，在这些涉及文化内涵的阐释中有一个至今仍值得注意的涉及阐释路径的倾向问题，即在肯定广汉发现与四川上古时期的历史文化相关甚至肯定其与中原文化属于不同系统的同时，却习惯性地用中原文化的观念和知识逻辑来解读这些广汉的发现，似乎完全没有意识到如果确实是与中原文化不同的文化体系则应该有其自身的观念与知识逻辑。于是，这种阐释实际上就有了两种可能，或者因为所使用的观念和知识逻辑虽然来自中原文化系统但却是具有普遍性的从而是可信的与合理的，或者不过是将中原文化的观念与知识赋予这些发现而已，至于其本身的可能的文化内涵则因此被遮蔽。这既是广汉发现的材料尚不足以建立独属于自己的系统言说话语的必然，也反映出一个需要引起重视的话题，即一般认为的中原文化有多少或哪些是完全独属于中原（地域）的，而又有多少或哪些其实是具有人类普遍性的。只有在后者的意义上，上述对广汉发现的文化性质的认识才是合理的，而对这后一方面的阐释至今仍是有待展开的方向。① 当然，广汉发现所反映的族群如果本身就来自中原，因而带来中原文化并体现于这些被发现的遗存中，则是另外一回事，自然也就无须过多考虑这种差异。但这就已经牵涉广汉玉石器坑最深层次的文化性质认识及其文化归属问题了，仅仅依靠广汉玉石器坑的有限发现显然解决不了这个问题。

对于1934年发掘的文化层，郑德坤指出葛维汉认为是"古代陶窑旧址"并否定之②，但林、郑都只推断其年代而未言及其具体属性。

总体来说，在这个阶段，三星堆遗址的文化面貌是模糊的，文化类型是未知的，因而其历史方位尚未得到明确，但在这种模糊与未知中又有着某种出乎意料的确信。这种确信正如郭沫若1934年给林名均的信所显示的

---

① 赵殿增在1992年左右也注意到类似的问题并做了初步的解释："但有一点值得注意：因为古蜀国是'开国何茫然'长期'不与秦塞通人烟'的独立性很强的文明中心，不可能与中原地区的信仰和祭祀活动一致，不应简单地套用中原古文献来理解三星堆的宗教和礼仪活动，甚至可以说，正是由于三星堆文化的精神信仰具有与中原不同实质和特征，才构成和创造了这一独具特色的古代文明。我们所说的祭祀，是对宗教祭祀礼仪活动的一种泛称，正像红山文化的'祭坛'，良渚文化的'祭台'一样，各自的活动用意，需分别从其文化本身出土文物和遗迹现象去探索。"（赵殿增：《三星堆祭祀坑文物研究》，李绍明、林向、赵殿增：《三星堆与巴蜀文化》，成都：巴蜀书社，1993年，第83页）这一关于"祭祀"的解释显然是在学科知识的一般性引入意义上来说的，最根本的问题并未触及。

② 郑德坤：《四川古代文化史》，成都：巴蜀书社，2004年。另见《三星堆研究》第一辑，成都：天地出版社，2006年，第112页。

鲜明态度，呈现为一种"务虚"而非"实证"的近乎文化信仰的倾向。这也正是民国时期关于三星堆遗址文化性质认识的总体特征，也是广汉玉石器的发现在人们观念认识上带来的最重要成果：人们不约而同地确信不同于中原文化的"蜀（Shuh）文化"——或"西蜀（四川）文化""古代蜀国文化""巴蜀文化"——是存在的，以《蜀王本纪》为代表的关于"古代蜀国"的记载是有可信度的。因而，将广汉玉石器纳入"蜀文化"或"古蜀国"的范畴中去认识，就成为一个基本的思路。也正是如此，郭沫若才满怀信心地预见广汉玉石器所反映的古蜀文化是具有"广阔"的分布范围的，是有待人们去发现的。

在这种"务虚"认识的总体特征下，葛维汉的发掘报告力求按考古规范来命名并通过引述多学科研究结果来呈现不同视角的认识，以及林名均对考古发掘的器物所做的类型考察，则是这一时期在三星堆遗址文化性质认识上的实证路径，代表了三星堆遗址文化性质认识的基本方向。

二、20世纪50—70年代

（一）考古调查与发掘概况

1950年以后，以月亮湾地点为中心的区域按新行政区划单位称为"中兴古遗址"（或"中心乡古遗址""中兴公社古遗址""中兴乡古遗址"等）。

1954年，西南博物院筹备处公布对该地调查的简讯。[①] 1956年，四川省文物管理委员会田野组先后在包括广汉中兴乡（今广汉三星堆镇）在内的涪江流域（平武、射洪等6个县）和温江专区开展地下文物初查工作，在温江专区的新繁水观音、广汉中兴乡的真武村月亮湾横梁子和广汉中兴乡三星村的三星堆等三处发现新石器时代的遗址，后两处分别称为广汉中兴乡横梁子遗址和广汉中兴乡三星堆遗址[②]，都在后来的三星堆大遗址的范围之内。

1960年，四川大学历史系结合教学需要继续对中兴公社古遗址开展调查，调查范围为鸭子河和马牧河之间的台地，上至东胜寺，下至回龙寺以南，长约3000米，同时对鸭子河左岸、马牧河右岸的三星堆地点及附近地

[①] 西南博物院筹备处：《宝成铁路修筑工程中发现的文物简介》，《文物参考资料》1954年第3期。
[②] 王家祐、江甸潮：《四川新繁、广汉古遗址调查记》，《考古通讯》1958年第8期。

区也做了调查，发现一些文化层，并采集到部分文物。① 1963年，四川大学历史系联合四川省博物馆对广汉中兴公社月亮湾地点进行考古发掘，这是新中国成立后在三星堆遗址范围内开展的第一次正式的考古发掘，发掘面积150平方米。发掘报告《广汉中兴公社试掘简报》②尚未发布即因社会动荡而丢失。

1964年春，广汉中兴公社农民在月亮湾距离最初发现的玉石器坑五六十米处又发现一处玉石器坑，其中有成品、半成品和石坯，收藏于四川省博物馆。③ 1970年冬，广汉中兴公社真武村村民在月亮湾台地冷家院子侧开挖水沟时，发现不少青铜器，由中兴公社供销社废品收购站按废铜转卖成都乐器厂，其中有青铜单翼铃1件遗漏，后被敖天照于1976年11月3日从收购站按收购价购买，交文化馆保存。此铜铃与2004年发现的另一铜铃一道被认为可能是商代早期乐器。④

（二）实证路径下的认识进展

上述这些考古调查和发掘以及零星的文物发现，就遗址地点来说仍然主要集中在今三星堆遗址的月亮湾地点及其周边，以此为基础的有关三星堆遗址文化性质的认识与20世纪30至40年代可谓一脉相承，但在治学路径上则走向实证，即通过调查与考古发掘来实现在遗址文化性质上的观念认识的发展。这主要包括两个相互联系的方面：一是基于月亮湾地点的考古调查和发掘成果本身而形成的认识；二是将月亮湾地点的发现与盆地内其他地点的调查和发掘结果进行比较而产生的认识。简单而粗略地将遗址的考古发现归属某种文化形态，以及同中原或华北的早期文化进行比较，不再是主流。换言之，在这个阶段，有关三星堆遗址文化性质的认识，就其主体的认识路径而言，已经推进到基于其自身文化遗存的系统性探索阶段，尽管这种探索限于有限材料只能是初步的尝试。

在此路径下，20世纪50至70年代有关三星堆遗址文化性质的认识主要包括如下几个方面。

---

① 四川大学历史系考古教研组：《广汉中兴公社古遗址调查简报》，《文物》1961年第11期。
② 冯汉骥、童恩正：《记广汉出土的玉石器》，《四川大学学报（哲学社会科学版）》1979年第1期。
③ 冯汉骥、童恩正：《记广汉出土的玉石器》，《四川大学学报（哲学社会科学版）》1979年第1期。
④ 敖天照：《商代青铜单翼铃在三星堆遗址陆续出土》，《四川文物》2009年第2期。2004年2月21日，仍是在真武村月亮湾台地冷家院子附近，在平整路基的回填土中发现青铜单翼铃1件，该文物由三星堆博物馆收藏。

1. 三星堆遗址大型遗址面貌初步展现

20世纪50年代初期,西南博物院筹备处调查后确认中兴古遗址"散布地面甚广"①。

1956年调查后,王家祐、江甸潮在报告中详细描述了所命名的两处遗址,不仅新增三星堆地点,月亮湾地点的范围也大大超过燕家院子周边范围,初步展示出大型遗址的基本面貌。报告将月亮湾与真武村联系起来:

> 该村在鸭子河右岸,地形为三级台地,一般又称月亮湾。在最高一级台地上有一道土岗叫横梁子。……横梁子东约50米处,即是燕姓的院落。院门前右侧有堰沟名倒流堰,由西向南流来穿过了这座土岗。解放前燕姓农民掏堰沟时,曾在这里挖出大批玉器和石器。在堰沟及土岗的断层中,包含了较多的陶片和火烧土的文化遗迹,我们就地采集到各式陶片和人工打制石器的坯子。再沿土岗南行,岗势略向左转,其西坡有多量陶片的堆积层,估计应是当时烧造陶器的地址。在此访问附近居民时,据说附近农田中常因耕地挖出玉器和石器。②

新发现的三星堆地点是与横梁子隔马牧河相望的三级台地上的土岗,"在土岗北端的田间,土层中混杂了多量的陶片碎粒,这是历年农耕犁锄翻动的结果,已经使我们不易认出这个遗址的面貌。近年来农民因从岗西穿过岗东,挖出了一道水沟,在沟东端右边断面上,露出较大块的陶片层,岗面好几条田沟的断壁里,也同样包含着很厚的陶片层,明白地显示了这里是遗址的所在地"③。

1960年,四川大学历史系的考古调查以月亮湾地点为中心并将三星堆等地点纳入其中做一整体的考察:

> 遗址所在台地为一三级台地,高出河面约20余米,但二、三两级已为自然力或人工所破坏,所余部分构成一条条断续、平行或相交的土岗。在台地一级部分未发现文化层,三级部分发现文化层的也仅有月亮湾一处,在二级部分差不多都有文化层发现,鸭子河右岸离江面约5米高度的断层,沿江断续漫延,其中也发现清楚的文化层。如

---

① 西南博物院筹备处:《宝成铁路修筑工程中发现的文物简介》,《文物参考资料》1954年第3期。
② 王家祐、江甸潮:《四川新繁、广汉古遗址调查记》,《考古通讯》1958年第8期。
③ 王家祐、江甸潮:《四川新繁、广汉古遗址调查记》,《考古通讯》1958年第8期。

"△1"一段，40厘米以下为厚1米左右的文化层，并有灰坑深入生土80厘米，所包含的遗物也相当密集。（见图1附△1剖面图部分）。遗址中心可能是在月亮湾、真武宫南面附近一带，过去最早发现大批玉器的地点，就是在这一地段上的燕家院子门前，农民在这里耕地时，也经常耕出各种石器和陶片。从断层上看，文化层十分清楚，靠马牧河一面厚可达2米，其中包含有烧土、木炭灰、陶片等物，并有少量的石器。

三星堆遗址以月亮湾地点为中心的区域由此比较清晰地呈现出来。同时，从这一描述来看，随着遗址范围的扩展，三星堆遗址整体面貌逐渐显现，月亮湾地点的"中心"位置淡化，寻找"遗址中心"成为一定时间里三星堆遗址考古工作的方向之一。

2. 三星堆遗址文化体系浮现

这个时期，通过比较发现了一组与月亮湾地点文化相似的遗址，从而使得三星堆遗址文化归属问题在比较中得到初步认识。1956年的调查认为广汉中兴乡的横梁子、三星堆和新繁的水观音三处的文化面貌相似，"三个遗址（相当于殷周时期）的文化，与战国以下的文化会是不同的文化系统"[1]。1960年四川大学历史系的教学考古调查认为中兴公社遗址与新繁水观音遗址、成都羊子山土台遗址属同一文化系统，"当系一古代蜀文化遗迹"[2]。童恩正在冯汉骥指导下完成的《记广汉出土的玉石器》持同样观点，并"推测广汉遗址的时代在西周后期至春秋前期"[3]。

3. 月亮湾下层文化与上层文化

1963年对月亮湾地点的考古发掘，在三星堆遗址文化性质认识上实现方法的突破，改进此前单纯从器物类型着手的方法，"第一次从地层学和类型学上对月亮湾的发掘进行分析对比"。发掘结果发现了叠压的两个文化层，由此将月亮湾地点分为上下两个文化层，"将下文化层定为商代，上文化层定为西周"，进而又证实1934年葛维汉主持的考古发掘结果和1956年、1960年的调查发现都属年代较晚的上文化层。这种有着可靠的地层依据的资料，为三星堆遗址文化性质的认识提供了可信和可比较的资

---

[1] 王家祐、江甸潮：《四川新繁、广汉古遗址调查记》，《考古通讯》1958年第8期。
[2] 四川大学历史系考古教研组：《广汉中兴公社古遗址调查简报》，《文物》1961年第11期。
[3] 冯汉骥、童恩正：《记广汉出土的玉石器》，《四川大学学报（哲学社会科学版）》1979年第1期。

料，同时也纠正了1934年发掘中的一些理解错误。①

4. 发现青铜文物遗存

1963年在月亮湾上文化层中发现有铜器残片、铜炼渣、坩埚残片、孔雀石等，证明这里与铜器冶铸有关②，结合1970年在月亮湾地点发现的一批青铜器③，这就改变此前该地没有铜器的认识，实证三星堆遗址具有青铜时代的文化。

5. 月亮湾地点的石器作坊性质

20世纪50年代初期，西南博物院筹备处在"广汉中心乡古遗址"调查时，除收集散落民间的文物外，工作人员在"打鳅田"做了试掘，出土大量石屑、陶片和少数石器半成品，据推测，此地可能是一石器制造场所。④王家祐、江甸潮1956年在中兴乡的调查采集到各式陶片、打制石器坯子、玉石器制品，也推断认为月亮湾横梁子遗址"是大量制造玉器和石器的场所，过去所出的大批玉器和大小石璧，都是当地的制品"。⑤在1963年的正式发掘中，上文化层出土有41件石璧残件，有些为半成品，还发现有生产石璧留下的石芯，从而进一步证实月亮湾地点应"有生产石璧的作坊"。⑥

6. 古蜀国政治经济中心

1976年，结合新的考古发现，童恩正在冯汉骥的指导下对广汉玉石器和广汉遗址做了重新梳理和研究，不认同民国时期对广汉玉石器坑可能为"墓葬"或"祭山川之所"的判定，而认为"属于窖藏的可能性较大"，并总结说：

> 根据我们解放后多次在广汉调查和试掘的情况来看，这里文化层的堆积很厚，范围也相当广泛。很可能此处原来是古代蜀国一个重要

---

① 马继贤：《广汉月亮湾遗址发掘追记》，四川大学博物馆、中国古代铜鼓研究学会编《南方民族考古》第五辑，成都：四川科学技术出版社，1992年，第310—323页；宋治民：《1963年广汉月亮湾遗址发掘的回忆——纪念四川大学考古专业创建五十周年》，《四川文物》2010年第4期。
② 宋治民：《1963年广汉月亮湾遗址发掘的回忆——纪念四川大学考古专业创建五十周年》，《四川文物》2010年第4期。
③ 敖天照：《商代青铜单翼铃在三星堆遗址陆续出土》，《四川文物》2009年第2期。
④ 西南博物院筹备处：《宝成铁路修筑工程中发现的文物简介》，《文物参考资料》1954年第3期。
⑤ 王家祐、江甸潮：《四川新繁、广汉古遗址调查记》，《考古通讯》1958年第8期。
⑥ 马继贤：《广汉月亮湾遗址发掘追记》，四川大学博物馆、中国古代铜鼓研究学会编《南方民族考古》第五辑，成都：四川科学技术出版社，1993年，第310—323页；宋治民：《1963年广汉月亮湾遗址发掘的回忆——纪念四川大学考古专业创建五十周年》，《四川文物》2010年第4期。

的政治经济中心，而发现玉器的地点，即为其手工业作坊所在地，历年来出土的玉石成品、半成品和石坯，应该就是这个作坊的产物。①

这一论断虽只是就月亮湾地点而言，却是在三星堆遗址的整体意义上讲的，在三星堆遗址文化性质认识中自然也就具有阶段性代表意义。

至于遗址的年代问题，这个时期依然没有统一的结论，1960年调查时做出的"其年代不早于殷周，下限不晚于春秋初"②的推断，可以代表这个时期关于三星堆遗址年代的认识，反映出三星堆遗址的完整面貌在这个阶段尚未得到揭示。

三、20世纪80年代—21世纪20年代

（一）考古调查、发掘与研究概况

1980年开始，三星堆遗址的考古调查与发掘的重心向三星堆地点转移，尤其是1986年三星堆1、2号坑的发现，促成三星堆大遗址观念的最终形成，三星堆遗址分布范围确定并正式定名，月亮湾地点也就从三星堆遗址观念结构中心或主体位置淡出，日渐相对边缘化。从已经公布的考古调查和发掘资料来看，与月亮湾地点相邻的真武村西泉坎、仓包包、青关山等地点都不再如此前以"月亮湾"作为背景来描述，而是各自独立或作为三星堆遗址的发掘地点出现。

（二）月亮湾遗址

"月亮湾遗址"的名称出现在1983年宋治民关于"蜀文化"的讨论中。他将月亮湾遗址称为"广汉中兴公社月亮湾遗址"，并作为"早期蜀文化"的代表与新繁水观音遗址、成都羊子山土台遗址并列叙述③，可见在20世纪80年代初期有关三星堆遗址的总体观念上还处在把月亮湾遗址视为遗址主体的阶段。

（三）月亮湾一、二期文化

20世纪90年代以后，随着三星堆遗址文化性质认识的深入讨论，1963年月亮湾地点的发掘资料引起关注，从而有马继贤1992年的"应命"之作

---

① 冯汉骥、童恩正：《记广汉出土的玉石器》，《四川大学学报（哲学社会科学版）》1979年第1期。
② 四川大学历史系考古教研组：《广汉中兴公社古遗址调查简报》，《文物》1961年第11期。
③ 宋治民：《关于蜀文化的几个问题》，《考古与文物》1983年第2期。

《广汉月亮湾遗址发掘追记》[1]和宋治民2010年的发掘回忆[2]。这两个回顾虽仍然以"月亮湾遗址"来称呼当年的发掘地点，但也都指明其是"三星堆遗址"的一个组成部分，原来基于1963年发掘所称的月亮湾下文化层与上文化层也改称月亮湾一期文化和二期文化。

（四）月亮湾文化

2021年，在1993年正式提出的"华西系玉器"概念的基础上，邓淑苹基于三星堆遗址月亮湾地点所发现的玉石器与三星堆地点玉石器之间的差异提出"月亮湾文化"概念，以区别于"三星堆二期"文化的指称。月亮湾文化遗存"包括1927年出自月亮湾的玉石器，以及后来在仓包包发掘的资料"；"从内涵来看，月亮湾出土玉石器与1986年在三星堆发掘的文物，虽有相似之处，但应属不同族系在不同的时段制作；月亮湾文化牙璋，从玉料、造型分析，与陕北石峁文化关系密切，造型很有原创的气势"，而三星堆文化"应是川西平原先民的创造"。[3] 这一对广汉玉石器的文化特点及其类型归属的重新探讨，丰富了有关三星堆遗址文化内涵的认识，增加了三星堆遗址在文化来源上存在的多样性可能，对深化认识三星堆遗址的文化性质有启发意义。

许宏就尤其注意到月亮湾文化的提出者所依据的玉石器材料及其指出的与1986年所发现的两坑的玉石器应属不同类型的特征，结合施劲松已经指出的"三星堆文化跨越了石器时代和青铜时代"[4]的问题和主张建立"三星堆—金沙文化"[5]的观点，将业已报告的三星堆遗址共四期文化中的二期文化和三期文化，分别归属于"新石器文化"和"青铜文化"两种不同类型，从而将基于"月亮湾玉石器"而提出的"月亮湾文化"置于三星堆遗址考古学文化序列谱系中，隐约提出"月亮湾文化→三星堆文化"的发展序列。[6]

---

[1] 马继贤：《广汉月亮湾遗址发掘追记》，四川大学博物馆、中国古代铜鼓研究学会编《南方民族考古》第五辑，成都：四川科学技术出版社，1993年。
[2] 宋治民：《1963年广汉月亮湾遗址发掘的回忆——纪念四川大学考古专业创建五十周年》，《四川文物》2010年第4期。
[3] 邓淑苹：《史前至夏时期"华西系玉器"研究（下）》，《中原文物》2022年第2期。
[4] 施劲松：《三星堆文化的再思考》，《四川文物》2017年第4期。
[5] 施劲松：《论三星堆—金沙文化》，《考古与文物》2020年第5期。
[6] 许宏：《三星堆之惑》，郑州：郑州大学出版社，2022年，第80—81页。

第二节　三星堆遗址的认识

"三星堆",旧称"三星伴月堆"①。葛维汉、林名均等的发掘报告中已提及该地点在月亮湾不远处。作为一处考古遗址地点则始于1956年王家祐、江甸潮等人的调查。20世纪80年代以前,三星堆地点是被作为月亮湾地点即中兴古遗址的边缘部分来看待的。自1980年起,三星堆地点被正式发掘。1986年,"三星堆"因1、2号坑的发现而闻名天下。1988年1月13日,三星堆遗址正式定名。自此,有关三星堆遗址文化性质的认识进入一个新的历史阶段。

2019年5月9日,中共四川省委宣传部、四川省文化和旅游厅、四川省文物局联合印发《古蜀文明保护传承工程实施方案》。2020年9月6日,三星堆遗址新发现6个坑的考古发掘工作正式启动;到2023年,6个坑共出土文物17000余件,相对完整的超过4000件,极大丰富了有关三星堆遗址文化面貌的实证认识,为进一步探讨三星堆遗址的文化性质和其他文化内涵提供了可能。

一、从三星堆地点到三星堆遗址

1980—1989年,四川省文物管理委员会、四川省文物考古研究所、四川省博物馆等单位在今三星堆遗址范围内先后开展了7次主要的考古发掘②,其中有些发掘工作延续到20世纪90年代以后。前后发掘面积4000多平方米,共发现城墙建筑遗址3处、房屋基址40余间、陶窑1座、灰坑100多个、墓葬4座、大型祭祀坑2个,获得石、玉、陶、金、铜器数千件,残片标本10多万片,初步揭示出三四千年前三星堆遗址的总体面貌,改变了此前以月亮湾地点为主体或中心的看法。

（一）四期概念形成

1980—1983年,在三星堆地点三次考古发掘的基础上,考古工作者形成四期遗址文化的概念,年代为距今4500—3000年前。三星堆遗址"四期之间的文化连续发展,又有一定的变化,但都属于同一个文化类型发展的不同阶段"③。尽管三星堆遗址的分期随着考古发掘的进展显示出可能增

---

① 嘉庆《汉州志》卷五"山川"。
② 陈德安:《三星堆遗址》,《四川文物》1991年第1期。
③ 《广汉三星堆遗址》,中国考古学会编《中国考古学年鉴　1984》,北京:文物出版社,1984年,第154页。

加至五期甚至六期的可能①，但这一基本梳理工作进展缓慢。到2024年，20世纪80年代到2005年的三星堆考古报告仍未面世，有关三星堆遗址文化面貌与文化性质的讨论始终是在"四期"遗存的基础上展开的，四期遗存也成为三星堆遗址相关研究、讨论与叙述的基础坐标。这无疑迟滞着三星堆遗址文化面貌的完整揭示，也大大限制了对有关三星堆遗址文化性质的清晰把握。

（二）自成区系的巴蜀文化

1984年，基于月亮湾、三星堆地点的"七层四段"材料，苏秉琦认为成都平原存在从新石器时代到青铜时代的"独特的古文化"，是"自成区系的古文化"。1985年提出"古文化古城古国"的考古课题之后，苏秉琦又认为对广汉等地的材料，"应从它可能是蜀中的一个古文化、古城、古国"的课题来进行探索研究。"成都与广汉有时间跨度大体相同的阶段，约从五千年到三千年，上下可以串起来，成系统，有特征"，"巴蜀文化自成体系"。②

（三）遗址群概念形成

1984—1985年，继续发掘三星堆地点的同时发掘真武村西泉坎地点，"西泉坎发掘的一个重要收获是找到了前几年发掘的四期文化遗物的直接叠压关系"，在结合过往三星堆地点和月亮湾地点的基础上，三星堆考古发掘工作者提出广汉县"三星—真武遗址"名称，形成"遗址群"概念："这是一组新石器晚期到商周时代的遗址群"，面积范围从20世纪80年代初以月亮湾地点为主体的"分布范围不少于四万平方米"的"中兴古遗址"③扩展到160万至240万平方米的大遗址群。④不晚于1987年年初，"三星堆—真武村古遗址"的分布面积确定为6平方公里（即600万平方米）⑤，林向称之为"广汉三星堆—月亮湾遗址"⑥，显示出"遗址群"

---

① 雷雨：《浅析三星堆遗址"新二期"文化遗存——兼谈"鱼凫村文化"》，《四川文物》2021年第1期。
② 苏秉琦：《苏秉琦文集（二）》，北京：文物出版社，2009年，第337—338页；《苏秉琦文集（三）》，北京：文物出版社，2009年，第38—39、69、76、117页。
③ 四川省文管会、四川省博物馆、广汉县文化馆：《广汉三星堆遗址》，《考古学报》1987年第2期。
④ 赵殿增：《广汉县三星—真武遗址》，中国考古学会编《中国考古学年鉴 1985》，北京：文物出版社，1985年，第209—210页。
⑤ 陈德安、陈显丹：《上古巴蜀文明的重大发现——三星堆遗址与"三星堆文化"》，《文史杂志》1987年第1期。
⑥ 林向：《蜀酒探原——巴蜀的"萨满式文化"研究之一》，四川大学博物馆、中国古代铜鼓研究学会编《南方民族考古》第一辑，成都：四川大学出版社，1987年，第77页。

概念对三星堆大遗址的整合作用。许宏对这种"由十数个遗址组成的遗址群"① 概念在三星堆大遗址观念形成中的作用给予积极评价，认为"从考古学发展史的角度看，是非常难能可贵的"②。

"三星—真武遗址"（或"三星堆—真武村古遗址"）是三星堆遗址正式定名前的最后一个正式名称，三星堆遗址的整体面貌至此已基本浮现出来。

（四）三星堆1、2号坑的发现

1986年7月18日至9月17日，四川省文物管理委员会、四川省文物考古研究所和广汉市文教局联合对当地砖瓦厂取土中发现的三星堆1号坑和2号坑进行抢救性发掘，出土上千件青铜器、金器、玉石器、象牙和大量海贝，其中部分青铜器物和人像、金杖、金面罩等的独特造型前所未见，震惊世界。③ 人们用"沉睡三千年，一醒惊天下"来描述这一重大发现及其反映的文化发展水平带给人们心灵的冲击，这一发现对三星堆考古和包括遗址的文化性质在内的相关研究的影响都是极其深远的。

三星堆1、2号坑一经发现，就受到高度关注。两坑的发现将1931年以来关于巴蜀地区上古就可能存在高度发达的文化的模糊认识最终落到了实处，其独具地方特色的文化面貌彻底改变即便是卫聚贤提出"巴蜀文化"概念也未能根本扭转的巴蜀为蛮荒之地的传统印象，"坑中出土大量各种质地的高品级的文物，蕴涵着丰富的文化和历史信息，不仅为确定三星堆文化的年代提供了许多可供类比的材料，改变了人们对于商代四川盆地社会发展水平的传统认识，而且为探索三星堆文化的族属和追溯古蜀国的历史提供了线索"④，也为认识上古时期中原周边区域的文化面貌和发展水平提供了新资料，扩展了新视野。此后，不仅三星堆遗址"考古工作的重点从建立序列转移到对遗址性质的探究和确认"⑤，有关三星堆遗址的文

---

① 赵殿增：《近年巴蜀文化考古综述》，《四川文物》1989年第S1期"广汉三星堆遗址研究专辑"。
② 许宏：《三星堆之惑》，郑州：郑州大学出版社，2022年，第27页。
③ 四川省文物管理委员会、四川省文物考古研究所、四川省广汉县文化局：《广汉三星堆遗址一号祭祀坑发掘简报》，《文物》1987年第10期；四川省文物管理委员会，四川省文物考古研究所，广汉市文化局、文管所：《广汉三星堆遗址二号祭祀坑发掘简报》，《文物》1989年第5期；四川省文物考古研究所编：《三星堆祭祀坑》，北京：文物出版社，1999年；等等。
④ 邹衡：《三星堆祭祀坑·序》（1997年），见四川省文物考古研究所编《三星堆祭祀坑》，北京：文物出版社，1999年，第7页。
⑤ 万娇：《从三星堆遗址看成都平原文明进程》，北京：科学出版社，2020年，第87页。

化性质的认识也因此而有了空前的发展①。

三星堆1、2号坑自身的性质问题，从两坑发现起就争议不断，"祭祀坑""火葬坑""亡国宝器坑""窖藏"等不同意见纷呈。但不论如何，"三星堆两个坑的埋藏现象不见于中原及中原周边地区却是不争的事实"②，显示出独特的文化内涵。从2020年正式开始到2024年底基本完工的新发现6个坑的发掘工作，进一步补全和完善有关三星堆遗址的遗存资料，有关三星堆遗址及其文化性质的认识或有望得到进一步的发展。

（五）三星堆文化的命名

1986年下半年至1987年初，基于1980年以来三星堆遗址的考古发掘，并结合三星堆1、2号坑的发掘成果，陈德安、陈显丹代表三星堆考古工作者正式提出"三星堆文化"的命名建议，确定该遗址点年代大致为距今4500—3000年左右，即从新石器时代晚期至中原夏商时期，遗址面积600万平方米左右。他们认为："与三星堆遗址为同一文化系统的古遗址，在成都平原就有数十处。根据调查的材料得知，以三星堆遗址为代表的这支古文化的分布范围是相当广泛的。其影响，东出三峡，西至汉源，北跨嘉陵江达陕南汉中地区。在成都平原，以三星堆遗址为代表的这支古文化，考古工作者将按照考古学文化命名的惯例，以首先发现和发掘的典型遗址为命名，将这支古文化命名为'三星堆文化'。"③ 在有关1986年上半年三星堆地点考古发掘成果的简讯中，考古工作者将三星堆地点第三发掘区地层自上而下分为15层，其中"第6层至第1层为汉代至近现代；第15层至第7层属'三层堆文化'堆积，时代属于新石器时代晚期至西周早期（距今

---

① 但或许正是因为其影响巨大，三星堆1、2号坑的发现所引发的"处置不当"也屡屡见于学者们的回顾中。1999年，王毅、张擎著文认为两坑的发现吸引了人们过度的关注，从而"忽略了对三星堆遗址陶器群的研究"（王毅、张擎：《三星堆文化研究》，《四川文物》1999年第3期）。2001年，赵殿增在回忆苏秉琦对三星堆考古的指导时也指出，"两个祭祀坑的发现，也在某种程度上打乱了工作的计划性，同时带来了不少新的问题和新的矛盾。不仅上千件埋入时就被有意打碎文物的修复、整理、研究、保护工作需要投入很大的力量，而且社会各方面对这批文物的关注和需求，使我们无法正常地继续原有的工作，其中包括1982—1986年发掘资料的整理工作被迫停止"，尽管苏秉琦多次提醒"要从'坑'里跳出来"（赵殿增、陈德安：《一个充满活力的学科生长点——苏秉琦先生指导下的三星堆考古》，宿白主编《苏秉琦与当代中国考古学》，北京：科学出版社，2001年，第453页），但到2006年才启动《广汉三星堆——1980—2005年考古发掘报告》的编写工作，而到2024年，这一系统的三星堆遗址发掘资料仍未面世。
② 邹衡：《三星堆祭祀坑·序》（1997年），见四川省文物考古研究所编《三星堆祭祀坑》，北京：文物出版社，1999年，第7页。
③ 陈德安、陈显丹：《上古巴蜀文明的重大发现——三星堆遗址与"三星堆文化"》，《文史杂志》1987年第1期；四川省文物管理委员会、四川省博物馆、广汉县文化馆：《广汉三星堆遗址》，《考古学报》1987年第2期。

4800—2800年左右）"①。这是一个跨越新石器时代晚期到青铜时代的考古学文化命名。在同一时期的报告或研究论文中，三星堆遗址考古工作者又在从新石器时代晚期至商周时期的意义上使用了"三星堆遗址文化"②的名称。这一名称实际上道出了"三星堆文化"命名初期的实际内涵，即是"遗址文化"的命名而不是严格的考古学文化命名。

  1990—1993年，宋治民、孙华先后对"三星堆文化"的考古学文化内涵作出讨论，将其与"遗址文化"属性区分开来。③到1999年，王毅、张擎在介绍对三星堆遗址文化分期进行再讨论的缘由时指出，三星堆1、2号坑的发现"在考古学界引起了极大的轰动，吸引了很多学者去研究它。但忽略了对三星堆遗址陶器群的研究，使得近十多年来，学者们对'三星堆文化'与'三星堆遗址'两个完全不同的概念纠缠不清，因而滞误了对三星堆文化及其相关文化的研究，使得四川先秦考古学文化的年代序列处在一片迷雾之中"④。据2017年赵殿增撰文介绍三星堆遗址的考古新发现时所指出的，在有关成都平原的考古学文化谱系序列取得基本共识的背景下，仍有考古工作者坚持"认为三星堆遗址的四个时期是同一个考古学文化，不应分别命名成三个文化"⑤。

  2022年，许宏基于夏鼐1959—1961年关于考古学文化的定名讨论⑥，再次梳理了这一问题上的分歧并强调指出，"一处遗址可以且往往包含多个考古学文化的堆积，而遗址分期与考古学文化的分期是应该做严格区分的"⑦，因为"遗址的分期，探讨的是不同考古学文化在同一遗址内堆积的先后问题。考古学文化的分期，是指一考古学文化所经历的历史的相对

---

① 陈德安、陈显丹：《广汉县三星堆遗址》，中国考古学会编《中国考古学年鉴 1987》，北京：文物出版社，1988年，235页。
② 四川省文物管理委员会、四川省博物馆、广汉县文化馆：《广汉三星堆遗址》，《考古学报》1987年第2期；陈显丹：《论广汉三星堆遗址的性质》，《四川文物》1988年第4期。
③ 宋治民：《论三星堆遗址及相关问题》，李绍明等主编《三星堆与巴蜀文化》，成都：巴蜀书社，1993年，第150页。孙华：《试论广汉三星堆遗址的分期》，四川大学博物馆、中国古代铜鼓研究学会编《南方民族考古》第五辑，成都：四川科学技术出版社，1993年，第10—24页。
④ 王毅、张擎：《三星堆文化研究》，《四川文物》1999年第3期。
⑤ 赵殿增：《三星堆考古新发现与古蜀文明新认识》，《四川文物》2017年第1期。
⑥ 夏鼐：《关于考古学上文化的定名问题》，《考古》1959年第4期；夏鼐：《再谈考古学上文化的定名问题》（1961），《夏鼐文集》第二册，北京：社会科学文献出版社，2017年，第166—177页。
⑦ 许宏：《三星堆之惑》，郑州：郑州大学出版社，2022年，第51页。

年代的划分"①。由此，许宏将原初命名的"三星堆文化"称为"肿胀"的考古学文化，并提出相应的"消肿措施"，主张在严格的考古学文化意义上界定"三星堆文化"，将遗址分期和考古学文化分期区分开来。②

有关三星堆文化的命名问题，实际上不仅涉及有关"考古学文化"的概念及其命名原则，更涉及"遗址"与"考古学文化"的区分，甚至也触及有关"考古学文化"之"文化"的理解与界定。这方面的分歧又尤其集中反映在"遗址文化"这一命名或概念的成立与否。但无论如何，"三星堆文化"与"三星堆遗址"在有关三星堆遗址之文化性质认识中是需要严格区分的两个概念，这一点是可以取得共识的。

（六）三星堆遗址的正式定名

三星堆1、2号坑的空前发现和"三星堆文化"的命名建议使得"三星堆遗址"之名在已经使用过的众多遗址名称中脱颖而出，成为此前被称为"中兴古遗址"或"广汉古遗址"的整个遗址区域的代表，进而取代原有名称的地位并被人们普遍接受。作为圈内人，万娇在2020年出版的博士论文《从三星堆遗址看成都平原文明进程》中总结了这一名称上的心理变化："1986年发现三星堆祭祀坑之后，大家不再把三星堆看做普通遗址，遗址的命名也从之前认为的三星堆遗址从属于中兴古遗址到三星堆遗址成为整个遗址的正式名称。"③

1987年5月3日，苏秉琦为三星堆遗址题词"三星堆古文化古城古国遗址"④。这里的"三星堆"就显然已经是在"大遗址"意义上使用这个名称了。1988年1月13日，国务院公布第三批全国重点文物保护单位名录，三星堆遗址正式定名，成为一个"大遗址"名称，并逐渐取代其他不同的称呼。相对于"三星堆古文化古城古国遗址"而言，"三星堆遗址"这一名称无疑更客观，也更简明，至于"古文化古城古国"的限定，则具有揭示或阐释的特定意义。但任何揭示或阐释，都必然是对象的有限侧面而不会是对象的全体。就此而言，"三星堆遗址"这一名称是科学的，具有共识性和包容性，诸如"三星堆古文化古城古国遗址"这样的名称则是具有阐释性的学术言说，是富于个性的。此时，三星堆遗址"分布面积达10平

---

① 张忠培：《研究考古学文化需要探索的几个问题》，文物出版社编辑部编《文物与考古论集》，北京：文物出版社，1986年，第180页。
② 许宏：《三星堆之惑》，郑州：郑州大学出版社，2022年，第51—69页。
③ 万娇：《从三星堆遗址看成都平原文明进程》，北京：科学出版社，2020年，第87页。
④ 四川广汉文化局编：《广汉三星堆遗址资料选编（一）》，1988年5月。转引自赵殿增《四川十年考古收获》，《四川文物》1989年第5期。

方公里以上"①，也就是1000万平方米。

1991年，陈德安在《四川文物》上发表《三星堆遗址》一文，对1986年以来有关三星堆遗址的新认识进行了系统化与知识化的梳理，遗址面积确定为12平方千米："遗址主要分布在鸭子河和马牧河两岸的脊背形台地上。经过多年的调查，分布②范围已基本清楚：东起回龙村、西至大堰村、南迄米花村、北抵鸭子河，总面积约12平方公里。分布最集中、堆积最丰富的地点有仁胜、真武、三星、回龙四村。"③这篇从文化遗产角度分"概述""范围与分布""重要遗迹""遗物""时代与分期""价值与意义"六个方面整理的文章，也成为此后介绍"三星堆遗址"的基础范本。

三星堆遗址的正式定名和分布范围的确定，为进一步讨论三星堆遗址的文化性质奠定了基础。

二、三星堆遗址的中心地位

1987年，苏秉琦在"四川广汉三星堆遗址考古座谈会"上基于三星堆1、2号坑的发现就四川（巴蜀）在中国及西南的中心地位做了发言："从区系角度讲，四川也不只一巴一蜀。四川在中国西半部，又是中国南部的一部分，在历史上这里先是周秦的同盟者，楚国起来又曾是楚的同盟者，可靠的后方，所以四川是西南地区的重点，在古文化古城古国发展中处于领先地位。同时，四川地区的古文化与汉中、关中、江汉以至东南亚，四面八方都有关系。从西南地区看，巴蜀是龙头，从中国与东南亚关系看，四川又是东南亚的龙头。"④这里所说的"龙头"和"领先"，其实质内涵就是对其中心地位的确认。对于西南和东南亚的上古历史来说，四川是"龙头"；对于四川或巴蜀地区来说，成都平原是"龙头"，也就是中心。正是对成都平原的这种中心地位的意识，出现"有的学者就巴与蜀的关系提出了蜀文化中心说"⑤也就是很正常的。在四川乃至中国西南上古时期的很长时段里，三星堆遗址所反映的上古三星堆社会，是成都平原的中心，因而也是四川的中心、西南的中心。这是自20世纪80年代以来在有关三星堆遗址的历史方位判定上形成的基本共识。这一共识随着三星堆遗址

---

① 陈显丹：《论广汉三星堆遗址的性质》，《四川文物》1988年第4期。
② 原文作"公布"。——引者注
③ 陈德安：《三星堆遗址》，《四川文物》1991年第1期。
④ 苏秉琦：《西南地区考古——在"四川广汉三星堆遗址考古座谈会"上的讲话》，《苏秉琦文集（三）》，北京：文物出版社，2009年，第117页。
⑤ 惠宓：《商周古文字和巴蜀文化研究的几个问题——四川省当代史学会一九九〇年学术研讨会观点择述》，《四川社联通讯》1991年第1期。

考古发现资料的发布和相关研究的进展而逐渐变得充实、具体，而且其内涵阐释远未显示出已经走到尽头的迹象。

（一）蜀国早期的政治经济中心

尽管早在1934年月亮湾地点的发掘之后，林名均就已认为广汉玉石器的发现扭转了人们关于古代四川"无文化可言"的印象，甚至也"知古代蜀国文化，非若吾人想象中之幼稚"①，但这种转变大致也就是实现从无到有的肯定而已。20世纪70年代，在苏秉琦等提出区系类型理论的时候，所列中国史前六大区系类型中并无四川盆地独立区系类型的位置，四川盆地被置于"围绕中原的诸文化中心"之外的"外围诸文化中心"的位置，大致与"南疆""滇西""粤东北"并列。②在1979年发表的论文《广汉出土的玉石器》中，冯汉骥、童恩正将以月亮湾地点为主体的广汉遗址视为"古代蜀国一个重要的政治经济中心"③，但支撑这个"中心"的内容还是单薄的，文化发展水平的评估也是有限的。直到1986年发现的三星堆1、2号坑，其大量的高品级的器物和明显的礼仪或礼制特征，使人们认识到成都平原上古时期的文明发展水平与中原是相当的，这才彻底改变人们对三星堆遗址所反映的古蜀时代文化发展水平的传统认识，提升了人们对古蜀文明发展高度的评估："祭祀坑内以青铜头像为代表的大批珍贵文物的出土，证明商周时期蜀地已有高度发达的青铜文化。这个遗址群可能是具有国家雏形的早期蜀国的政治、经济、文化中心，或与传说中的蜀王鱼凫、杜宇的都邑有关。"④因此，当说到"这2座祭祀坑的发现表明三星堆遗址是蜀国早期的政治、经济中心"⑤时，这个"中心"就已经有了更为厚重、更为丰富、也更高层次的实证内涵。

1989年，赵殿增在总结20世纪80年代的巴蜀文化考古发现时，着重引述苏秉琦所提出的"古文化古城古国"命题来认识三星堆遗址，认为三星堆遗址就是一处能够将古文化、古城、古国三者联系在一起的"与社会分工、社会关系分化相适应的、区别于一般村落遗址"的"中心遗址"：

---

① 林名均：《广汉古代遗物之发现及其发掘》，《说文月刊》第3卷第7期，1942年。
② 苏秉琦、殷玮璋：《关于考古学文化的区系类型问题》，《文物》1981年第5期。另见《苏秉琦文集（二）》，北京：文物出版社，2009年，第214—215页、284页、288—296页。
③ 冯汉骥、童恩正：《记广汉出土的玉石器》，《四川大学学报（哲学社会科学版）》1979年第1期。
④ 陈德安、陈显丹：《上古巴蜀文明的重大发现——三星堆遗址与"三星堆文化"》，《文史杂志》1987年第1期。
⑤ 陈德安、陈显丹：《广汉县三星堆商时期祭祀坑》，中国考古学会编《中国考古学年鉴1987》，北京：文物出版社，1988年，第237页。

"在三星堆遗址中,我们看到了一个具有地方特征的原始文化(三星堆文化),找到了早期的聚落群(中心遗址),发现了原始的城墙,证明它已不是简单的居住遗址,而是具有了经济文化中心乃至政治军事中心的意义,已形成了高于氏族部落的、稳定的、独立的政治实体(古国)。"① 文化、城市、国家,三星堆遗址作为大遗址的不同侧面与多元面貌因为"古文化古城古国"的概念而初步展现出来。

(二)对三星堆遗址中心地位的实证

1986—1990年,四川省文物考古研究所在川西平原北部区域开展了广泛的考古调查,涉及新都、彭县(今彭州市)、广汉、什邡等地区的濛阳河、青白江、石亭江、绵远河、鸭子河、马牧河、斑鸠河等流域,初步摸清川西平原北部商周遗存的分布情况。这些商周遗址主要集中分布在沱江上游冲积扇的平原地带河流两岸,部分分布在岷江水系纳入沱江的青白江、柏条河的彭州、新都境内,其文化面貌基本一致,大多属三星堆晚期文化,而沱江冲积扇是三星堆上层文化的集中分布区,三星堆遗址处在这个分布区的中心。②

2011—2013年,四川省文物考古研究院两次分别对三星堆遗址上游鸭子河北岸和南岸开展了大面积拉网式的考古调查,共发现商周时期遗址17处,其中16处为首次发现。考察结果证实在调查区域内存在数量极多的三星堆文化晚期遗址,而且,"距离三星堆遗址越近,遗址的密度越大,而距离三星堆遗址越远,遗址的密度也越小。从某种意义上看,这些遗址是以三星堆遗址为中心由密而疏分布的,这表明三星堆遗址在第四期阶段仍旧是该区域的中心遗址"③。

2012年以来三星堆遗址月亮湾台地的考古发掘也证实,"三星堆遗址在第四期,至少在第四期偏早阶段,仍旧是等级较高的聚落甚至古蜀国都城,而非如以往所认为的从第四期开始就急速衰落成为普通聚落"④。

---

① 赵殿增:《近年巴蜀文化考古综述》,《四川文物》1989年第S1期"广汉三星堆遗址研究专辑"。
② 四川省文物考古研究所三星堆工作站、四川省广汉市文管所、什邡县文管所:《四川广汉、什邡商周遗址调查报告》,四川大学博物馆、中国古代铜鼓研究学会编《南方民族考古》第五辑,成都:四川科学技术出版社,1993年,第295—309页。
③ 四川省文物考古研究院:《四川鸭子河流域商周时期遗址2011~2013年调查简报》,《四川文物》2014年5期。
④ 四川省文物考古研究院:《四川广汉市三星堆遗址青关山H105的发掘》,《考古》2020年第9期。

（三）古蜀国都城

三星堆遗址为古城址的猜想始于1984年，且在该时期发现了古城墙的线索。①1985—1988年对三星堆古城的初步发掘，认为三星堆遗址为"三面筑墙，一面环水的古城"，结合城址内分布的玉石器作坊、陶窑、房屋居址等生活设施和大量石、玉、青铜礼器，陈显丹认为，三星堆遗址是"三千多年前蜀国的政治、文化、军事、经济的中心"，是"早期的蜀都"，很可能是"鱼凫—杜宇王朝时期的都城"。②1988—1989年，三星堆工作站对东城墙狮子闹地点（燕家梁子地段）和当时认为是南城墙的三星堆地点进行正式发掘，解剖出清晰的城墙断面以及"壕沟、夯层、护坡等遗迹，确认了古城的性质，时代和建筑特征"③，陈德安、罗亚平在城墙发掘的简讯中称之为"商代早期蜀国修筑的城墙"，由此也进一步"确认三星堆遗址为蜀国早期都城遗址"。④宋治民基于三星堆遗址的各类遗迹和出土器物也指出，"三星堆遗址是早期蜀文化中一处非常重要的政治中心，特别是两个祭祀坑和几处窖藏的发现，说明这一带应是早期蜀人的都邑所在地"。⑤段渝则从"城市文明"的角度称之为"典型的古代中心城市，即都市"，"无可置疑是蜀国城市体系的首位城市，居于中心和首脑地位"，"工商业经济兴盛发达"。⑥《三星堆祭祀坑》则判断其"城址规模很大，文化内涵丰富，无疑是一个方国的中心都邑"。⑦

1988—1994年，四川省文物考古研究所三星堆遗址工作站展开对三星堆古城的考古发掘，先后对三星堆遗址的东、西、南三面的城墙进行四次发掘，"三星堆遗址现存的东、南、西三面城墙均经试掘而得到证实，从

---

① 赵殿增：《广汉县三星—真武遗址》，中国考古学会编《中国考古学年鉴 1985》，北京：文物出版社，1985年，第210页；赵殿增：《与考古一生相伴（十三）》，《中国社会科学报》2023年2月17日第7版。
② 陈显丹：《论广汉三星堆遗址的性质》，《四川文物》1988年第4期。
③ 赵殿增：《四川十年考古收获》，《四川文物》1989年第5期；陈德安：《广汉三星堆早期蜀国城墙》，中国考古学会编《中国考古学年鉴 1990》，北京：文物出版社，1991年，第298—299页。
④ 陈德安、罗亚平：《广汉三星堆遗址掘获重大成果》，《中国文物报》1989年9月15日第1版。
⑤ 宋治民：《论三星堆遗址及相关问题》，李绍明、林向、赵殿增主编《三星堆与巴蜀文化》，成都：巴蜀书社，1993年，第147页。
⑥ 段渝：《巴蜀古代城市的起源、结构和网络体系》，《历史研究》1993年第1期；段渝：《巴蜀早期城市的起源》，李绍明、林向、赵殿增主编《三星堆与巴蜀文化》，成都：巴蜀书社，1993年，第63、65页。
⑦ 四川省文物考古研究所编：《三星堆祭祀坑》，北京：文物出版社，1999年，第438页。

而可以确定三星堆遗址为蜀国早期城址"①,并在原以为是南城墙的"三星堆"土堆以南的"龙背梁子"处找到真正的南城墙,当时由此推断整个古城约4平方千米。②1999年发布的《三星堆祭祀坑》报告"城内面积约3平方公里"③。在此前后,考古工作者又陆续确认三星堆城墙、月亮湾城墙、仓包包城墙、青关山城墙、李家院子城墙等,到2013年发掘确认北城墙的存在,整个城址分布面积由此确定为约3.5平方千米。④三星堆遗址的城圈结构由此清晰起来,目前所知为"一大多小"的格局。"一大"即作为三星堆遗址主体的三星堆古城,是由东城墙、南城墙、西城墙及北城墙(由青关山城墙、真武宫城墙和马屁股城墙串联)合围而成的大城圈;"多小"指位于这个大城圈内的多座小城,已知的有北部月亮湾小城(由月亮湾城墙、真武宫城墙、青关山城墙、西城墙北段及其南端东转部分城墙合围而成)、仓包包小城(由仓包包城墙、李家院子城墙、马屁股城墙和东城墙北段合围而成),据推测,南部三星堆城墙所在位置应该也有一座小城。⑤"大城和小城都是在三星堆遗址二、三期逐步建造的,可能是三星堆文化繁荣时期古蜀国的王城。"⑥

(四)大型礼仪和祭祀中心

作为古蜀国都城,三星堆遗址的显著功能是举行祭祀和礼仪活动。段渝基于三星堆1、2号坑的出土文物认为,"三星堆祭祀坑所出大型青铜雕像群和黄金制品,毫无疑问是商代蜀国大型礼仪中心的主要物质内容,目的之一,在于通过各种物质的组合形式及其必然对人产生的各种精神压力,来充分显示神权和王权那至高无上的权威和巨大力量"⑦,因而三星

---

① 陈德安:《广汉三星堆遗址西城墙》,中国考古学会编《中国考古学年鉴 1993》,北京:文物出版社,1995年,第234—235页;四川省文物考古研究所编:《三星堆祭祀坑》,北京:文物出版社,1999年,第9页。
② 敖天照:《来之不易的城墙》,《巴蜀史志》2021年第5期"聚焦三星堆"专刊。
③ 四川省文物考古研究所编:《三星堆祭祀坑》,北京:文物出版社,1999年,第438页。
④ 雷雨:《成都市三星堆商代遗址》,中国考古学会编《中国考古学年鉴 2014》,北京:中国社会科学出版社,2015年,第380—382页;雷雨:《广汉三星堆商代遗址》,中国考古学会编《中国考古学年鉴 2015》,北京:中国社会科学出版社,2016年,第295页;赵殿增:《三星堆考古新发现与古蜀文明新认识》,《四川文物》2017年第1期。
⑤ 四川省文物考古研究院:《四川广汉市三星堆遗址马屁股城墙发掘简报》,《四川文物》2017年第5期。另,有不同意见。赵殿增认为"月亮湾夯土"和"三星堆土堆"可能不是城墙而是建筑台基或台台,与祭祀殿堂或宗庙有关。见赵殿增《三星堆文化与巴蜀文明》,南京:江苏教育出版社,2004年,第214页。
⑥ 赵殿增:《三星堆考古新发现与古蜀文明新认识》,《四川文物》2017年第1期。
⑦ 段渝:《四川广汉三星堆遗址的发现与研究》,《历史教学问题》1992年第2期。

堆古城"从一开始就表现出强烈的神权政治中心性质"[①]，是古蜀王国的礼仪中心。

赵殿增则侧重强调祭祀中心的地位和作用，认为三星堆遗址"戎"的成分很弱、"祀"的成分十分突出，并从起源流变的角度指出，最初的"三星堆古城或许曾是一个基本不设防的宗教活动祭祀中心和政治经济文化中心"，尤其是作为"一个以宗教活动为主的神圣祭祀中心"，对周边区域具有巨大的吸引力和社会组织动员力：三星堆的祭祀活动是"一次次盛大的聚会，吸引和汇聚多方面的人员的文化前来参与，促进了文化、艺术、经济、技术，乃至思想观念的交流与发展，形成了长江上游一个高度发展的古代文明中心，在东方文明和世界古文明中都占有特殊的地位"[②]。在这个看法中，三星堆遗址作为祭祀中心的功能和地位是先于作为古蜀国都城的功能和地位的，正是祭祀功能的社会组织性决定了基于这一功能的古蜀国政权显示出鲜明的神权色彩。

（五）交通枢纽中心

基于三星堆古城的考古发掘成果，段渝从城市规模和出土遗物所展现的商品交换和贸易往来着手，指出"作为王都和神权政治中心，三星堆古城同时也积极发挥着组织贸易的功能"，"早在商周时代，三星堆蜀都……就已初步形成为中国西南同南亚、西亚进行经济文化交流的枢纽"[③]。

基于"十二五"期间三星堆遗址"一期文化"阶段考古发掘的成果，赵殿增认为，三星堆遗址最初"有可能是一处开放性的'水陆码头'，或是一个长时间中慢慢形成的集市式的大型聚落。它汇集、吸收了多元的文化因素，孕育出了独具一格风俗习惯与信仰观念。到距今4000年前左右，在多种因素的作用之下，三星堆遗址得到突飞猛进的发展，形成一个以原始宗教为中心的神权国家，从经济、交通中心，发展为宗教、文化、政治中心，进而逐步把成都平原史前各城址纳入其中，创造出距今4000—3200年前灿烂夺目的'三星堆文明'"。结合三星堆出土的具有近东西亚文化因素的器物和"近年在埃及的木乃伊还发现了可能是来自蜀国的丝绸"，赵殿增也认为，"早在三四千年前可能就曾存在一条沟通东西方文化的'早期丝绸之路'。三星堆及成都平原在汉以前早期丝路文明中具有节点与枢纽的地位和作用"，这种交通枢纽的中心地位，造就"多元文化的交流与

---

① 段渝：《巴蜀古代城市的起源、结构和网络体系》，《历史研究》1993年第1期。
② 赵殿增：《三星堆考古新发现与古蜀文明新认识》，《四川文物》2017年第1期。
③ 段渝：《巴蜀古代城市的起源、结构和网络体系》，《历史研究》1993年第1期。

融合"的发生,"促成了三星堆文明的高度发展"。①

三星堆遗址一期文化关系着三星堆遗址及其文化的来源,长期以来因为资料缺乏而面目不清,学术界基本一致地将其视为新石器时代晚期文化,具体则比较模糊。赵殿增有关三星堆遗址最初阶段为"集市型聚落"的设想提供了新的认识思路,有待相关资料公布后的研究与检验。由此也提出一个问题,即如何从"集市型"中心聚落发展为国家,以及这种历史逻辑如何体现在文化形态上。

三、三星堆遗址的文化类型

2017年,赵殿增总结了"十二五"期间三星堆遗址考古发掘的一些成果:"在三星堆遗址群的各处都发掘出一期的地层,时间跨度很大,遗迹现象密集,出土的文物众多,数量大约超过各成都史前城址的总和";"第一期的文化从地层和器形上与二期文化……密切相接,中间不存在空隙和缺环";"第四期文化的文物遗迹非常丰富,地点、时代和内涵都得到进一步延伸,除了与十二桥遗址相当的商周之际的文化层之外,还发掘出与新一村遗址相当的文化层遗存,时间已延续到春秋时期";"三星堆遗址群中发现了几座船棺葬和土坑墓,时代已经到了战国中期"。这些成果进一步说明,三星堆遗址"具有一个连续发展的较完整的文化序列,时间从距今4800—2300年前,跨度近两千七八百年"②。如何认识并叙述一个跨度近三千年的大型史前遗址的文化形态,三星堆遗址提出了一个史前研究的重要话题。

(一)先蜀文化·早期蜀文化·巴蜀文化

以"蜀"或"巴蜀"来认识三星堆遗址的文化性质是一个久远的传统。从戴谦和引用"蜀文化"来界定广汉玉石器开始,经郭沫若的"西蜀(四川)文化"、龚熙台的"望帝墓葬"、林名均的"古代蜀国文化"到卫聚贤提出的"巴蜀文化"概念,以及后来的"蜀文化""古蜀文化",可谓一脉相承。这些关于三星堆遗址的文化类型的概括,有些停留在"称呼"的层面,有些则做了界定。

这一认识传统,一方面是出于获得认识三星堆遗址及其文物遗存的文化和历史知识支点的需要,另一方面则是随着考古发现的进展而使得巴蜀古文化的内涵逐步充实起来的话语结果。二者都是面对未知事物时认识

---

① 赵殿增:《三星堆考古新发现与古蜀文明新认识》,《四川文物》2017年第1期。
② 高大伦、郭明:《三星堆遗址古文明的长度宽度和高度》,《四川文物》2016年第6期;赵殿增:《三星堆考古新发现与古蜀文明新认识》,《四川文物》2017年第1期。

发展的必然逻辑。因此,当卫聚贤提出"巴蜀文化"概念的时候,这一路径在三星堆遗址文化性质认识上就进入一个开始有自己的基于考古发现的概念术语的新阶段。随着"巴蜀文化"内涵及其历史演变的逐渐清晰,巴文化和蜀文化作为其源头各自分立出来,进而基于成都平原夏商及西周时期考古发现的进展,从春秋战国时期的巴蜀文化上溯至夏商乃至更早的源头,形成"早期蜀文化+巴蜀文化"的叙述结构,这就为三星堆遗址文化性质的认识提供了新的定位背景。

在1980年开始三星堆地点的考古发掘的时候,有关三星堆遗址文化性质的认识还是延续此前的"巴蜀文化"观念的。赵殿增就立足整个巴蜀文化的分布区域,"主要从器物类型学的角度把两千多年的巴蜀文化分为早中晚三期","它们分别代表了互相衔接的新石器时代晚期、青铜时代前期和后期三个发展阶段",并将三星堆遗址不同地点的发掘成果归入不同的巴蜀文化发展阶段[①],进而在肯定早、中期巴蜀文化的创造者为"蜀族"的基础上认为应将青铜时代前期文化称为"早蜀文化"或"古蜀文化"[②]。《中国考古学年鉴 1984》在总结1980年以来三星堆地点等的三次考古发掘后也指出,"从文化内涵、特征来看,这是一处早期巴蜀文化的古遗址,相当于中原龙山文化时代到商周时代"[③]。与此同时,宋治民则直接从"蜀文化"着手,将蜀文化分为早、晚两期。[④] 沈仲常、黄家祥进而就将"四川早期的蜀文化"视为"盆地内的'原始文化'",称为"古蜀文化",是本土或土著文化,以区别于进入盆地的外来文化,广汉三星堆遗址的文化被视为一支"早期古蜀文化","所出土的文化遗物,是四川早期古蜀文化的代表"。[⑤] 这就意味着,不晚于1984年,随着对盆地内更多考古发现的研究,基于"巴蜀文化"概念而发展分化出来的"早期蜀文化"观念共识已经基本形成,并在随后的考古发现和学术研究中得到具体展开。基于20世纪80年代初三星堆遗址的考古发现,陈德安、陈显丹就认为,"三星堆遗址四期的文化堆积和过去考古界确指的蜀文化(主要指春秋战国时期)有着密切的不可分割的内在联系。因此,我们暂把这类堆积

---

① 赵殿增:《巴蜀文化的考古学分期》,《中国考古学会第四次年会论文集》(1983年),北京:文物出版社,1985年,第214—224页。
② 赵殿增:《巴蜀文化几个问题的探讨》,《文物》1987年第10期。
③ 《广汉三星堆遗址》,中国考古学会编《中国考古学年鉴 1984》,北京:文物出版社,1984年,第155页。
④ 宋治民:《关于蜀文化的几个问题》,《考古与文物》1983年第2期。
⑤ 沈仲常、黄家祥:《从新繁水观音遗址谈早期蜀文化的有关问题》,《四川文物》1984年第2期。

称为'早期蜀文化'的遗存"①，反映出明显的溯源性思路。杨荣新更直接地明确指出，三星堆遗址是"最重要的一处早期蜀文化遗址"，"年代从新石器时代晚期至西周早期"，"延续了近2000年未曾间断，完整地反映了早期蜀文化的发展过程"。②

林向则根据1986年上半年对三星堆地点的发掘对三星堆遗址做分期处理，对"早期蜀文化"做进一步区分，主张"第一期出土物为新石器晚期的东西，……是先蜀文化，即蜀文化的前身。第二、三期的文化面貌与一期不同，是早蜀文化的堆积，……第四期继续发展，达到鼎盛，……所以三星堆遗址的二至四期应叫'早蜀文化'"，即早期蜀文化，以区别于春秋战国的"巴蜀文化"③，后来又"把三星堆文化第二、三、四期与指挥街早、晚两期串联起来，加上成都平原其它商周遗址，共分五期，合称为'早期蜀文化'"④。宋治民先是将月亮湾遗址（即后来的三星堆遗址）整个视为早期蜀文化⑤，后又修订为将其下层文化视为"蜀文化的前身"、上层文化视为早期蜀文化⑥。李明斌也将"蜀文化的前身"命名为"先蜀文化"，即"蜀文化的来源"，月亮湾一期、三星堆一期都在这个范围内。⑦这样就形成"先蜀文化→早期蜀文化→巴蜀文化"的叙述结构。结合"十二五"期间三星堆遗址的考古新发现，三星堆遗址具有先蜀文化、早期蜀文化和巴蜀文化的连续发展性。

"先蜀文化→早期蜀文化→巴蜀文化"的叙述结构围绕"蜀文化"这一概念展开，本质上是着眼于通过援引"蜀文化"来认识三星堆遗址的文化性质，这就引出一个关于"蜀文化"的认识和评价问题。

关于"蜀文化"，宋治民是作为一种考古学文化来看待的：

> 考古学上的蜀文化，大约就是指从商周到汉初这一段时间，在四川省西部存在的具有浓厚地方色彩的一种考古学文化。根据考古发掘

---

① 陈德安、陈显丹：《上古巴蜀文明的重大发现——三星堆遗址与"三星堆文化"》，《文史杂志》1987年第1期。
② 杨荣新：《早期蜀文化与广汉三星堆遗址》，《四川文物》1989年第S1期"广汉三星堆遗址研究专辑"。
③ 林向：《蜀酒探原——巴蜀的"萨满式文化"研究之一》，四川大学博物馆、中国古代铜鼓研究学会编《南方民族考古》第一辑，成都：四川大学出版社，1987年，第77页。
④ 林向：《三星堆遗址与殷商的西土——兼释殷墟卜辞中的"蜀"的地理位置》，《四川文物》1989年第S1期"广汉三星堆遗址研究专辑"。
⑤ 宋治民：《关于蜀文化的几个问题》，《考古与文物》1983年第2期。
⑥ 宋治民：《早期蜀文化分期的再探讨》，《考古》1990年第5期。
⑦ 李明斌：《先蜀文化的初步探讨》，《四川文物》2001年第3期。

资料，可以初步将蜀文化分为早晚两期。大约商、西周以及春秋为早期，战国秦、汉初为晚期。就现有材料看，早期以遗址材料为主，晚期以墓葬材料为主。①

又说：

> 蜀文化是四川西部以成都平原为中心的一支古老的土著文化。蜀为族称，所以蜀文化是以族称命名的考古学文化。②

这种以"考古学文化"之名赋以"族名""国名"等史学内容的整合路径，贯穿于三星堆遗址的整个考古发现与研究历史，并仍将继续下去。这种路径自不免于同历史文献的比较、印证和对这些文献的借用。地下文物与地上文献的结合，本是王国维"二重证据法"的基本逻辑，但因先秦时期蜀地文献的极度匮乏，这种结合中隐含的不确定性或因对相关文献的疏于考证而在对三星堆遗址文化性质的认识中被极度放大。以至尽管宋治民选取了成都平原先秦时期代表性遗址的三组出土陶器来进行分期研究，将早期蜀文化的分期建立在出土陶器及其组合的比较上③，但这种用本来在文献层面就存在争议的"蜀"的概念及相关古史文献来理解考古发现的认识路径，还是越来越受到质疑。

批评的观点大致有四种。第一种纯从考古学文化之间异同比较的角度指出，三星堆文化和巴蜀文化或蜀文化，是"两种不同性质的考古学文化"，尽管"三星堆文化的部分因素残存于巴蜀文化之中，两者可能存在某种文化联系，但就文化内涵总体分析，尚看不出两者有密切的文化承袭关系"，二者既"内涵差异较大，也无明显的文化继承关系"，因此就不能将二者统称为"巴蜀文化"或"蜀文化"，也不能因此说"三星堆文化"是"早期巴蜀文化"或"早蜀文化"。④ 第二种则质疑"蜀文化"相关文献记载的可靠性，认为"蜀文化"的解释传统自然带入相应的历史记载而产生印证取向，而在"蜀"的含义存在争议和史籍中古蜀传说记载的可靠性存疑的背景下，"急于印证古史记载和传说的做法有着方法论上的危险"

---

① 宋治民：《关于蜀文化的几个问题》，《考古与文物》1983年第2期。
② 宋治民：《早期蜀文化分期的再探讨》，《考古》1990年第5期。
③ 宋治民：《早期蜀文化分期的再探讨》，《考古》1990年第5期。
④ 何志国：《三星堆文化与巴蜀文化的关系》，《四川文物》1997年第4期。

（许杰）。① 第三种从概念辨析着手，认为考古学文化与历史文化是不同性质的概念，"蜀文化"不是考古学文化概念而是"文献学与考古学整合层面的概念"，后者的盛行会遮蔽对前者的认识②，主张考古学概念的纯粹性。第四种是立足考古学的学科优势，认为考古学的历史建构较之历史文献记载有更多的开放性与创造性："考古学是用'实物'来'建构—书写'历史。'实物'包括了过去一切与人的活动相关的物质遗存，零散但却无所不包，最重要的是它们没有像文字材料那样经过观念的梳理。因此，实物'建构'的历史不同于用文字书写的单一的'线性历史'，而是一种多元化、多层面的'复线历史'，让历史显示出其复杂性与多样性。考古学绝不是用三星堆的考古发现去印证、增补一段已有记录的'观念史'，而是用物质遗存去'创造'一段未知的历史。如此'创造'的历史，改变了中国古代文明的图景，也改变了我们的历史观。"③

这四种观点显然都是立足考古学而展开的，其中第四种观点尤其体现出立足于学科层面的自觉意识，反映出考古学在自身学科建设上的自觉，但其中隐约可见的考古学与历史学范式之争，则有是否越出学科边界的嫌疑。因此，如何弥合二者之间的分歧，或许是未来三星堆遗址文化性质认识、考古学的学科定位以及考古学与历史学之关系等话题中的一个需要引起重视的问题。不论是以什么样的方式"建构—书写"历史，都终究是在重构历史，也终究不过是历史重构的路径之一，而历史重构的路径之间不应该是对立的、排斥的，而应是相辅相成的，毕竟，历史在其客观意义上是唯一的。

（二）三星堆遗址的考古学文化谱系

三星堆遗址考古学文化谱系的建立同样经过了较长时间的探索。这个问题从1934年第一次发掘时就已开始尝试，直到1987年才正式提出"三星堆文化"的命名建议，但这只是开始。这其中包括了两个基本问题，即三星堆遗址的分期和考古学文化序列。

20世纪80年代是"三星堆文化"概念的形成阶段。在这个阶段，"三星堆文化"是作为"三星堆遗址文化"来理解的，是从三星堆遗址四期遗存之间的连续性上来认识的，因而被理解为从新石器时代晚期一直延续到商周，是连续发展的文化形态：

---

① 王迪：《考古学家最想破解的三星堆谜团，都在这里》，《新华每日电讯》2021年4月6日。
② 许宏：《三星堆之惑》，郑州：郑州大学出版社，2022年，第152页。
③ 施劲松：《面向"未来"的"历史"建构》，《读书》2020年第5期。

四期之间的文化连续发展，又有一定的变化，但都属于同一个文化类型发展的不同阶段。①

（第三发掘区）第15层至第7层属"三星堆文化"堆积，时代属于新石器时代晚期至西周早期（距今4800～2800年左右）。②

三星堆遗址……根据层位关系与遗迹遗物的类型学分析，可分为四期，以其独特的文化面貌被称为"三星堆文化"。③

……"三星堆文化"。它包括新石器末期的"早期巴蜀文化"，和青铜时代前期（殷商西周时期）的"中期巴蜀文化"，连续构成了一个古代文化整体发展的历史过程。④

进入20世纪90年代，宋治民对命名问题做了反思，提出"三星堆遗址从一期到四期，能否使用同一个文化命名"的问题，认为"根据发掘报告和有关资料，三星堆一期和二期是'判然有别'"的，"三星堆一期和二期及二期以后各期的陶器是各有特征的两群"，且"第一期为新石器时代晚期，第二期已跨入青铜时代，所以笼统地用三星堆文化命名来概括这四期，似不够科学"。⑤1993年，孙华对此问题做进一步讨论，将三星堆遗址四期遗存中的第二、三期合并为一大期，认为"三星堆遗址的三期遗存，实际上应当视为同一文化系统下的三种不同的考古学文化"，提出"边堆山文化→三星堆文化→十二桥文化"的谱系序列。⑥随着20世纪90年代宝墩文化遗址的发掘，宝墩文化的面貌普遍被认为与三星堆一期文化相似，江章华、王毅、张擎等对三星堆遗址的文化类型做了再研究，将三星堆遗址1963—1986年共5批发掘资料按陶器类型分为六段三期，其中一段对应宝墩文化，二至五段为三星堆文化，是"三星堆遗址的主体文化"，六段为十二桥文化，进而基于成都平原先秦文化发展序列将三星堆

---

① 《广汉三星堆遗址》，中国考古学会编《中国考古学年鉴 1984》，北京：文物出版社，1984年，154页。
② 陈德安、陈显丹：《广汉县三星堆遗址》，中国考古学会编《中国考古学年鉴 1987》，北京：文物出版社，1988年，235页。
③ 林向：《三星堆遗址与殷商的西土——兼释殷墟卜辞中的"蜀"的地理位置》，《四川文物》1989年第S1期"广汉三星堆遗址研究专辑"。
④ 赵殿增：《近年巴蜀文化考古综述》，《四川文物》1989年第S1期"广汉三星堆遗址研究专辑"。
⑤ 宋治民：《论三星堆遗址及相关问题》，李绍明、林向、赵增殿主编：《三星堆与巴蜀文化》，成都：巴蜀书社，1993年，第150页。
⑥ 孙华：《试论广汉三星堆遗址的分期》，四川大学博物馆、中国古代铜鼓研究学会编《南方民族考古》第五辑，成都：四川科学技术出版社，1993年，第10—24页。

遗址的考古学文化谱系调整为"宝墩文化→三星堆文化→十二桥文化"。①随着三星堆遗址区域战国船棺葬的发现,这一遗址的考古学文化谱系又延伸至"晚期巴蜀文化"。

早在20世纪80年代,赵殿增在讨论巴蜀文化的分期问题时,主张将三星堆下层所代表的新石器时代晚期"早期巴蜀文化"单独命名为"三星堆一期文化"或"三星堆下层文化"。②2017年,基于"十二五"期间三星堆遗址发掘的新成果,赵殿增再一次主张建立"三星堆一期文化",并认为"三星堆一期文化"与"宝墩文化"可能是既有联系又有区别,各有中心地区又在时间上有些重叠的两个文化类型。③

也是在20世纪10年代后期,基于业已形成共识的"三星堆文化"的早期阶段的青铜器物的有限性及其同1、2号坑出土青铜器之间的差异,施劲松认为以三星堆遗址原二、三期为基础建立的"三星堆文化"依然存在"跨越了石器时代和青铜时代"④的类型混杂问题,早期青铜器(铜牌饰)的外来属性不能作为此阶段已经进入青铜时代的依据,进而提出在本土青铜文化的基础上建立"三星堆—金沙文化"⑤的主张。这一主张得到许宏的支持,许宏从考古学文化分期与考古遗址分期不同的角度,主张将"三星堆文化"定性为青铜文化而对三星堆遗址的其他文化类型另外命名。对于原本归入"三星堆文化"而"处于新石器时代末期、三星堆青铜文明崛起前夜的"三星堆遗址原二期文化,许宏倾向于邓淑苹的观点,主张将其命名为"月亮湾文化"。⑥

2021年,承担《广汉三星堆——1980—2005年考古发掘报告》编写工作的雷雨,在梳理了上述各考古学文化类型同三星堆遗址各期文化之间的关系后指出,"长期以来,三星堆一期与二期文化遗存之间在通过陶器群体现出来的文化面貌上还存在着非常明显的缺环"。为解决这个"缺环"问题,考古工作者通过对三星堆地点、西泉坎地点、西城墙地点、月亮湾地点历年考古发掘资料的梳理,发现了一组文化面貌和年代介于三星堆一期和二期之间(距今4100—3900年)的文化遗存,并认为可以"基本上解决了三星堆遗址新石器时代文化遗存与青铜时代文化遗存陶器群的渊源和

---

① 王毅、张擎:《三星堆文化研究》,《四川文物》1999年第3期;江章华、王毅、张擎:《成都平原先秦文化初论》,《考古学报》2002年第1期。
② 赵殿增:《巴蜀文化几个问题的探讨》,《文物》1987年第10期。
③ 赵殿增:《三星堆考古新发现与古蜀文明新认识》,《四川文物》2017年第1期。
④ 施劲松:《三星堆文化的再思考》,《四川文物》2017年第4期。
⑤ 施劲松:《论三星堆—金沙文化》,《考古与文物》2020年第5期。
⑥ 许宏:《三星堆之惑》,郑州:郑州大学出版社,2022年,第79—81页。

传承关系"。这组遗存与成都市温江区鱼凫村遗址第三期文化遗存的陶器群文化面貌几乎完全相同，并广泛分布于成都平原除三星堆遗址和鱼凫村遗址以外已知的33处遗址（地点），甚至在嘉陵江流域的武胜苏家坝遗址也发现类似遗存。雷雨主张将这一组遗存命名为"三星堆二期—鱼凫村文化"，或暂时称为"新二期"。① 这个"新二期"的定位意味着是将三星堆遗址原二期视为青铜文化或青铜文化的早期形态来看待的。

这样，在三星堆遗址，目前已经识别或提出的考古学文化类型就有"三星堆一期文化""宝墩文化""三星堆二期—鱼凫村文化""月亮湾文化""三星堆文化""三星堆—金沙文化""十二桥文化""晚期巴蜀文化"等。其中，"三星堆一期文化"和"宝墩文化"二者之间的关系尚有待澄清，"三星堆二期—鱼凫村文化""月亮湾文化""三星堆—金沙文化"的命名、年代上下限以及序列关系则有待进一步讨论以形成共识。

在年代问题上，作为三星堆遗址考古学文化主体的"三星堆文化"的起讫还有争议，尤其是在三星堆文化的上限问题上。大致来说，基本一致的观点是，三星堆文化的年代相当于中原的夏商时期，从夏代末期延续至商代末期。至于三星堆遗址的年代则一致认为是从新石器时代晚期至商周时代，新的考古发掘表明，其下限晚至战国时期②。

四、三星堆遗址的文明内涵

三星堆遗址的文明内涵是在1986年两坑发现之后被确定的。三星堆1、2号坑的发现在三星堆发现史上是一个里程碑标志，其前所未有的冲击力正是同这一发现所展现的文明成就相联系的。"所以在若干年前，人们一提到古蜀文化或巴蜀文化，浮现在脑际的首先是原始文化或中原青铜文化南下发展的分支。可是1986年夏季四川广汉三星堆遗址的发掘，两个'祭祀坑'的发现，突然之间便彻底改变了在此之前人们已知的古蜀文化的面貌，彻底改变了人们对古蜀文化的认识。"③ 自两坑发现以后，"文明"成为理解三星堆遗址文化性质与文化内涵的一个视角，三星堆遗址也因为定位于"文明"的理解视域而获得在历史方位上的重新审视与评估，并由此展现出更为广阔的阐释空间。

---

① 雷雨：《浅析三星堆遗址"新二期"文化遗存——兼谈"鱼凫村文化"》，《四川文物》2021年第1期。
② 高大伦、郭明：《三星堆遗址古文明的长度宽度和高度》，《四川文物》2016年第6期；赵殿增：《三星堆考古新发现与古蜀文明新认识》，《四川文物》2017年第1期。
③ 屈小强、李殿元、段渝主编：《三星堆文化》，成都：四川人民出版社，1993年，第10页。

（一）文明定位的共识

文明是文化发展的高级阶段，也是文化理解与阐释的一种具有更深层次指向的视角。从文化认识到文明定位，既显示出三星堆遗址文化性质认识上的层次性结构，也是三星堆遗址文化性质认识的阶段性发展。

三星堆遗址定位于文明的共识始于1986年，从将三星堆遗址与"文明"相联系到形成"三星堆文明"的初步共识性概念，前后历时20年左右。其中又大体可以分为两种思路，并呈现为前后相续又并行交织的两个阶段。第一种思路是在三星堆遗址与文明相联系的基础上确立三星堆遗址的文明内涵进而把三星堆的考古发现置于文明史的背景下来展开讨论，第二种思路则是将三星堆遗址所反映的文明成就视为一个相对独立的文明体来做系统阐释和体系建构。大致来说，也就是内外两种基本路径。

将三星堆与"文明"相联系始于1986年三星堆1、2号坑发现之后，形成有关三星堆遗址的文明论叙事并获得学术界的普遍认可则是21世纪初的事情。当然，这种观念上的嬗变并不意味着文明论叙事就成为三星堆遗址文化性质认识的唯一思路，毋宁说文明论叙事增加了三星堆遗址文化性质认识的层次。这在1987年、1989年和1999年先后发布的有关两坑的考古报告中体现得尤为明显。作为1、2号坑考古发掘直接反映的两坑简报，并未一开始就诉诸"文明"的话语，而是在稳妥和客观的意义上将三星堆遗址纳入"巴蜀文化"①范畴，在反映"古代蜀族的祭祀规模和祭祀内容"、展示"古代蜀族的青铜文化水平和青铜艺术特点"的意义上报告两坑对"古代蜀文化的政治、经济、艺术、冶金、宗教、礼仪等"的"重要资料"价值。② 这样的思路是完全合理的，也是科学的。"文化"是比"文明"更为广泛的概念，且"蜀文化""巴蜀文化""青铜文化"及其与三星堆遗址的关联都是学术界业已形成共识的话题，作为以资料发布为主要功能的考古报告，这种"保守"的做法反而是最佳的选择，它为进一步的可能充满争议的各种讨论与研究奠定了共识的基础。因此，到1997年，邹衡为两坑的正式报告《三星堆祭祀坑》作序时，不仅继续肯定了"报告作者及许多研究者都认为两个祭祀坑是古蜀国的遗存，三星堆文化属于蜀文化"的基本观点，也延续这一"保守"思路，即便是将"三星堆祭祀坑"（三星堆遗址）置于"长江流域乃至于整个中国青铜文化的更广阔的

---

① 四川省文物管理委员会、四川省文物考古研究所、四川省广汉县文化局：《广汉三星堆遗址一号祭祀坑发掘简报》，《文物》1987年第10期。
② 四川省文物管理委员会，四川省文物考古研究所，广汉市文化局、文管所：《广汉三星堆遗址二号祭祀坑发掘简报》，《文物》1989年第5期。

背景之下"来考察其"非同寻常的地位和意义"的时候，也没有使用"文明"这一话语，而是在"蜀文化"和"青铜文化"这样更为广泛且获得共识的观念基础上展开的。[①] 在1997年应该已经基本完成文稿的《三星堆祭祀坑》在大体遵循同样思路的同时则呈现出认识的时代性变化，已经显示出文明论叙事的观念渗透。该报告全文仍主要是在"文化"与"蜀国""（古）蜀文化""巴蜀文化"的话语中加以讨论的，认为两坑"器物具有典型的地方风格，与晚期巴蜀文化相衔接，由此说明两个祭祀坑应该是蜀人的遗存"[②]，"主要反映的是一种地方土著文化的风格"，"代表的是一种地方文化"[③]。但在其"结语"部分一个题为"文化结构分析"的小节中，报告撰写者引入"文明"话语指出："这批具有早期蜀文化风格的器物，反映出以三星堆遗址为代表的早期蜀文明，是一个具有高度发展水平、地方特征鲜明的古代青铜文明。它代表了早期蜀文化的最高成就。"[④] 这里既有文化叙事也采用文明论叙事的话语，视"早期蜀文明"为"早期蜀文化"的"最高成就"，正是将三星堆遗址以两坑文物为代表的文化成就定位于"文明"高度的体现。同时，在这部分文字中，报告者除了将"蜀文明"与"商文明"并列叙述且指出三星堆遗址所显示出来的"商文化与蜀文化的逐渐融合"的趋势外，在话语使用上，"文化"与"文明"二词往往错杂使用，如在谈及早期蜀文化与中原的"接触与交流"时，就既说"夏商文化"又说"夏商文明"，或以"夏商文明"与"三星堆早期蜀文化"相对[⑤]，这固然存在有意识强调中原对"三星堆早期蜀文化"影响中的文明因素的可能，但更主要的应该还是体现出在三星堆遗址文化性质的文明定位认识上从"文化"话语到"文明"话语的过渡性特征，反映出20世纪90年代末期在三星堆遗址文化性质认识中逐渐形成的文明论叙事共识趋势。

事实上，在同一时期，也就是在《三星堆祭祀坑》正式报告的准备与撰写过程中，学者们在有关三星堆遗址考古发现的研究中早已经不吝于做文明定位的判定了。"祭祀坑的发现表明，三千年前古代蜀人不仅有了高

---

① 邹衡：《三星堆祭祀坑·序》，四川省文物考古研究所编《三星堆祭祀坑》，北京：文物出版社，1999年，第7—8页。
② 四川省文物考古研究所编：《三星堆祭祀坑》，北京：文物出版社，1999年，第440页。
③ 四川省文物考古研究所编：《三星堆祭祀坑》，北京：文物出版社，1999年，第438页。
④ 四川省文物考古研究所编：《三星堆祭祀坑》，北京：文物出版社，1999年，第447页。
⑤ 四川省文物考古研究所编：《三星堆祭祀坑》，北京：文物出版社，1999年，第447页。

度发达的青铜文化，而且形成了独具特色的古代文明中心。"①这是一个经由青铜器从而青铜文化（文明）进而在"文明"的意义上认识三星堆遗址文化性质的逻辑转换，并显然因为1986年两坑器物发现的支撑而实现了在三星堆遗址的历史定位上从"文化"到"文明"的层次跨越，其结果就是，人们由此认识到，"长江上游的巴蜀地区在四千多年以前也已经完成了从'野蛮'到'文明'的历史过渡"，且"文明的光芒已经从成都平原放射出来，无可置疑"②的观念日渐成为人们的共识。

比较一下1986年10月的"巴蜀历史与文化学术讨论会"和1992年4月的"纪念三星堆考古发现六十周年暨巴蜀文化与历史国际学术讨论会"的论文中"文明"一词的使用，可以看到从相当明显的"文化"到"文明"的观念变化。在前者公开出版的会议论文集中，"文明"一词的使用极为少见，除陈显丹、陈德安在《三星堆遗址的文化特征》中谈到的"地下的实物史料充分证实了川西平原在西周以前存在着一支古老的地方类型文化，并已进入了文明社会"③一句外，大致就只有林向对1986年两坑发现"不仅为蜀文化的研究，也为中国古代文明的研究打开了新的宝库大门"的意义判定和在展望巴蜀文化研究的未来方向时所归纳的"巴蜀在中国文明起源中的地位与作用"话题④。"文明"一词在这几处的使用，正好涉及文明内涵的遗址定位和文明史背景下的历史方位这两个典型话题，且都与三星堆遗址1、2号坑的发现有关，用例虽少，却是具有代表性的。在后者公开出版的会议论文集中，如下所见，文明叙事已经是常见路径了。

林向在系统梳理"古蜀文化区"的时候单列"古蜀文明的消融"一目以示文明与文化的区别，也还有着从"文化"话语到"文明"话语的过渡性特征，但"古蜀文化区"的概念本身已经是基于"长江上游的古代文明中心"这一内涵判定而形成的，其所讨论的话题立足于"中国文明的起源"问题，所依据的考古遗存资料是"八十年代成都平原三星堆—十二桥遗址的发掘"等，尤其是1986年两坑发现所揭示的文明成就。正是在"三星堆遗址群已为我们显示了古蜀文化区的核心内容"的意义上，从"巴蜀

---

① 赵殿增：《近年巴蜀文化考古综述》，《四川文物》1989年第S1期"广汉三星堆遗址研究专辑"。
② 林向：《论古蜀文化区——长江上游的古代文明中心》，李绍明、林向、赵殿增主编《三星堆与巴蜀文化》，成都：巴蜀书社，1993年，第1页。
③ 陈显丹、陈德安：《三星堆遗址的文化特征》，李绍明、林向、徐南洲主编《巴蜀历史·民族·考古·文化》，成都：巴蜀书社，1991年，第321页。
④ 林向：《近五十年来巴蜀文化与历史的发现与研究》，李绍明、林向、徐南洲主编《巴蜀历史·民族·考古·文化》，成都：巴蜀书社，1991年，第14、18页。

地区的古代文明"的"共性"角度提出了"古蜀文化区"的概念。① 普林斯顿大学的罗伯特·W.贝格勒则在"商文明"的意义上基于文明要素来肯定三星堆遗址的考古发现带来的观念发展，认为三星堆遗址"大型城墙"和"器物坑"的发现"无疑说明三星堆曾是中国早期青铜文明的一个重要中心地区，并且与其他商文明中心有着密切的联系。两个器物坑所出土大量造型奇特的手工制品使我们更清楚地认识到'商文明'定义的界限必须扩大"，"一个具有早期青铜时代文明的蜀国的存在是极其重要的，它不仅填补了有关四川早期历史的空白，而且也要求我们调整有关商代中国的概念"，即"跳出安阳中心论的框框"。② 同样是在文明史的意义上，赵殿增则提出了"三星堆文明"的话语，并将1986年发现的两坑视为"探求'三星堆文明'的核心和精髓"，尝试"揭示三星堆文明的社会结构和意识形态面貌"。③ 尽管这篇论文并未对"三星堆文明"这一话语作出明确界定，且往往与"三星堆文化"一词交互使用，从而带来概念的模糊，但有意识从"文明"层面来重新认识三星堆遗址及其文化成就乃至文化系统，则显示出在三星堆遗址文化性质认识上的文明定位。段渝在这方面有更为自觉的意识，他将四川古代文明本身视为明确的研究对象，认为"研究巴蜀古代文明的起源与形成，不能不研究古代城市的起源与形成"，因而直接从文明要素之一的"城市"着手来研究包括三星堆遗址古城在内的"巴蜀早期城市"，并探讨这些"文明古城"的结构、功能、空间等现象及其形成的"城市聚合模式"，进而以"三星堆的城市文明"这样的话语来概括或归类三星堆遗址的文明形态④，体现出在三星堆遗址文化性质的文明定位基础上的研究的深入展开。

　　仅就上述所举几篇论文有关三星堆遗址文明内涵的探讨而言，就不仅确认了三星堆遗址及其所属蜀文化的文明定位，并形成"蜀文明"或"古蜀文明"的话语，更由此在内外两个方向延伸，对三星堆遗址所在时代的中国文明（夏商文明）和三星堆遗址本身的文明体系展开探讨。这些探讨意味着，从1986年两坑发现到至迟1992年，有关三星堆遗址的文明论叙事

---

① 林向：《论古蜀文化区——长江上游的古代文明中心》，李绍明、林向、赵殿增主编《三星堆与巴蜀文化》，成都：巴蜀书社，1993年，第1、9页。
② [美]罗伯特·W.贝格勒，《四川商城》，雷雨、罗亚平译，李绍明、林向、赵殿增主编《三星堆与巴蜀文化》，成都：巴蜀书社，1993年，第69、73页。
③ 赵殿增：《三星堆祭祀坑文物研究》，李绍明、林向、赵殿增主编《三星堆与巴蜀文化》，成都：巴蜀书社，1993年，第81页。
④ 段渝：《巴蜀早期城市的起源》，李绍明、林向、赵殿增主编《三星堆与巴蜀文化》，成都：巴蜀书社，1993年，第61—68页。

已初步形成。

(二)文明方位的判定

关于三星堆遗址文明内涵的共识,自然首先体现为对三星堆遗址作为"文明中心"这一历史方位的认定,随之而来的就是将三星堆遗址置于"(古)蜀文明""长江文明"和"中华文明"(或"中国文明")乃至"世界文明"的背景上来加以审视和阐释。这就构成有关三星堆遗址文明论叙事的外部视角,也是对三星堆遗址所显示的文明成就之历史方位的探讨,其意义则并不仅仅限于三星堆遗址本身。

自在的古蜀文明自有其久远的历史,但"蜀文明"或"古蜀文明"这一话语的形成或被着意强调出来,则是同三星堆遗址之文明成就的发现相联系的。1986年以后"(古)蜀文明"观念及其话语的形成和三星堆遗址作为古蜀文明中心遗址的定位共识,不仅集中展现出三星堆遗址的基本文明方位,也提供了重新认识三星堆遗址包括其发现史的新视角。在这一新的文明论视域下,三星堆遗址的文明方位的确立也并非那么突然,其渊源不仅可以溯及20世纪70年代苏秉琦关于中国史前考古学文化区系类型的思考,甚至可以溯及20世纪40年代卫聚贤"巴蜀文化"概念的提出和顾颉刚1941年基于古代文献梳理所提出的"古蜀国的文化究竟是独立发展的"[①]这一结论。到1985年苏秉琦提出"古文化古城古国"命题来"作为当前考古工作的重点与大课题"[②]的时候,是有着"把过去提出的'考古学文化区系类型'的基本概念提高一步"的明确目的的,其结果"就直接触及文明起源问题了"[③]。事实上,中国文明起源或中华文化起源,也就是中国的来龙去脉,是20世纪以来的中国考古学和上古史研究从一开始就确立的基本方向,是贯穿中国史前考古的基本话题,到20世纪80年代,随着史前考古发现的日益丰富,终于在观念上从"文化"探讨进入"文明"审视。在这样的背景下,在提交给1986年10月广汉"巴蜀历史与文化学术讨论会"的论文中,赵殿增基于"在三星堆遗址中,我们看到了具有地方特征的一个原始文化"提出"川西地区可能就存在一个探索文明起源的地方文

---

① 顾颉刚:《论巴蜀与中原的关系》,成都:四川人民出版社,2019年,第92页。
② 苏秉琦:《辽西古文化古城古国——试论当前考古工作重点和大课题》(1985年10月12日于辽宁兴城),《辽海文物学刊》1986年创刊号;又见《文物》1986年第8期;另见《苏秉琦文集(三)》,北京:文物出版社,2009年,第2页。
③ 苏秉琦:《晋文化问题——在"晋文化研究会"上的发言(要点)》(1985年11月7日于山西侯马),《晋文化座谈会纪要》1985年11月。另见《苏秉琦文集(三)》,北京:文物出版社,2009年,第11页。

化区系类型"①，陈显丹、陈德安肯定川西平原在商周时期已经进入"文明社会"②，林向在"中国文明起源"层面肯定三星堆遗址尤其是其两坑发现的意义③，也就是很自然的事情。

当然，或许也正是因为这一文明定位是基于三星堆遗址1、2号坑的发现，在此后的十余年里，三星堆遗址被视为早期巴蜀文化或古蜀文明的代表性遗址，古蜀文明成为确立三星堆遗址历史方位的基本背景，也是理解三星堆遗址文化性质的基本内容。有关巴蜀文化或古蜀文明的叙述，既是以已知的三星堆遗址的文明成就为基础的，也是对三星堆遗址文明内涵的阐释。无论是认为"巴蜀文化是华夏文化又一个起源地"④，或者说"以三星堆青铜文化为代表的光辉灿烂的古蜀文明，是悠久的华夏文明的组成部分"⑤，还是认为"广汉三星堆遗址为代表的早期蜀文化，是中国文明的源头之一，是华夏以外的中华古文明"⑥，都是建立在三星堆遗址"早期蜀文化发达的青铜器群表明它与商周文化既为一体，又互有区别，是当时华阳之地的文明中心"⑦这一基本定位的基础上。林向对"古蜀文化区"的系统梳理及其对"古蜀文明"话语的着意使用，以及其论文副标题"长江上游的古代文明中心"这一定位⑧，固然是对蜀文化之文明内涵的历史方位的总结，更是对三星堆遗址1、2号坑的发现及其所带来的关于三星堆遗址文明方位的总体判定。在段渝、屈小强、李殿元于20世纪90年代初期尝试"全面叙述与系统探讨三星堆文明"的时候，是将"三星堆文明"作为"古蜀文明"的"同义语"来看待的。⑨随着20世纪90年代宝墩文化古城系列遗址和21世纪初金沙遗址的发现，古蜀文明为人所知的内容

---

① 赵殿增：《关于巴蜀文化的几点新认识》，"巴蜀历史与文化学术讨论会"（1986，广汉）参会论文，油印本。
② 陈显丹、陈德安：《三星堆遗址的文化特征》，李绍明、林向、徐南洲主编《巴蜀历史·民族·考古·文化》，成都：巴蜀书社，1991年，第321页。
③ 林向：《近五十年来巴蜀文化与历史的发现与研究》，李绍明、林向、徐南洲主编《巴蜀历史·民族·考古·文化》，成都：巴蜀书社，1991年，第14、18页。
④ 段渝：《巴蜀文化是华夏文化又一个起源地》，《社会科学报》1989年10月19日。
⑤ 霍巍：《广汉三星堆青铜文化与古代西亚文明》，《四川文物》1989年第S1期"广汉三星堆遗址研究专辑"。
⑥ 惠宓：《商周古文字和巴蜀文化研究的几个问题——四川省当代史学会一九九〇年学术研讨会观点择述》，《四川社联通讯》1991年第1期。
⑦ 惠宓：《商周古文字和巴蜀文化研究的几个问题——四川省当代史学会一九九〇年学术研讨会观点择述》，《四川社联通讯》1991年第1期。
⑧ 林向：《论古蜀文化区——长江上游的古代文明中心》，李绍明、林向、赵殿增主编《三星堆与巴蜀文化》，成都：巴蜀书社，1993年，第1—10页。
⑨ 屈小强、李殿元、段渝主编：《三星堆文化》，成都：四川人民出版社，1993年，第7、9页。

越来越丰富，作为古蜀文明的中心遗址之一，作为古蜀文明的一个发展阶段，三星堆遗址与古蜀文明之间的区分也就日益明显，有关三星堆遗址文明内涵的探讨也由此进入一个新的阶段。陈显丹在世纪之交梳理的《广汉三星堆大事记（1929~2000.2）》①，以史志的方式记录20世纪围绕三星堆发生的主要事件，其中就插入了三个与文明论叙事话语相关的标题："三星堆古蜀文明的发现及发掘""三星堆古蜀文明的探索与保护""展示与关怀三星堆古蜀文明"。其中的"三星堆古蜀文明"一语，既是将三星堆遗址视为古蜀文明的典型载体，将三星堆遗址作为古蜀文明的重要组成部分或发展阶段，也是以"文明"或"古蜀文明"的观念来打量三星堆遗址的结果。

除了作为古蜀文明来探讨，三星堆遗址的文明内涵的阐释从一开始就涵盖了中国文明的起源、三星堆遗址的文明中心地位及其文明起源、体系特征等诸多方面，所采用的路径，既包括对三星堆遗址本身的文明要素如城市和青铜器的研究，也包括将三星堆遗址及其所代表的古蜀文明同中原夏商周三代文明、长江中下游文明，以及东南亚、南亚、西亚的文明进行比较的研究路径。在这些研究中，学者们不约而同地得出相似的结论，在肯定三星堆遗址及其所代表的古蜀文明是中国文明的重要组成部分、地域性文明中心的同时，着重阐释了三星堆遗址文明成就的复合性或多元融合性。霍巍在比较"三星堆青铜文化与古代西亚文明"的基础上指出，"古蜀文明正是在广泛吸取周邻优秀文化因素的基础之上，形成与中原文明有联系、又具有相对独立性的、高层次的文明中心"，"这一文化是在土生土长的古蜀文化的基础之上，既吸收了中原殷文化的因素，又可能吸收了来自西亚古老文明的因素形成的一种复合型文化体系"。②段渝在将三星堆遗址古城纳入巴蜀城市体系加以研究的基础上指出，"总论三星堆蜀文明，是在其自身高度发达的新石器文化和文明诸要素不断产生的基础上，主要吸收了华北夏商文明因素，同时兼容并包了一些古代西亚、北非文明的因素，从而形成富于世界性特征的早期蜀文明"。③

既是古蜀文明的中心遗址，又是中国文明的重要组成部分，三星堆遗址所反映的文明成就的自成体系、复合性（或多元性）和世界性特征，

---

① 陈显丹：《广汉三星堆大事记（1929~2000.2）》，《中华文化论坛》2001年第1期。
② 霍巍：《广汉三星堆青铜文化与古代西亚文明》，《四川文物》1989年第S1期"广汉三星堆遗址研究专辑"。
③ 《古蜀文明富于世界性特征》，《社会科学报》1990年3月15日；《古中国城市比较说 古蜀文明富于世界特征》，《天府新论》1990年第2期。

加上宝墩文化城址和金沙遗址的发现，使得古蜀文明或巴蜀文化在探讨中国文明起源和演进中的学术地位日渐凸显。到21世纪初，李学勤在20世纪90年代初肯定"当地的文化（蜀文化）发展是与商文化的发展平行的，彼此的影响传播是畅通的"①这一基本关系判定的基础上，结合金沙遗址等古蜀文明的新发现反复提到一个观点，即"如果没有对巴蜀文化的深入研究，便不能构成中国文明起源和发展的完整图景。考虑到巴蜀文化本身的特色，以及其与中原、西部、南方各古代文化间具有的种种关系，中国文明研究中的不少问题，恐怕必须由巴蜀文化求得解决"②，并指出此观点"乃是众多学者的共识"③。但到底是哪些中国文明研究中的问题"必须由巴蜀文化求得解决"，李学勤并未给出明确的回答，这可能是因为李学勤本人的主要关注点并不在三星堆与巴蜀文化，又或者正如他所说，"三星堆遗址的发现，早已经声闻天下，但是这项发现的重要价值，恐怕还要等到相当长的时间以后，才会得到充分的估量"④。事实上，无论是李学勤所谈及的三星堆遗址及巴蜀文化的发现在有关中国上古史以两河（黄河—长江）为背景的东西南北格局建构中的"启发"意义⑤，还是葛志毅在"人们认识到中华文明起源的多元性"的基础上所谈到的"三星堆文化的发现和长江文明概念的提出，……可以使我们摆脱大一统理念的政治背景，真正从文化自身发展的角度深入全面研究中国古代文明起源与形成的历史"⑥，或者如段渝在总结三星堆学术史研究时所指出的"三星堆文明研究向我们提出了一个需要重新认识的课题：内陆文化是否必然与封闭性、落后性联系在一起"⑦，应该都属于"中国文明研究中的不少问题"

---

① 李学勤：《三星堆饕餮纹的分析》，李绍明、林向、赵殿增主编《三星堆与巴蜀文化》，成都：巴蜀书社，1993年，第79页。
② 李学勤：《略论巴蜀考古新发现及其学术地位——〈三星堆考古研究〉序》，《中华文化论坛》2002年第3期。
③ 李学勤：《巴蜀文化研究的期待——〈三星堆与长江文明〉前言》，《中华文化论坛》2004年第4期。
④ 李学勤：《巴蜀文化研究的期待——〈三星堆与长江文明〉前言》，《中华文化论坛》2004年第4期。另见李学勤：《〈三星堆与长江文明〉前言》，郝跃南、段渝、范小平编《三星堆与长江文明》，成都：四川文艺出版社，2004年，"前言"第1页。
⑤ 李学勤：《巴蜀文化研究的期待——〈三星堆与长江文明〉前言》，《中华文化论坛》2004年第4期。另见李学勤：《〈三星堆与长江文明〉前言》，郝跃南、段渝、范小平编《三星堆与长江文明》，成都：四川文艺出版社，2004年，"前言"第2页。
⑥ 葛志毅：《三星堆文化与中国古代文明的起源》，郝跃南、段渝、范小平编《三星堆与长江文明》，成都：四川文艺出版社，2004年，第33页。
⑦ 段渝：《三星堆与巴蜀文化研究七十年》，《中华文化论坛》2003年第3期；郝跃南、段渝、范小平编：《三星堆与长江文明》，成都：四川文艺出版社，2004年，第23页。

的范围,对这个范围的边界显然还无法给出确切的回答。或许正因如此,李学勤在此后仍不断强调,"三星堆发现的重大价值还没有得到充分的估计。实际上,这一发现在世界学术史上的地位,完全可以与特洛伊或者尼尼微相比。……古代历史文化还有许多未知的奥蕴,有待我们通过科学的工作来探讨揭示"[①]。2020年以来三星堆遗址新发现6个埋藏坑的发掘工作似乎正在印证这种预见。

（三）文明概念的界定

如果说,在"古蜀文明""长江文明"以及"中华文明"的背景意义上来审视和定位三星堆遗址的文化性质,体现出特定时空背景下的历史方位意义与外部视角,那么,就三星堆遗址及其文化本身来阐释其"文明内涵"甚至以"文明"来命名或指称三星堆遗址及其文化,就是内部视角或本体探讨了。在这种思路下产生了"三星堆文明"这一概念。

"三星堆文明"这一名称的出现不晚于1992年4月的"纪念三星堆考古发现六十周年暨巴蜀文化与历史国际学术讨论会"。[②] 但无论是赵殿增立足于三星堆遗址1、2号坑的"三星堆文明"表述,还是在隗瀛涛评价为"填补空白""具有拓荒意义和开创意义""试图在前人基础之上,对三星堆文明进行从政治经济到思想文化的深入探讨和全面描述,并以此提出和建立起一个关于三星堆文明研究的理论整合框架"[③]的著作《三星堆文化》一书中,出现在20世纪90年代初期的"三星堆文明"概念自身是不够清晰和明确的。当然,这种不够清晰与明确是以"三星堆文明"自身作为衡量背景的,是同有关三星堆遗址的发现与研究才刚刚开始展开相联系的,因而《三星堆文化》一书在将自身定位于"迄今为止的第一部全面叙述与系统探讨三星堆文明的学术专著",并"从考古学上的三星堆文化开始发覆,笔力所触,遍及三星堆文明或古蜀文明的各个方面"[④]的同时,却是以"三星堆文化"为书名的,显示出在是否接受"三星堆文明"作为核心概念上并非协调一致的立场。所谓"发覆",是揭除蔽障的意思,因而上述思路就显示出从"三星堆文化"这一表象进而透见"三星堆文明"这一本质或内核的深入,这与书中关于"文化"与"文明"之关系即"文

[①] 李学勤:《〈三星堆研究〉（第二辑）序》,凉山州博物馆等编《三星堆研究》第二辑,北京:文物出版社,2007年。
[②] 赵殿增:《三星堆祭祀坑文物研究》,李绍明、林向、赵殿增主编《三星堆与巴蜀文化》,成都:巴蜀书社,1993年,第81页。
[③] 隗瀛涛:《一项填补空白的工作——〈三星堆文化〉序》,屈小强、李殿元、段渝主编《三星堆文化》,成都:四川人民出版社,1993年,"序"第2页。
[④] 屈小强、李殿元、段渝主编:《三星堆文化》,成都:四川人民出版社,1993年,第7页。

明，乃是人类的文化发展到一定阶段上出现的一种社会现象"①的认识是呼应的。单从该书的这一定位和思路而言，此书是应该命名为"三星堆文明"的，而事实上的没有则是"三星堆文明"这一话语并未成为有关三星堆遗址文化性质认识的核心概念的反映。结合该书绪论部分区分的"文化"的两种内涵，即作为人类创造的物质财富和精神财富总和的广义文化和特定的基于考古遗存组合的考古学文化，"三星堆文化"这一书名的确立应是各方立场妥协的结果，并成为基于三星堆遗址考古发现的考古学文化、广义文化和文明阶段等不同认识维度的综合。这一综合自然顾及了已经为人们所接受的"三星堆文化"概念，并将"三星堆文明"泛化为"古蜀文明"同义语，是以三星堆遗址作为典型载体的"古蜀文明"：

> 三星堆文明从本质上讲，乃是古蜀文明的同义语。所谓古蜀文明，是指以古蜀人为主体创造的文化与文明；三星堆文明，则是以考古学上的三星堆文化为基本框架，去广泛地联系古蜀文明的各个方面而建构起的文化与文明的集合概念。三星堆文明的时间框架，应当从考古学上的三星堆文化第二期开始，至三星堆文化第四期。其空间框架则远远超出三星堆遗址本身，涉及到古蜀文明空间分布的全部范围。②
>
> 三星堆文明，是指夏商时代以成都平原为中心的古蜀文明。……三星堆文明，是指三星堆文化第二期至第四期之间连续发展的历史时代的文化，其绝对年代约为距今4000年至3000年前，约相当于中原的夏代、商代到西周初期。③

单从"三星堆文明"这一语词的"能指"意义来说，这一泛化或者说"超范围"④界定无疑削弱了其自身的对象性指向，尤其是在"古蜀文明"业已形成基本共识的背景下，对"三星堆文明"做这种"同义语"界定是否有必要本身就成为问题。这种综合或妥协从根本上来说是1986年两坑发现所带来的冲击影响的结果，本质上是对两坑文明成就的突出性彰显，反映出在三星堆遗址文化性质认识上文明论视域的宏观把握与考古发现和研究的具体成果之间的不相适应。这种不相适应的弥合最终是通过此

---

① 屈小强、李殿元、段渝主编：《三星堆文化》，成都：四川人民出版社，1993年，第8页。
② 屈小强、李殿元、段渝主编：《三星堆文化》，成都：四川人民出版社，1993年，第9页。
③ 屈小强、李殿元、段渝主编：《三星堆文化》，成都：四川人民出版社，1993年，第579页。
④ 屈小强、李殿元、段渝主编：《三星堆文化》，成都：四川人民出版社，1993年，第9页。

后的考古发现和进一步的研究来逐渐实现的。随着20世纪90年代后期宝墩文化系列城址的发现和21世纪初金沙遗址的发现,古蜀文明的中心遗址和文明成就不再主要由三星堆遗址来支撑,三星堆遗址1、2号坑发现的"文明"冲击逐渐退潮,"三星堆文明"与"古蜀文明"也不再完全重叠,"三星堆文明"这一概念的"所指"就向其语词"能指"本身收缩。

2003年,"三星堆与长江文明国际学术研讨会"在四川德阳召开,"三星堆遗址""三星堆文化"和"古蜀文明"在新的背景下得到进一步探讨。从参会论文来看,"三星堆文明"一词在当时已被普遍接受,"三星堆文明"与"古蜀文明"交替使用的情形依然常见,"三星堆"依然是古蜀文明的突出代表,但居于主导地位的始终是"古蜀文明",三星堆遗址所反映的是其中的"三星堆时期"。① 谭继和从宝墩文化郫县古城遗址的大型礼仪性宫庙建筑来讨论古蜀文明的诞生,从三星堆古城遗址和祭祀坑以及金沙遗址的大规模祭祀区来讨论古蜀文明步入成熟的文明社会,进而提出"重新估价古蜀文明的发展高度和文化认同的程度"和"重新估价古蜀文明的精神世界"的任务。②

同年,巴蜀书社"三星堆文明丛书"出版。该丛书包括《古蜀的辉煌:三星堆文化与古蜀文明的遐想》(黄剑华,2002)、《古国寻踪:三星堆文化的兴起及其影响》(江章华、李明斌,2002)、《神秘的王国:对三星堆文明的初步理解和解释》(孙华、苏荣誉等,2003)、《扶桑与若木:日本学者对三星堆文明的新认识》([日]西江清高主编,2001)、《奇异的凸目:西方学者看三星堆》([德]罗泰主编,2003)五种。作为丛书设想提出者的孙华在"丛书编写体例"中对"三星堆文明"做了一个说明:"本书所说的三星堆文明不仅仅指三星堆器物坑、三星堆遗址甚至三星堆文化,而是以三星堆器物坑和三星堆遗址作为最耀眼的闪光点,以三星堆文化作为最主要的研究对象,对三星堆文化的产生、发展、转化和对四川盆地青铜文化和历史的影响进行全面的考察,对中原及邻近文化与三星堆文化的关系进行深入的探索,对三星堆文明研究的历史和现状作恰如其分的评估。"③ 这个"三星堆文明"就完全限制在"三星堆遗址"的范围,

---

① 参见郝跃南、段渝、范小平编《三星堆与长江文明》,成都:四川文艺出版社,2004年,第22—23、47—52、108、132、235—236页。
② 谭继和:《古蜀文明的生长点和里程碑——三星堆考古发现的重要价值》,郝跃南、段渝、范小平编《三星堆与长江文明》,成都:四川文艺出版社,2004年,第47—52页。
③ 孙华:《关于编写三星堆文明丛书的缘起和设想》,孙华、苏荣誉《神秘的王国:对三星堆文明的初步理解和解释》,成都:巴蜀书社,2003年,第445—446页。

而且这里的"文明"一词显然不具有文明论叙事的特点,仅仅是从"最耀眼的闪光点"和文明比较的对话层面来使用的。这反而回归了三星堆遗址文明内涵的本身面貌。从《神秘的王国:对三星堆文明的初步理解和解释》一书的内容来看,也集中在三星堆遗址,"青铜文化""王国兴衰""政治与礼仪""精神世界""文化与传说"① 五个部分构成作者所理解的有关三星堆遗址文明成就的基本维度。

2006年,段渝、邹一清撰写出版《三星堆文明:长江上游古代文明中心》。该书为四川人民出版社"人文中华"丛书的一种,作为科普读物,自无须以学术标准来严苛要求,但作为《三星堆文化》一书的主要撰写者,段渝在这本书中所使用的"三星堆文明"则反映了从1993年到2006年的观念变迁。在这本科普读物中,自然已经没有将"三星堆文明"作为"古蜀文明的同义语"的概念界定性学术表述。从书中使用的"三星堆文化时代""三星堆文明时代""三星堆时代古蜀""三星堆时代蜀国""三星堆时代蜀人""三星堆时期""三星堆时代""三星堆时代的古蜀王国""三星堆文明昌盛的时代""三星堆古蜀文明时代"② 等一系列具有标识"时代"特征的语词来看,"三星堆文明"概念显然已经是被明确地作为古蜀文明的一个阶段来看待的。同时,该书内容围绕三星堆遗址分别从文明演进、文明结构、文明特征三个维度来描述三星堆遗址的文明成就:

  文明演进——"文明的曙光"(文明起源)、"文明的标志"(文明形成)、"神权政体"(文明古国);
  文明结构——"文明的基础"(农业)、"文明的支柱"(手工业)、"文明的动力"(城市、交通和商贸);
  文明特征——"各族共创辉煌的文明""独特的精神世界""开放的文明"。③

这就从系统化的视角来叙述甚至重构了三星堆遗址所反映的文明体:从"文明的曙光"即成都平原早期文明的萌芽到"走向文明"出现以"城

---

① 孙华、苏荣誉:《神秘的王国:对三星堆文明的初步理解和解释》,成都:巴蜀书社,2003年,第17—398页。
② 段渝、邹一清:《三星堆文明·长江上游古代文明中心》,成都:四川人民出版社,2006年,第61—62、71、75、89、100、102、108、110、121页。
③ 参见段渝、邹一清《三星堆文明:长江上游古代文明中心》,成都:四川人民出版社,2006年,第15—135页。

市""青铜器""文字"为标志的文明体的形成,即"神权政体"的文明古国,再由此展开三星堆文明在农业、手工业、城市、交通和商贸等各方面文明成就的梳理,最后对三星堆文明多元、独特、开放等文明特点加以概括。这已经是一个典型的文明论叙述结构,是文明论视域下的三星堆遗址。

回过头来看20世纪90年代初期关于"系统探讨三星堆文明"和"建立起一个关于三星堆文明研究的理论整合框架"的设想,不能不说,到此才是这一设想的初步实现。"三星堆文明"是否由此就建构起来并形成共识呢?恐怕还不能这么说。但至少可以肯定的一点是,"三星堆文明"作为有关三星堆遗址研究之文明论视域的核心概念之一,已经成为三星堆遗址文化性质认识的基本方向之一。"三星堆文化"与"三星堆文明"之间的辨析所涉及的内容,已经不限于概念区别的简单层面,而是在某种程度上触及不同学科之间的关系。这是所有大型史前遗址必然会面临的话题,也是三星堆遗址研究中的阶段性标志。自21世纪以来三星堆遗址考古发掘成果不断,尤其是2020年以来三星堆遗址祭祀区6个坑的发掘工作,不仅为认识三星堆遗址文化性质提供新的材料,也提出新的要求。

(四)文明面貌的阐释

衡量文明诞生的标志,至今仍未形成定论。城市、金属器、礼仪建筑和文字,是人们使用得较多的几个基本要素。和早期判定文明诞生的要素性思路不同,人类文明的多样性使得视野更为开阔的今天的人们已经不再执着于这些文明基本因素的完备,而更倾向于将它们视为文明的不同侧面,文明也因此而展现出不同的面貌。"三星堆宏阔的古城、辉煌的青铜文化,是商代长江流域城市文明和青铜文化的杰出代表。"① 循着文明因素的路径,三星堆遗址的文明内涵在不同的因素面貌中得到初步阐释。

1. 自成体系的城市文明

随着1986年三星堆1、2号坑的发现,三星堆遗址古城的文化性质在"文明"的层面被重新审视。"除玉石器的作坊外,1983年初,在三星堆遗址第一发掘区还发现了陶窑等遗迹。1986年发现的两个商代祭祀坑中出土了大量翻模铸造用的泥芯(内范)及青铜熔渣结核和成块的金料。结合遗址内出土大量的厚胎夹砂坩埚的情况分析,说明了冶金铸造业的发展,并已达到了相当的水平。大量酒器的发现,说明了酿酒业的兴旺这些都是与各自的作坊加工分不开的,也是一个城(邑)不可缺少的设施。可见这

---

① 段渝:《70年巴蜀文化研究的方向与新进展》,《中国史研究动态》2019年第4期。

些手工业早已脱离了农业而成为独立的生产部分,并具有明显的商品生产的性质,它不仅存在着行业间的分工,而且在同一行业(如铸造有绘画翻模、冶炼等)的内部也有了一定的分工。这些都充分表明了三星堆遗址是一座文明古城。"①

段渝有意识在"城市是文明时代最重要的标志"意义上讨论了三星堆的城市文明,认为"研究古代文明的起源和形成,不能不着力研究古代城市的起源和形成"。他把三星堆遗址定位于"早期城市"或"初期城市",即"城乡分化初期阶段的城市",探讨了早期城市的认定标准,认为三星堆遗址考古发现所展现的"这些物质的和非物质的因素,无不揭示出人口集中的大规模化,非直接生产者的大批产生,剩余财富的集中化,商业关系的广泛建立和远程贸易的开通,社会分层的复杂化和阶级社会的形成,以及神权与王权的强化和统治机构的专职化,它们正是业已形成为一座早期城市的最主要标志。即令仅从经济进步的角度来认识,作为城市化机制的核心,三星堆古城也明显表现出为多种产业的生长点和地区的增长中心等特征,因此毫无疑问是一座典型的古代中心城市,即都市"。同时,段渝对三星堆古城的聚合模式、功能和结构、人口规模和结构、城市规划和布局以及城墙的功能和用途等诸多方面做了探讨。在比较中外早期城市的基础上指出:"商代三星堆蜀都和成都,两座城市相距不过40公里,起源和形成年代也相差无几。在这两座城市的周围,都分别分布着密集的遗址。其内均有主体建筑和一般性建筑,拥有作坊区、生活区、宗教区、宫殿区。每座城市的遗址都具有空间连续性,自成一体,各自呈现出城市的完整面貌。这与黄河流域古城一般雄踞于周边各部落之上,成为特定地域内若干聚落群中唯一的政治经济中心的情况,有着明显的区别;与西亚、埃及和印度河城邦的情况,也有重要的差异;与古希腊城市国家上、下城的情况,更有内涵和性质的不同。可见,如像蜀国这类早期城市体系及其空间组织形态,在世界文明初期的城市史上几乎是罕见的。"②

2. 高度发达的青铜文明

自1986年三星堆1、2号坑发现以后,高度发达的青铜文明是三星堆遗址的显著特征,以至于霍巍直接称三星堆遗址为"广汉三星堆青铜遗址"③。

1999发布的《三星堆祭祀坑》已经明确指出:"以三星堆遗址为代表

---

① 陈显丹:《论广汉三星堆遗址的性质》,《四川文物》1988年第4期。
② 段渝:《巴蜀古代城市的起源、结构和网络体系》,《历史研究》1993年第1期。
③ 霍巍:《世界文明史上的伟大奇迹:四川广汉三星堆青铜遗址》,《历史教学》2014年第9期。

的早期蜀文明，是一个具有高度发展水平、地方特征鲜明的古代青铜文明。"① 不论在青铜器的产地、技术来源、用途、造型等许多方面有多少认识分歧，承认三星堆青铜文明为中国殷商时代与中原、长江中下游鼎足而立的青铜文化体系之一，是学界的普遍共识。三星堆1、2号坑的发现，"直接把三星堆遗址在成都平原的地位确认下来，也把成都平原在中国青铜时代的地位确认下来"②。

三星堆青铜文明具有十分显著的"复合文化"的面貌，"是在土生土长的古蜀文化的基础之上，既吸收了中原殷文化的因素，又可能吸收了来自西亚古老文明的因素形成的一种复合型文化体系"③。段渝也指出，商代三星堆"祭祀坑"所出青铜人物雕像群、神树和黄金权杖与面罩，就文化因素来源而言是与西亚近东文明有关的，可能经南亚引入。"商代川西平原的青铜文化，是在其自身文明诸要素不断产生的基础上，吸收了较多的华北文化因素，同时兼收并容了某些近东文化的因素，从而最终形成的高度发展的古代文明"，这样的文明是"富于世界性色彩"的。④

2022年6月13日，四川省文物考古研究院在广汉公布发掘结果，新发现的6个坑已提取出土青铜器、象牙、玉器、金器等编号文物近13000件，其中相对完整的文物3155件，典型青铜人头像已发现近70件，超过1986年1、2号坑发现的全部数量，且几乎所有的坑都发现有丝绸残留物。这些发现显然为进一步深入认识三星堆遗址的青铜文明提供了有利条件。

三星堆青铜文明的多元复合性在新的研究中不断得到证实。黎海超等再一次讨论了三星堆1、2号坑出土铜器的产地问题，发现"三星堆本地式和外来式铜器表现出相同的微量元素和铅同位素特征，所用原料一致"，且"与殷墟、汉中、新干等地点的铜器原料关系密切，可知其原料是外来的"，"三星堆铜器有着复杂的来源，殷墟、长江中下游、三星堆本土均可能是来源地"，三星堆铜器的这种复杂性应是同在其所产生的时代里"黄河流域和长江流域连为一体，不同的风格、技术、原料等在这一体系中流

---

① 四川省文物考古研究所编：《三星堆祭祀坑》，北京：文物出版社，1999年，第447页。
② 万娇：《从三星堆遗址看成都平原文明进程》，北京：科学出版社，2020年，第35页。
③ 霍巍：《广汉三星堆青铜文化与古代西亚文明》，《四川文物》1989年第S1期"广汉三星堆遗址研究专辑"。
④ 段渝：《巴蜀文化是华夏文化又一个起源地》，《社会科学报》1989年10月19日；《古蜀文明富于世界性特征》，《社会科学报》1990年3月15日；《古中国城市比较说 古蜀文明富于世界特征》，《天府新论》1990年第2期；段渝：《论商代长江上游川西平原青铜文化与华北和世界文明的关系》，《东南文化》1993年第2期。

动"有关。① 肖红艳等则通过考察三星堆青铜器多样而复杂的铸造工艺进一步认为，三星堆青铜器应是多地区多工种共同参与生产的结果："三星堆K1、K2出土铜神器的原料来源和成分高度一致，很有可能是同时同地铸造完成的，其铸造技术的多样化是多组工匠组织集体协作的直接反映；铜容器在元素组成和铅同位素上均表现出了相当的分散性，表明有多个来源，其兽首和扉棱成型方式的差异更可能源于中原和南方所铸青铜器的直接流通。"② 2023年11月16日，"三星堆遗址考古多学科综合研究成果研讨会"在四川广汉举行，发布有关三星堆遗址考古发掘、文物保护、多学科研究等领域的最新成果。北京科技大学陈坤龙等围绕"三星堆遗址祭祀区出土青铜器铸造地研究进展"主题指出，通过对青铜器残留泥芯、出土陶器、河沙等的大规模取样、观察和分析，尊、罍等容器与神树、面具等非容器类铜器铸造泥芯的矿物组成和地球化学特征存在明显区别，两类器物的铸造地应是不同的。③

3. 独具特色的神权文明

三星堆器物群尤其是1986年发现的两坑器物的独特面貌，显示出这个文明体具有独特的世界观，2020年以来新发掘的6个埋藏坑进一步强化了这种印象。理解和阐释这些器物的功能及其所反映的文化内涵，是三星堆遗址文化性质认识的基本内容之一。其中的一个普遍的共识是，三星堆遗址所反映的文化是具有浓厚的宗教色彩的，宗教信仰在三星堆文明体系中居于重要乃至核心的位置。

赵殿增就认为："宗教信仰是三星堆古文明的一个重要精神支柱，祭祀坑是三星堆古文化中最重要最有代表性的一种文化遗存。大量宗教祭祀活动用品，集中表现了当时在造型艺术，冶金铸造、玉石制作，以及对地理、天象、动植物乃至人类社会关系的认识程度和文化科技成就，表现了以宗教祭祀为最高形式的'三星堆古国'意识形态的古朴面貌。三星堆古蜀居民近乎原始的宗教信仰习俗，在其社会发展中有着特殊的意义：一方面，人们用它来认识和解释复杂的社会现象和自然现象，不断深化了

---

① 黎海超、朱亚蓉、余健等：《三星堆一、二号祭祀坑出土铜器产地问题初论》，《四川文物》2023年第1期。
② 肖红艳、张跃芬、吴钰洁等：《"工"与"匠"的多元性重建：三星堆祭祀坑青铜器铸造工艺再观察》，《四川文物》2023年第5期。
③ 《三星堆遗址考古多学科综合研究成果研讨会举行——多个学科研究 最新成果现场公布》，四川新闻网2023年11月17日，http://dy.newssc.org/system/20231117/003463152.html；《学术盛宴，三星堆遗址考古多学科研究重要成果发布》，三星堆博物馆微信公众号2023年11月20日。

对客观世界的观察与理解，促进了社会的进步和文化艺术的发展；另一方面，又通过这种信仰活动来表现统治者的合法性与权威，组织其特有的社会结构，维系国家民族的统一，吸收融汇周围地区的文化和成就。在此基础之上，形成了以神秘的文化内涵和奇异的造型艺术为显著特征的'三星堆古文化古城古国'，创造出在世界青铜文化中别具风采的三星堆古代文明。"①"这个早期文明的突出特征，就在于它可能是一个以原始宗教维系的古国——神权国家。三星堆遗址出土的大量文物证明，这里是一个以宗教祭祀活动为主的古蜀文明中心。""三星堆神权国家的形成发展和影响，可能是研究古蜀文明形态特征的关键所在。如果说与生态环境协调的经济生活——稻作文明、适应自然的文化传统——神话古史是前提条件，而以原始宗教维系的古国——神权国家，则是问题的核心。由此派生出古蜀文明另两个显著特征，即注重人物造型的艺术传统、多元文化的有机融汇的社会构成，进而在神权与王权的统一和矛盾之中，影响着古蜀历史的发展，并因其人神相通的神仙观念，成为道教思想的重要源头。古蜀文明如此鲜明的形态特征，使其在统一的进程中成为汉民族根基之一，在中华文明乃至世界文明发展史上都有特定的历史地位。"②

段渝则从城市文明的角度着重讨论了三星堆古蜀王国的神权政体，他"从分层社会的复杂结构、基本资源的占有模式、再分配系统的运作机制、统治集团的分级制体系等方面对此进行了深入分析讨论，并讨论了王权的深度、广度和阶级结构、民族构成等问题"③，进而整合为"三星堆神权文明"的概念："从三星堆已出土的青铜制品群和黄金制品群结合历史文献进行分析，可以说表现了三星堆古蜀文明'天地之中'的神权结构，其物质形态的表象是宗教性的大型祭祀活动，其深刻内涵则是'神统'与'君统'相结合的神权政体与文明，或曰神权政治文明。"④在他看来，"三星堆古城的聚合成形，从一开始就表现出强烈的神权政治中心性质，以神权政体为中心的社会组织和政治机构，在城市起源进程中发挥着

---

① 赵殿增：《三星堆祭祀坑文物研究》，李绍明、林向、赵殿增主编《三星堆与巴蜀文化》，成都：巴蜀书社，1993年，第91页。
② 赵殿增：《略论古蜀文明的形态特征》，《中华文化论坛》2005年第4期。
③ 段渝：《古代中国西南的世界文明——论商代川西平原青铜文化与华北和世界古文明的关系》（1989年"中国先秦史学会第四次年会"论文），《东南文化》1993年第2期；《商代蜀国青铜雕像文化来源和功能之再探讨》，《四川大学学报（哲学社会科学版）》1991年第2期；《巴蜀古代城市的起源、结构和网络体系》，《历史研究》1993年第1期；段渝：《70年巴蜀文化研究的方向与新进展》，《中国史研究动态》2019年第4期。
④ 段渝：《三星堆：神权文明的内涵》，《中国文化研究》2021年第4期，第119页。

核心的聚合作用"①;"在文明初兴的时代,宗教神权确实具有双重功能:一是政治功能,一是社会功能。政治功能的发挥,使神权统治者的权力合法化,社会功能的发挥,则使神权统治者的权力稳定化,两个方面的终极目的完全一致。三星堆神权文明可以说就是把神权的双重功能发挥得淋漓尽致的一个典型例子"②,自然也就必然在文明演进的探讨中占据重要位置。

小 结

限于目前所掌握的材料和关于遗址之文化性质的理论认识程度,上述有关三星堆遗址文化性质认识的整理,尚不能说是完备的。但大致来说,围绕"是什么"的问题,我们可以经由上述的整理看到90余年来有关三星堆遗址文化性质的认识及其成果。

三星堆遗址作为成都平原新石器时代晚期至商周时期的连续性中心聚居遗址,其历史演进是中国文明演进中不可分割的组成部分,在和其他中心遗址具有共性的同时又具有自身的鲜明特点,其所处的自然环境和地理位置塑造了这一文明中心的特殊地位,造就了多元、复合与开放的文明格局,展现出极其独特的文化面貌。通过过去90余年的考察、发掘与研究,我们已基本厘清该遗址在较长时段上的考古学文化序列,明确其为殷商时期中国西南的文明中心,不仅与中原、长江中下游和周边区域有着复杂而紧密的交往联系,而且与东南亚、南亚、西亚、北非的文明体有着交往。三星堆遗址既是中国早期文明演进的一个地方性样本,又尤其在历史演进的多元融合进程和发展模式上具有不可取代的研究价值。

这样的认识绝不意味着三星堆遗址的文化性质问题已经得到解决,相反,这或许才是开始。2022年,霍巍就此总结道:

> 这些器物很显然已经无法纳入到过去人们所熟悉的中原文明青铜礼器的知识体系当中去加以解释,甚至至今在世界考古学当中也没有找到能够与之相互作为参照的考古标本。……大部分考古学家们则采取了十分谨慎的态度来看待这个现象,最简单的解释是将其认定为这是四川地区(古蜀)独特的创造。……

---

① 段渝:《巴蜀早期城市的起源》,李绍明、林向、赵殿增主编《三星堆与巴蜀文化》,成都:巴蜀书社,1993年,第65页。
② 段渝、邹一清:《三星堆文明:长江上游古代文明中心》,成都:四川人民出版社,2006年,第50页。

然而，为什么是在三星堆，而不是在中国青铜时代的其他地区产生出这套独特的符号象征？三星堆文化的人们这些石破天惊的艺术构思与创造灵感又是从何而来？如果我们要将问题接着一步步追问下去，考古学家们所面临的困惑和一个非专业的读者差不多是同样的。

要么继续回避、继续等待，要么努力去设想各种可能性并试图提出科学的假说，这就是目前学者们所能采取的基本态度。[①]

如果说这样的看法反映的是对三星堆遗址文化性质认识的确切性的底线，那么，孙华在2020年为万娇的博士论文《从三星堆遗址看成都平原文明进程》所作序文中关于三星堆遗址的概述就反映了三星堆遗址文化性质认识的前景。

> 广汉三星堆遗址是中国长江上游地区规模最大、保存最完好的先秦时期遗址，也是三星堆文化命名的典型遗址，三星堆遗址的研究对于认识成都平原的先秦文化以及中国早期国家的形成和发展，都具有重要的意义。
>
> 三星堆遗址既是包含了三个延续的考古学文化的典型遗址，也是有别于中原文化的古蜀文化中心都城，并且在城市规划建设、宇宙观念和宗教崇拜上又（有）自己创造的独特城址，目前的研究还不能完全揭开笼罩在三星堆遗址及其相关文化上的神秘面纱。令人欣喜的是，最近在三星堆遗址南部的原三星堆一、二号坑之间又发现了多个新的器物坑，三星堆古城北部先前曾经发现玉器坑和陶瓦件的地点也将开始新的考古发掘工作，另在三星堆古城以西的仁胜村地点的发掘也揭示了该地点的时代和功能，这些新的考古讯息意味着三星堆遗址、三星堆文化和古蜀文明研究的一个新的热潮即将到来。[②]

结 语

综上所述，三星堆遗址文化性质的学术史不是一个简单线性的递增认

---

① 霍巍：《三星堆：东西方上古青铜文明的对话》，《清华大学学报（哲学社会科学版）》2022年第1期。
② 孙华：《三星堆遗址研究的新成果——万娇〈从三星堆遗址看成都平原文明进程〉读后（代序一）》，万娇：《从三星堆遗址看成都平原文明进程》，北京：科学出版社，2020年，"序一"第1、7页。

识过程，而是一个多线并进、有量变、有质变的复杂过程。这个过程开始于三星堆遗址局部的一个发掘地点，并在有限的文物发掘中开始了关于遗址文化性质的探讨。最初的这种探讨自然免不了猜想与假定，具有比较浓厚的主观色彩，却也不乏真知灼见。认识的飞跃奠基于反映三星堆遗址全貌的大型遗址集群观念的形成，这是在20世纪80年代末实现的，在三星堆遗址历史方位上的认识转折点则是缘于1986年两坑的发现。从此，有关三星堆遗址的文化性质的认识进入一个新的历史阶段。但三星堆遗址早期考古发掘资料的发布则落后于有关三星堆遗址文化性质的认识发展，这也使得有关三星堆遗址文化性质的认识较多地集中在20世纪80年代末到21世纪初的二三十年里。经过上述之整理，在如何开展遗址文化性质研究上有如下几点收获：

（1）文化性质的探讨有迹可循。探讨古遗址文化性质的论文并非罕见，但"什么是文化性质"则鲜见回答，而论文所涉内容也往往各有侧重。上述有关三星堆遗址文化性质认识的学术史梳理，参考了其他探讨古遗址文化性质的论文所涉及的话题，但并不完全照搬而是围绕"性质"的"是什么"本质做了一定的尝试。通过上述梳理，就文化性质探讨的可能结构大致归纳如下。

首先，这里的"文化"是在社会历史全体的意义上使用的，也就是在广义文化即人类创造的一切财富意义上使用的。这一取向同"考古学文化"的"文化"具有相似性，所不同在于"考古学文化"立足于"遗存"本身，而广义文化则指向"遗存"本来所在的那个完整的存在，因而考古遗址的文化性质问题在可操作的意义上可以归结为回答是什么考古学文化的问题，是归属于已知的某种考古学文化或其新类型，还是一种新的考古学文化。这是文化性质认识的核心问题。其次，由于考古学文化本身涉及一定的时间和空间以及特定的实物遗存，遗址文化性质的认识也就需要厘清遗址的时空属性及其基本面貌，即文化面貌和历史方位，这是文化性质探讨的基本任务。再次，考古学文化是一定的人们共同体行动的结果，既在空间上展布并流徙，也在时间上繁衍流变，因而，一种考古学文化可以分布在不同的遗址地点，同一个遗址中往往包含不同的考古学文化，考古学文化或其因素可以是外来的，也可以是本土的，这些都是探讨遗址文化性质时可以涉及的内容。最后，文明是文化发展累积到一定阶段的形态，文明内涵的认识即作为文明体来考察，是文明遗址尤其是文明中心遗址必须关注的话题。综合上述四个方面，我们应就可以对某考古遗址回答一个"是什么"的问题。这样的回答往往是实证与猜想交织的，因而总体来说是宏观的，是长时段的。

如此，文化性质问题就所涉及的内容而言就实际上是开放的。大致来说，文化性质的探讨可以区分为中心问题和边缘问题，中心问题是共性，边缘问题则需要根据遗址的实际情况加以具体讨论，可以根据具体的实物遗存、探讨任务的取向和需要解决的问题做详略深浅上的选择。事实上，年代问题、分布问题、文化特征问题、族群问题、传播与吸收问题等具体问题，本就是遗址或遗存可能的专题讨论话题而不必都纳入文化性质下展开的，但其又往往与文化性质有或显或隐、或近或远的关联。文化性质问题需要在包括这些在内的具体遗存研究的基础上得到回答，这种回答又往往成为进一步具体研究的指引，并需要在进一步的具体研究中得到印证和修订。这个过程将是一个长期的互动过程。

简言之，遗址文化性质认识的学术史梳理当以遗址的考古发现和文化认识的类型归属为主线，而文化面貌、考古学文化类型和文化的历史方位，则当为主要内容。

（2）两种形态的"三星堆文化"。长期以来，有关三星堆遗址的文化描述事实上呈现出两种叙事，一种是"三星堆考古学文化"，一种是"三星堆遗址文化"。两者都可以简称为"三星堆文化"，其基本的区分点在于后者通常是基于"四期"遗存来展开叙述的，比较严谨一些的学者在使用时会有意识地用"三星堆遗址文化"来和"三星堆考古学文化"区分。因为一般是把"三星堆文化"作为"三星堆考古学文化"来看待的。也正是在考古学的认识路径上引出了三星堆遗址四期文化是否都能够称为"三星堆文化"的问题，进而引发有关三星堆遗址考古学文化谱系探讨的话题。当然，这也是引发对王毅、许宏等将二者"混淆"现象加以批评的立场。公允地说，这并不是概念的混淆问题，而是任何一个大型遗址事实上都存在的两个认识维度尚未得到厘清时的必然。考古学要求"三星堆文化"概念按照既有的学术范式严格定义，这是完全合理的，但这并不能够否定大型中心遗址所必然具有的历史的连续性话题。

事实上，考古遗址的文化认识路径有考古学的，也有历史学的，二者不应该是对立的。从三星堆遗址文化性质认识的历史进程看，二者在不同的时代各有侧重也各有使命。在这方面现在的探讨还不多。如何在遗址文化认识的考古学范式和历史学范式之间形成良性互动，这可能是未来值得探讨的一个话题。

"三星堆文化"的这种概念上的"混淆"由于种种原因或许是独一无二的，阴差阳错之下既带来曾经的困扰，也启示我们在新的层面重新思考其可能的价值。对于复杂的大型遗址来说，构建其文化类型谱系既是必然的，也是不容易的。三星堆遗址的复杂性和连续性可能是国内仅见，这可能为如何建构大型遗址文化谱系的探讨提供一个典型实例。此方面的工作应被作为未来可能的任务倍加关注。

（3）考古资料发布的现代性期望。从遗址文化性质的认识来说，厘清遗址的基本面貌显然是获得准确遗址文化性质认识的基本前提。有关文化性质的深入认识也离不开考古发现的新收获。因此，要注重考古发现，要以考古发现为前提，要强化对考古发现的分析与认识。这就对考古发现的及时公布提出了要求。这一点对于三星堆遗址来说尤其重要。许宏在回顾围绕三星堆遗址在"定名与范围确认"上的诸多混乱之"惑"后总结说："在三星堆遗址和三星堆文化的发现与研究史中，第一手的田野考古资料刊布偏于滞后，长期以来相关信息仅见于发掘者或所在机构相关学者论文中'挤牙膏'似的只言片语之中，且时有不一致之处，成为困扰研究者甚至公众的一个问题。当然，这不是四川考古工作者独有的问题，而是在整个中国考古学界具有普遍性。"① 及时发布考古发现是苏秉琦在1950年就已反复提及的话题，他在谈到考古工作和历史研究的关系时指出，考古工作应"尽快地把它的工作结果供给后者"，并将"缩短考古材料自发现至发表中间的时限"视为衡量考古工作"提高工作的效率，扩大工作的规模，加速历史研究的发展"的重要指标。② 作为考古人的许宏在21世纪20年代仍对此耿耿于怀，恐怕就不仅仅是一个发布迅速与否的时间问题。

林向在1986年总结巴蜀文化研究历程时就当时研究存在的问题指出"目前的研究工作缺乏全盘的课题设计与统筹安排，方法陈旧，资料分割，信息隔膜的情况比较严重"，并尤其针对考古资料发布的问题提出"当务之急是尽快地、全面系统科学地发表考古资料，调动有关的各行各业的专家学者的积极性，分工合作、综合研究"。③ 这种对考古资料发布的渴望心态在三十多年后的许宏等考古人身上似乎一如既往。是这三十多年毫无进步吗？当然不能这么说。但可以肯定的一点是，在这个信息技术高速发展的时代，考古资料的发布形态或许需要在"数字赋能"的意义上做更有利于学术发展的探索。

---

① 许宏：《三星堆之惑》，郑州：郑州大学出版社，2022年，第29—30页。
② 苏秉琦：《如何使考古工作成为人民的事业》，天津《进步日报》1950年3月28日；另见《苏秉琦文集（二）》，北京：文物出版社，2009年，第94、106—107页。
③ 林向：《近五十年来巴蜀文化与历史的发现与研究》，李绍明、林向、徐南洲主编《巴蜀历史·民族·考古·文化》，成都：巴蜀书社，1991年，第18页。

第二章
三星堆文化起源与形成学术史研究述评

杨丽华

三星堆文化是四川盆地最早的青铜文化，是长江上游地区古代文明的重要代表，也是中国青铜文明的重要组成部分，见证了中华文明多元一体发展的过程。"三星堆文化"这一概念最早见于《广汉三星堆遗址》[①]一文，它作为一个考古学文化被提出之初，往往与"三星堆遗址"同义交替使用，在学术界日渐深入的讨论过程中，逐渐演变为指代成都平原三星堆遗址青铜时代文化的专称，本章所讨论的三星堆文化亦是专指这一青铜时代文化。

三星堆文化有规划有序的城市布局、灿烂的青铜雕塑群和复杂的祭祀体系，其背后蕴含着古蜀文明的制度文化和精神文化特征，凸显了三星堆文化的神权政体性质。学术界有关其起源和形成过程的研究，是三星堆文化本体研究的重要组成部分，也是深化三星堆文化相关研究的重要基础，基于此，本章从以下几个方面对相关领域的学术史研究加以探讨：第一节通过对三星堆遗址分期研究的梳理，认识学术界对于三星堆文化内涵的相关认识；第二节拟在明晰三星堆文化内涵研究进展的基础上，以时间为线索，分阶段探讨三星堆文化起源研究的历史和现状，探索三星堆文化起源研究的阶段性特征；第三节对三星堆文化形成研究的进展分类探讨。在对上述主题展开讨论的过程中，对不同阶段考古发掘的开展与学术理论的发展在相关研究中所发挥的作用给予关注，以期通过系统梳理已有研究，形成有关三星堆文化起源与形成研究的整体认识，在此基础上探寻三星堆相关领域研究的学术史特征和未来研究的增长点。

---

① 四川省文物管理委员会、四川省博物馆、广汉县文化馆：《广汉三星堆遗址》，《考古学报》1987年第2期。

第一节　在三星堆遗址分期研究中认识三星堆文化的内涵

三星堆遗址的分期研究，是科学系统开展三星堆遗址研究的重要基础，也是认识三星堆文化内涵的重要手段。随着20世纪80年代科学考古工作的持续开展，这一研究主题一直是学术界关注的重点领域，经过几十年的探讨，三星堆遗址的分期研究已经取得了丰硕的成果，为科学系统地认识三星堆遗址的内涵、厘清三星堆遗址在中华文化起源进程中的重要作用等奠定了重要的基础。本部分拟通过系统梳理三星堆遗址分期研究的学术演进过程，强化对三星堆文化的认识，在此基础上，对三星堆文化起源与形成研究的学术历程进行分析探讨。

一、三星堆遗址分期研究的资料准备

三星堆遗址自1929年发现之初，学者们就对其所属时代给予了充分的关注。主持三星堆遗址第一次科学发掘工作的葛维汉在发掘报告中对其时代进行了探讨，他认为"汉州文化下限系周代初期；大约公元前1100年，但是更多的证据可以把它提前一个时期，其上限为铜石并用时代"[①]。同时参与发掘的林名均则认为，出土遗物由于地点不同，在时代上也有差异，他指出溪岸之物与溪底之物分属两个不同的时期，以溪岸出土之物不见铜器、铁器而仅见石器和陶器，推测其时代为新石器时代至殷周以前；溪底墓中之物所属时代为周代。[②]郑德坤则认为广汉土坑出土石璧为晚周时期遗物，其遗存为祭山埋玉所使用的器物。[③]

民国时期对于三星堆遗址出土遗物年代的判断，体现了中国考古学处于初期发展阶段的特征。20世纪二三十年代之交，中国本土考古学发轫，1926年"中国考古学之父"李济发掘山西夏县遗址，1928年中央研究院历史语言研究所发掘安阳殷墟遗址，相关的考古发掘工作为汉州文化提供了可资比对的文物资料。因而，汉州相关出土文物一经发现，就选当时影响较大的仰韶文化作对比研究，从而形成关于"汉州文化"所属时代的推断。这一研究方法，在此后三星堆遗址的分期研究中一直沿用，有关

---

① ［美］葛维汉：《汉州（广汉）发掘简报》，沈允宁译，陈宗祥校，李绍明、周蜀蓉选编《葛维汉民族学考古学论著》，成都：巴蜀书社，2004年，第196—197页。本文原载《华西边疆研究学会杂志》第6卷（1933—1934）。
② 林名均：《广汉古代遗物之发现及其发掘》，《说文月刊》3卷7期，1942年，第100页。
③ 郑德坤：《四川古代文化史》，华西大学博物馆印行，1946年。

三星堆遗址的断代，也随着国内考古学尤其是中原地区考古学的发展有所调整。民国学人关于"汉州文化"属于周代甚至更早时期遗物的判断，改变了古代之蜀"为戎狄之域，必无文化可言"的传统认知，对于重新认识巴蜀地区的文化具有十分重要的价值，"观广汉出土诸器物，其制作之精工，实无逊于中土，加以玉器之使用，尤足显示其文化之高尚复杂"①。

中华人民共和国成立后，三星堆遗址相关考古工作陆续恢复，相关考古工作集中于考古调查，从1963年开始相继展开科学的考古发掘工作，相对于民国时期的考古工作来看，出土资料不仅发现了玉器、石器、陶器，还新发现了墓葬、房屋等遗迹和残铜器、炼渣、坩埚等遗物，表明三星堆遗址有着青铜时代的遗迹，进一步延伸了三星堆遗址的时代内涵，为三星堆遗址的分期研究持续深化奠定了基础。20世纪80年代以前，有关三星堆遗址的研究依然集中于对其所属时代的判断，对其分期有所提及，但由于资料有限，尚未展开阐释。

1953年西南博物院筹备处等对沿线的文物古迹开展调查后，推测出土大量石器的广汉中心乡打鳅田地点可能是一个石器制造场所，应为"四川巴蜀时代（殷周）"遗址。②1956年王家祐等认为月亮湾横梁子和三星村三星堆出土的陶器、石器等，反映出其为殷周时期的文化。③1958年四川大学考古教研组调查后认为，三星堆遗址的年代上限可至西周初年，下限至西周末、不晚于春秋之初，同时质疑林名均提出的三星堆遗址部分遗存早至新石器时代末期。④1963年冯汉骥带队对燕家院子开展了为期3个月的发掘，出土了大量陶器、石器。冯汉骥、童恩正通过分析中兴公社发现的石器和出土陶器特征，推测三星堆遗址（原文称"广汉遗址"）的时代为西周后期至春秋前期。⑤1992年，马继贤在回顾30年前月亮湾遗址的考古发掘时指出，这一次科学的考古发掘工作发现的墓葬、房屋、路面以及大量陶器、石器等，为相关研究提供了有地层依据的可信资料，证实了该遗址第二、第三文化层分别代表了同一文化不同的发展阶段。月亮湾一期与三星堆一期时代大体相当，月亮湾二期遗存大致与三星堆三四期同时，

---

① 林名均：《广汉古代遗物之发现及其发掘》，《说文月刊》第3卷第7期，1942年，第100页。
② 西南博物院筹备处：《宝成铁路修筑工程中发现的文物简介》，《文物参考资料》1954年第3期。
③ 王家祐、江甸潮：《四川新繁、广汉古遗址调查记》，《考古通讯》1958年第8期。
④ 四川大学历史系考古教研组：《广汉中兴公社古遗址调查简报》，《文物》1961年第11期。
⑤ 冯汉骥、童恩正：《记广汉出土的玉石器》，《文物》1979年第3期。

反映了三星堆文化的晚期特征。①

1963年对三星堆遗址的发掘，是中华人民共和国成立后第一次对该遗址的科学发掘，这次发掘工作的贡献为首次从地层学和类型学对遗址文化层进行分期，认识到该遗址是属于同一文化的不同时期的堆积②，突破了此前仅对三星堆遗址的年代进行整体判定的框架。发掘者将发掘出的两个相叠压的文化层称为上文化层和下文化层，后来分别改称为月亮湾二期文化和月亮湾一期文化。月亮湾二期文化地层中出土的铜器残片、铜炼渣、坩埚残片和孔雀石等，实证了该遗址有青铜文化，可能和铜器冶铸有关。月亮湾一期文化是成都平原首次发现的新石器时代晚期考古学文化。③ 这次科学的考古发掘工作所取得的成果，显然能够推动三星堆遗址相关研究工作的深化，遗憾的是，由于一些因素的影响，1963年发掘工作报告未能及时刊发而流失，发掘成果直到1992年才借发掘者的回忆文章得以问世，但发掘报告的完整性和系统性受到一定影响，诚如马继贤所言，"本篇追记是在过去整理的基础上，做了一些新的组织和简单分析"④，未能及时发挥其本应有的作用。

有关20世纪50—70年代三星堆遗址的分期研究，总体来看，是延续民国时期的既有成果，将三星堆遗址作为一个整体进行年代断定。其深化研究表现在运用更加丰富的资料提出新的三星堆遗址所属时代的判断，关于其时代上限，大都采用葛维汉提出的商周时期；而时代下限则认为已到春秋时期。综上来看，至20世纪70年代，有关三星堆遗址的相关考古工作主要起到了资料积累的作用，至于三星堆遗址所属年代的判断，是此后三星堆遗址分期研究的重要参考，在一定程度上可以说为三星堆遗址的分期研究奠定了基础。

二、三星堆遗址分期研究的初步尝试

三星堆遗址分期研究的初步尝试，是与三星堆文化的提出同步开始的，因此在三星堆遗址分期研究的过程中，三星堆文化一直是一个重要的

---

① 马继贤：《广汉月亮湾遗址发掘追记》，四川大学博物馆、中国古代铜鼓研究学会编《南方民族考古》第五辑，成都：四川科学技术出版社，1993年。
② 马继贤：《广汉月亮湾遗址发掘追记》，四川大学博物馆、中国古代铜鼓研究学会编《南方民族考古》第五辑，成都：四川科学技术出版社，1993年。
③ 宋治民：《1963年广汉月亮湾遗址发掘的回忆——纪念四川大学考古专业创建五十周年》，《四川文物》2010年第4期。
④ 马继贤：《广汉月亮湾遗址发掘追记》，四川大学博物馆、中国古代铜鼓研究学会编《南方民族考古》第五辑，成都：四川科学技术出版社，1993年。

考量因素。而随着三星堆文化概念探讨的深入及其内涵的日渐清晰，三星堆遗址的分期研究也逐步深化，并在学术界取得了一定程度的认同。

（一）三星堆遗址分期的初步尝试

1980年5月至次年5月，四川省博物馆和广汉文化馆对三星堆遗址开展了大规模的调查和发掘，发掘面积达1225平方米。这次发掘发现房址18处、灰坑3个、墓葬4座，出土大量的陶片、石器。这次发掘对文化层进行了详细的分期，并详细记录了各期的文化面貌，大体认识和了解了三星堆遗址出土物的特征、房屋结构和丧葬模式。发掘报告1987年发表，推测三星堆遗址的堆积"大致延续至距今3000年左右，即从新石器时代晚期至相当于中原夏、商时期"，并将三星堆遗址的文化堆积分为三期（见表1）。

表1　《广汉三星堆遗址》一文中的三星堆遗址分期

分期	文化层	地层	器物特征	备注
第一期	第四、五文化层	第6、8层	泥质陶约占65%以上。陶器器形主要为镂孔圈足豆、高领广肩陶罐、陶盆、深腹缸，纹饰主要为平行线纹、齿状纹。	地层第7层为间隙层。木炭标本碳十四测年距今4075±100年，树轮校正年代为4500±150年
第二期	第二、三文化层	第3、4层	夹砂陶为主，泥质陶次之。镂孔圈足豆豆盘加大加深，圈足镂孔少至1—2个；新出喇叭口大口罐、小平底罐、陶盉、喇叭形器、高柄豆、平底盘、细颈壶、陶杯、陶碗、器盖等和少量鸟头形把勺。纹饰流行粗绳纹、弦纹、花纹等。	地层第5层为间隙层
第三期	第一文化层	第2层	夹砂陶为主，泥质陶所占比例较二期更少。陶器器形主要有小平底罐、高柄豆、高领罐、广肩罐、圈足盘、壶、盉、鸟头形把勺，以高柄豆、鸟头形把勺、小平底罐最多。纹饰流行绳纹，达85%以上。	

资料来源：四川省文物管理委员会、四川省博物馆、广汉县文化馆《广汉三星堆遗址》，《考古学报》1987年第2期。

1986年七八月间三星堆1、2号器物坑发现后，同年11月召开"巴蜀的历史与文化学术讨论会"，与会学者围绕两个器物坑出土遗物展开了深入探讨。与会者认为，"以三星堆遗址第二期以后和'祭祀坑'（相当于第四期左右）为代表的富有特征的地域性古文化，既有别于中原夏商周文化，又是构成中华古文明机体的一个部分"，其依据是三星堆遗址出土的不少与中原地区关联密切而又经改造的器物：陶盉，与二里头文化相似，更为瘦高，其袋足是三个管状夹底杯形器；铜尊，与商周文化相似，而花纹杂乱，圈足由外侈变成微向内卷；等等。① 这是学术界首次对三星堆遗址进行分期研究，大致勾勒了三星堆遗址的发展过程，为三星堆遗址研究的开展提供了较为宏观的思考。但由于这次分期是以本次发掘成果为基础而展开的，对其他相关资料的参考不够，也存在一些较为明显的问题。黄家祥即指出，《广汉三星堆遗址》一文中，遗址堆积的第五层、第七层"分别处在遗址地层的不同的两个层位，它可以区分、判明上下层次的相对早晚关系，并直接影响到对遗址的分期"，但该文在分期研究中并未将其列入，"是很难使人理解的"。黄家祥还提出，《广汉三星堆遗址》分期中的第一期只公布一件残圈足豆，第二期公布的陶器组合差距也比较大，因而"遗址分期仅根据报告公布的材料，其条件还不成熟"。② 孙华也表达了类似的观点，"第一期陶器公布得太少，仅有一件镂孔矮足豆，作为一期，内容显得单薄"；"报告作者虽已看到了第一、二期间的变异程度与第二、三期的变异程度不同，但却未能在分期处理上表述出这种不同"。③

《广汉三星堆遗址》一文还提供了两个重要的信息，成为后来分期研究进一步深化完善的重点。其一，文章指出"第一期和第二期文化遗物的特征变化较大，判然有别，其间又有明显的间隙层"，因而提出"第一期与第二期文化的年代相去较远"；其二，1982年4月和12月配合砖厂取土所做的100平方米发掘工作区域，有上下两层文化堆积，下层与三星堆晚期堆积晚期一致，上层与新繁水观音遗址所出相同，如细泥尖底杯、尖底罐等典型器物。④ 可以看出，报告已经意识到在三星堆遗址三期分期之

---

① 林向：《巴蜀史研究的新篇章——记"巴蜀的历史与文化学术讨论会"》，《社会科学研究》1987年第2期。
② 黄家祥：《〈广汉三星堆遗址〉的初步分析》，《考古》1990年第11期。
③ 孙华：《试论广汉三星堆遗址的分期》，四川大学博物馆、中国古代铜鼓研究学会编《南方民族考古》第五辑，成都：四川科学技术出版社，1993年，第10—24页。
④ 四川省文物管理委员会、四川省博物馆、广汉县文化馆：《广汉三星堆遗址》，《考古学报》1987年第2期。

后，还存在着更晚阶段的遗存，但未明确将其自成一期接在遗址三期分期之后。

此后不久，赵殿增在三星堆遗址三期论的基础上明确了三星堆遗址的四期论（表2），成为三星堆遗址发掘者和研究者所遵循的标准。对于三星堆遗址一期的时代判定，他沿袭了1987年《广汉三星堆遗址》的观点，即新石器时代晚期（4500±150）；采用了部分碳十四测年的数据对第二期至第四期所属时代进行了推断。

表2 《近年巴蜀文化考古综述》一文中的三星堆遗址分期

分期	时代	器物特征	备注
第一期	新石器时代晚期（4500±150）	泥质灰陶为主。器形以平底为主，圈足次之。出现高柄豆等典型器物。	
第二期	夏商之际（3765±80）	夹砂陶超过泥质灰陶。典型器物为高圈足器和小平底器。	
第三期	商代	夹砂陶为主。	三星堆文化的繁荣期
第四期	商末周初（3005±105）	夹砂褐陶为主，出现尖底、薄胎器。	

资料来源：赵殿增《近年巴蜀文化考古综述》，《四川文物》1989年第S1期"广汉三星堆遗址研究专辑"。

1990年，陈显丹结合1980年至1986年发掘出土的相关资料[①]，对三星

[①] 1982年4—12月，发现了商末周初的地层，确定了内部分工的专门化等。1984年3—5月调查发现了三星堆遗址的城墙东、西"土埂"，初步认定为商代至西周早期的东、西、南城墙；1986年3—5月，四川省文管会等对三星堆遗址的Ⅰ、Ⅱ、Ⅲ区间开展的发掘工作（陈显丹：《广汉三星堆大事记（1929~2000.2）》，《中华文化论坛》2001年第1期）。1984年9月确认真武村土梁梗子是人工建造起防御作用的"土城墙"（肖先进：《三星堆古文化、古城、古国遗址发现始末及其重大意义》，宋振豪、肖先进主编《殷商文明暨纪念三星堆遗址发现七十周年国际学术研讨会论文集》，北京：社会科学文献出版社，2003年，第13页）。1984—1985年对三星堆遗址的范围和分布进行全面调查后，认识到这是一个由数十个遗址组成面积约12平方千米的遗址群，东、西、南可能有城墙，开始提出"三星堆古城"的看法。1984年秋在遗址群北部"西泉坎"发掘出典型的"一期"文物。1985年对"三星堆"土堆两侧进行发掘解剖，确认"三星堆"是人工修筑的（赵殿增：《20世纪80年代的四川考古》，《四川文物》2010年第1期）。需要指出的是，尽管1980年至1986年对三星堆遗址开展了大量的工作，但相关发掘报告绝大部分未及时发表，上述诸多内容多散见于从事一线考古发掘工作者发表的大事记或论文中。

堆遗址的陶器进行分期，重申了三星堆遗址四期发展的观点：第一期为新石器时代晚期，第二期在夏至商代前期，第三期为商代中期，第四期为商末周初（表3）。他认为陶器的分期"对文化分期不仅是必要的，也是对分期所涉及的遗址各区资料的一次验证"[①]，明确了第一、二期的年代早晚限定，但第三、四期则没有相关数据。这一分期采用了更为丰富的考古资料，并对每期所属时代进行了相对具体的划分，在一定程度上深化了三星堆遗址的分期研究。陈显丹关注了文化层内部的发展变化，将第四期分为前段和后段，在论文"广汉三星堆遗址历次发掘分期对照表"中，明确指出第一期和第四期都可以分为前后两段，并期待此后详细的分期工作。事实上，1963年的发掘过程中，就已经发现第二层（上文化层）的上下两层包含物相同、但土质土色存在差异，遗憾的是发掘者未能及时关注时间上的先后。[②]

孙华指出，陈显丹对三星堆遗址分期的论证方法有欠妥当，"类型学分析却只见有型的划分，不见有式的变化，也未用地层关系来对器物的型式序列进行检验"，因而"分析结果本身就不一定可靠，无法据以检验原来分期的结论"，难以按照这一分期"将三星堆遗址的各种遗存准确地纳入三星堆遗址的分期序列中去"。[③]

表3 《广汉三星堆遗址发掘概况、初步分期》一文中的三星堆遗址分期

分期	所属时代	地层	器物特征
第一期	新石器时代晚期（BP4740—BP4070）	第Ⅲ发掘区第16层至13层，西泉坎第4层	泥质灰陶占80%左右，可辨器形有镂孔圈足豆、喇叭形器、平底器、宽沿器、个别小平底罐等，纹饰主要为绳纹、平行线纹、附加堆纹。

---

① 陈显丹：《广汉三星堆遗址发掘概况、初步分期——兼论"早蜀文化"的特征及其发展》，中国古代铜鼓研究学会编《南方民族考古》第二辑，成都：四川科学技术出版社，1990年，第213—231页。
② 宋治民：《1963年广汉月亮湾遗址觉掘的回忆——纪念四川大学考古专业创建五十周年》，《四川文物》2010年第4期。
③ 孙华：《试论广汉三星堆遗址的分期》，四川大学博物馆、中国古代铜鼓研究学会编《南方民族考古》第五辑，成都：四川科学技术出版社，1993年，第10—24页。

续表

分期	所属时代	地层	器物特征
第二期	夏至商代前期（BP4070—BP3600）	第Ⅲ发掘区第12层、11层，西泉坎第3层	陶质以夹砂褐陶为主，泥质灰陶比例降至20%。镂孔圈足豆豆盘加深加大，圈足内弧；小平底罐数量增加；新出喇叭形大口罐、陶盉、B型高柄豆、酒瓶、圈足盘、器盖、觚、杯、碗、碟和个别鸟头把勺。纹饰以粗、细绳纹为主，常见刻划纹、戳印纹、附加堆纹、锥刺纹、平行线纹、凸棱纹、人字纹、心形纹等。
第三期	商代中期	第Ⅲ发掘区第10层、9层，西泉坎第2层	陶质以夹砂褐陶为主，泥质陶比例较二期下降。器形主要为小平底罐、高柄豆、圈足豆、高颈罐、圈足盘、壶、陶盉、酒瓶、杯、觚、觚形器、圜底盘等；盛行鸟头把勺；新出三足形炊器、大量酒器、长颈壶、长颈圈足壶、个别尖底器。二期纹饰依然流行，新出现米粒纹、乳钉纹、蚌纹、云雷纹。
第四期	商末周初，分前后两段	第Ⅲ发掘区第8至4层，第Ⅰ发掘区第8—4层，第Ⅱ发掘区第8—4层	陶质以夹砂褐陶为主，泥质陶比例下降至11%。前段器形与三期器类相同，尖底罐流行，鸟头形把勺渐少。后段器形基本为素面，纹饰少而单调，仅见个别绳纹，泥质陶比例回升，器形较高大；鸟头把勺、三足宽沿形炊器基本消失，个别罐子底部开始出现圈足。

资料来源：陈显丹：《广汉三星堆遗址发掘概况、初步分期——兼论"早蜀文化"的特征及其发展》，四川大学博物馆、中国古代铜鼓学会编《南方民族考古》第二辑，1990年，第213—231页。

1990年，宋治民对成都平原先秦遗址进行整体分析，他根据陶器的发展、地层关系，辅以碳十四数据，对早期蜀文化（春秋及其以前的文化）进行了分期研究（表4），提出蜀文化发展的先后次序为：三星堆第一期—月亮湾下层—三星堆第二期—三星堆第三期—月亮湾上层、羊子山土台基址上层—十二桥早期—十二桥中期、指挥街中期、水观音早期—十二桥晚期、指挥街晚期、水观音晚期。他认为三星堆第一期和月亮湾下层所代表的新石器时代至夏代初期的文化为蜀文化前身；三星堆第二和第三期、月亮湾遗址、羊子山土台上层基址、十二桥遗址、指挥街遗址、水观音遗址等商至春秋时期的文化为早期蜀文化。① 这是三星堆遗址首次被放在整个成都平原范围内进行考察，反映出其在成都平原早期文明进程中具有重要地位。

表4　《早期蜀文化分期的再探讨》一文中的分期

考古学遗址	所属时代	陶器	备注
三星堆第一期	新石器时代晚期至夏代初期	第一组陶器：泥质灰陶为主，夹砂陶较少，器形有镂空圈足豆、盆、罐等，均手制。三星堆一期早于月亮湾下层，三星堆一期与月亮湾下层陶器接近。	三星堆一期、月亮湾下层在陶器的陶质、纹饰和器形方面都与三星堆二期差异较大，它们之间年代应相去较远。
月亮湾下层			
三星堆第二期	商代	第二组陶器：夹砂陶为主，纹饰主要有绳纹、弦纹、圆圈纹、云雷纹、贝纹等。代表性陶器：小平底罐、高柄豆、圈足盘、圈足豆、高柄豆形器座、盉、器盖。三星堆出鸟头形把勺。	三星堆三期和二期的陶器有许多相同的因素，有些器物由少到多，说明它们年代相去不远，或许是衔接的。三星堆陶器手制为主，月亮湾上层、羊子山土台基址上层轮制为主。
三星堆第三期			
月亮湾上层、羊子山土台基址上层	西周前期		
十二桥早中期、指挥街早期、水观音早期	西周中期	第三组陶器：夹砂陶为主，纹饰主要有绳纹、弦纹、云雷纹、菱形回字纹、圆圈纹、方格纹等，器形主要有各类尖底器、小平底罐、高柄豆、圈足豆、盉、器盖、高柄豆形器座。	
十二桥晚期、指挥街晚期、水观音晚期	春秋时期		

资料来源：宋治民《早期蜀文化分期的再探讨》，《考古》1990年第5期。

（二）"三星堆文化"的探讨与三星堆遗址分期的深化

1987年《广汉三星堆遗址》这篇文章，提议将三星堆遗址所反映的文化面貌正式定名为"三星堆文化"。这一考古学文化的命名很快得到了学术界的响应，学者们在研究过程中开始使用"三星堆文化"的概念，这一考古学文化在三星堆遗址的研究中发挥了十分重要的作用，也是此后三星堆遗址分期研究的重点。"三星堆文化"命名的提出，成为三星堆遗址研

---

① 宋治民：《早期蜀文化分期的再探讨》，《考古》1990年第5期。

究的一个重要转折点，开启了三星堆文化研究的新阶段。此后对"三星堆文化"内涵的探讨，加强了对三星堆遗址文化面貌的深入理解，逐步从遗址文化层的分期向考古学文化的分期转变。

1. "三星堆文化"内涵的探讨

"三星堆文化"提出时，其内涵并未明确界定。《中国考古学年鉴1987》认为"第15层至第7层属'三星堆文化'堆积，时代属于新石器时代晚期至西周早期（距今4800—2800）"[①]。在这里，"三星堆文化"是涵盖了三星堆遗址所有阶段的文化遗存，1987年度的发掘报告在论述新繁水观音遗址与三星堆遗址的关系时，使用了"三星堆遗址文化"的提法，一定程度上应当也是有同样的认知。发掘者之一的陈显丹交叉使用"三星堆文化"与"三星堆遗址文化"的提法，应当代表同一种含义，亦即作者提议的"早蜀文化"（指西周以前的早期蜀文化），包括了三星堆遗址所有文化内涵。[②] 有类似看法的还有罗二虎，他认为三星堆文化的遗存涵盖了新石器时代末期至春秋早期的三星堆和十二桥等处遗址。[③]

也有学者将"三星堆文化"作为一种独立的文化类型看待，基于三星堆遗址一、二期遗存间的区别，提议将新石器时代遗存从"三星堆文化"中独立出来。赵殿增认为"巴蜀文化的早、中期界限似应划在三星堆遗址一、二期之间。也可以用'三星堆遗址下层'代表新石器时代晚期文化，用'三星堆遗址上层'代表青铜时代前期"，"三星堆下层所代表的新石器时代晚期所谓'早期巴蜀文化'，应该用首次发掘的典型遗址，将它单独命名，称为'三星堆一期文化'，或'三星堆下层文化'"[④]。宋治民进一步阐释，三星堆文化第一期为新石器时代晚期，第二期已跨入青铜时代，所以"三星堆一期和二期及二期以后各期的陶器是各有特征的两群，如果以三星堆文化命名这同一遗址的第一期文化，则不能包括第二期及其以后的各期文化。如果以三星堆文化命名第二期及其以后的各期文化，又不能包括第一期文化"，因而提出三星堆一期文化应当是蜀文化的前身，可

---

① 陈德安、陈显丹：《广汉县三星堆遗址》，中国考古学会编《中国考古学年鉴 1987》，北京：文物出版社，1988年，第235页。
② 陈显丹：《广汉三星堆遗址发掘概况、初步分期——兼论"早蜀文化"的特征及其发展》，四川大学博物馆、中国古代铜鼓学会编《南方民族考古》第二辑，成都：四川科学技术出版社，1990年，第213—231页。
③ 罗二虎：《论三星堆文化居民的族属》，李绍明、林向、徐南洲主编《巴蜀历史·民族·考古·文化》，成都：巴蜀书社，1991年。
④ 赵殿增：《巴蜀文化几个问题的探讨》，《文物》1987年第10期。

单独命名，早期蜀文化仅包括二、三、四期文化。① 这一提议是对其《早期蜀文化分期的再探讨》疑问的进一步深化研究。"三星堆一期文化"在此后的研究中得以广泛应用，当20世纪90年代中期与其文化面貌基本一致的"宝墩文化"提出后，出现了两者同时使用、用以表述同一种文化的现象。

有关三星堆文化为独立考古学文化的见解对于进一步完善"三星堆文化"的内涵、厘清"三星堆文化"这一考古学概念具有十分重要的意义，为此后"三星堆文化"作为一个考古学文化类型的确立做了充分的准备。

2. 以考古学文化对三星堆遗址的分期研究

在孙华看来，三星堆遗址的历次发掘资料，有正式报告的不多，大多发掘材料零散见于发掘者的论文中，在此背景下"对三星堆遗址进行全面的分期是不太可能的"，他所做的分期只是对公布了材料的部分遗存进行的分期，通过"把握主要陶器的演变轨迹，建立起整个遗址的陶器形态发展序列；然后再通过器物型式的类比、串连和组合，将三星堆遗址已公布材料纳入这个序列中，并根据器物型式的变异程度，划分出这个序列的发展阶段"②。

1993年，孙华在《试论广汉三星堆遗址的分期》一文中对"三星堆文化"的内涵有了更为明确的界定，同时引入了四川地区早期的考古学文化对三星堆遗址进行重新思考，提出了三星堆遗址新的三期发展的观点，将三星堆遗址原四期遗存中的第二、三期合并为一期，指出"三星堆遗址的三期遗存，实际上应当视为同一文化系统下的三种不同的考古学文化"，突破了此前分期研究中缺乏对四期之间的文化内涵变异程度的研究。他将第一期新石器遗存从"三星堆文化"中剥离出来，称为"边堆山文化"，第二期称为"三星堆文化"，第三期文化为"十二桥文化"；遗址年代范围涵盖了二里头文化晚期至二里岗文化时期（表5）。③ 这一研究突破了此前的三星堆遗址分期局限于三星堆遗址和成都市区部分遗址，而缺乏对周边考古学文化进行关注的局限；此外还在遗址内部分析出不同的考古学文化，比对中原地区的考古学文化时代对三星堆遗址开展分期研究。

---

① 宋治民：《论三星堆遗址及相关问题》，李绍明、林向、赵殿增主编《三星堆与巴蜀文化》，成都：巴蜀书社，1993年，第150页。
② 孙华：《试论广汉三星堆遗址的分期》，四川大学博物馆、中国古代铜鼓研究学会编《南方民族考古》第五辑，成都：四川科学技术出版社，1993年，第10—24页。
③ 孙华：《试论广汉三星堆遗址的分期》，四川大学博物馆、中国古代铜鼓研究学会编《南方民族考古》第五辑，成都：四川科学技术出版社，1993年，第10—24页。

表5 《试论广汉三星堆遗址的分期》一文中的三星堆遗址分期

分期	分段	年代范围	所属时代	文化类型	器物特征
第一期	1段	4210±80至4075±100	龙山时代晚期至二里头文化时代初期	边堆山文化	泥质灰陶为主。器类以镂孔矮足豆和折沿器为特色，镂孔矮足豆体态瘦长。
第二期	2段	3700±100至3555±80	二里头文化晚期至二里岗文化时期（下限可至殷墟第一期前段）	三星堆文化	夹砂陶为主，陶色以褐色为主，灰色和橙黄次之。独有大圈足盘、小平底盘、鬲形器、圈状握手器盖等器物。2段仍有第一期的镂孔矮足豆，小平底盆装饰贝纹，封口盉瘦长，鬲形器口部外卷凹腰，鸟头把勺头呈鸭头状。3段小平底盆罕见饰贝纹、大圈足盘和小平底盘，封口盉斜流、短錾、有实足根，鸟头把勺头呈鹅头或鹰头状。
	3段				
	4段				
第三期	5段		殷墟文化时期第一期后段至第三期	十二桥文化	陶质陶色不明。尖底器众多，不复见大圈足盘、小平底盘、鬲形器等。
	6段				

资料来源：孙华《试论广汉三星堆遗址的分期》，四川大学博物馆、中国古代铜鼓研究学会编《南方民族考古》第五辑，成都：四川科学技术出版社，1993年，第10—24页。

孙华关于三星堆遗址的分期研究观点，很快被学术界认同，如李伯谦就表示，将属于新石器时代的1980—1981年发掘的三星堆下层遗存"从三星堆文化中剔除出来，不仅有助于对三星堆文化，也更有助于对其本身研究的深入"[①]；许宏感叹三星堆遗址一期遗存从"三星堆文化"中的剥离，经历了相对漫长曲折的过程[②]。

李伯谦同时也指出，应当将成都指挥街一类遗存归入三星堆文化的下限，指挥街遗存分为前后两期，第一期年代相当于西周后期，第二期绝对年代约为春秋前期。他认为三星堆遗址"1982年Ⅰ区第③层和1986年Ⅰ区第④层为代表的出土遗物特征接近新繁水观音遗址第③层的一类遗存，应

---
① 李伯谦：《对三星堆文化若干问题的认识》，北京大学考古系编《考古学研究》（三），北京：科学出版社，1997年，第85页。
② 许宏：《三星堆之惑》，郑州：郑州大学出版社，2022年，第62页。

从三星堆遗址三星堆文化遗存第三期分化出来另立一期，或可称为三星堆遗址三星堆文化遗存第四期"，并在此基础上对"三星堆文化"进行分期研究，提出了三星堆文化发展的四期七段说（表6）。① 李伯谦对三星堆文化的分期研究，大量借鉴了成都平原的考古成果，对三星堆文化晚期的研究给予了较多的关注，延伸了三星堆文化的下限，也进一步加深了对三星堆遗址分期研究的理解。

表6 《对三星堆文化若干问题的认识》一文中的三星堆文化分期

分期	分段	所属时代	典型遗址	器物特征
第一期	1段	二里头文化二期或略晚，约当公元前19—前17世纪	三星堆遗址1980—1981年第④③层、1986年Ⅲ区12、11层。	陶质：夹砂褐陶为主，其次夹砂橙黄陶、泥质灰陶；陶器多素面，约1/7有纹饰，常见粗绳纹、细绳纹、弦纹、刻划纹；主要器类为小平底罐、高柄豆、矮圈足豆、盉、高领罐、喇叭口形罐、平底盘、圈足盘等及少量鸭嘴形鸟头柄勺。
第一期	2段	中原二里头文化三、四期至早商	三星堆遗址1980—1981年发掘第②层、1986年Ⅰ区发掘的第10、9层。	陶质：泥质陶比例较1段进一步下降。器表素面90%以上，纹饰以粗绳纹、细绳纹和弦纹常见，有凸棱纹、篦纹、网文、戳印纹、云雷纹，开始出现米粒纹。器类与一段基本相同，高柄豆、鸟头柄勺（似鹰嘴）较一期更流行。
第二期	3段	殷墟一期	以十二桥第13层为代表，三星堆遗址1号器物坑、三星堆文化遗存第三期前段诸单位、水观音早期墓。	陶质以夹砂褐陶为主，泥质灰陶次之，少许夹砂灰陶，夹砂橙黄陶减少；器表多素面，纹饰有粗、细绳纹、弦纹、附加堆纹、云雷纹、戳印纹、米粒纹等。主要器类为小平底罐、高柄豆、盉、高领壶、瓶、鸟头柄勺等，出现了尖底罐、尖底盏、尖底杯等尖底器和圈足罐。
第二期	4段	殷墟二、三期	十二桥第12、11层为代表，新繁水观音遗址第③层、三星堆1982年发掘Ⅰ区第③层。	素面陶增加，新出鸟纹、菱形回字纹等。尖底器流行，小平底罐明显减少，鸟头柄勺、三足形炊器几近消失。出现了喇叭口鼓腹凹底罐、绳纹圜底釜等。

---

① 李伯谦：《对三星堆文化若干问题的认识》，北京大学考古系编《考古学研究》（三），北京：科学出版社，1997年。

续表

分期	分段	所属时代	典型遗址	器物特征
第三期	5段	殷墟四期至西周早期	以成都十二桥第⑩层为代表，水观音晚期墓葬、彭县竹瓦街窖藏铜器。	夹砂灰陶大量增加泥质灰陶有所回升；素面陶仍占主要地位；器类大大减少，瓶、壶、觚形杯、盉、灯座形器、小平底罐等基本不见，各种尖底器流行，出现圈底罐、大口瓮。
第四期	6段	西周后期	以成都指挥街第⑥层为代表。	绝大部分是夹砂褐陶；器表以素面为主，有绳纹、弦纹、附加堆纹、方格纹、重菱纹、云雷纹等；尖底器约占半数，次为圈足器、平底器，三足器最少，绳纹罐、绳纹釜较多见。
第四期	7段	春秋前期	以成都指挥街第⑤层为代表。以成都指挥街第⑤层为代表。	质地、纹饰、器类基本同前段，尖底器、小平底器有所减少，平底器、圈足器有所增加；出现少量暗划纹和彩绘；新流行平底敛口罐、盂形器、盘口罐。

资料来源：李伯谦《对三星堆文化若干问题的认识》，北京大学考古系编《考古学研究》（三），北京：科学出版社，1997年，第85页。

从前述分期可以看出，《广汉三星堆遗址》、赵殿增和陈显丹对三星堆遗址分期从三期说逐渐演变为四期说，所作出的时代判断一脉相承，并由于采用资料的丰富性而逐渐细化。总体来看，相关研究大致认同第一期为新石器时代晚期、第二期为夏商之际、第三期为商代、第四期为商末周初。但每期所属年代范围的探讨，陈显丹第一期的时间（BP4740—BP4070）较赵殿增（4500±150）稍有提前，并界定了第一期的下限；陈显丹第二期年代（BP4070—BP3600）则较赵殿增第二期（3765±80）早了近400年。此外陈显丹的分期中，第一期与第二期紧密衔接，未能体现《报告》所强调的一、二期有明显缺环的现象。

从孙华开始，三星堆文化作为一种内涵相对清晰的考古学文化被引入三星堆遗址的分期研究中，他提出的基于考古学文化的三星堆遗址三期说，由于所采纳测年数据标准的不同，第一期时代（4210±80至4075±100）明显晚于此前的分期研究，而第三期时代则较为提前，断定为殷墟文化的一期后段至第三期。李伯谦则详尽地对三星堆文化进行四期七段的分期，其上限与孙华三星堆文化的上限基本一致，下限则延伸至春秋前期，将十二桥文化完全涵盖进三星堆文化的范畴内，对三星堆文化内涵的认定,前述赵殿增、宋治民的观点有较大的相似性。

综上可知,到20世纪90年代中期,对三星堆遗址的分期研究大都聚焦于遗址自身所开展的探讨,经历了逐步完善的过程。孙华将三星堆遗址分为三个文化类型开展的三星堆遗址分期研究、李伯谦对三星堆文化的分期分段研究,开始引入蜀地其他考古学文化的成果,这在三星堆遗址的分期研究领域大大拓展了视野、深化了内涵。但对于三星堆遗址各分期所属时代的判断,分歧较大。

三、成都平原先秦文化发展序列中的三星堆遗址分期研究

20世纪90年代中期,成都平原古城群遗址相继发现[①],江章华等认为宝墩古城群遗址文化总体面貌较为一致,并且有一组贯穿始终又区别于其他考古学文化的器物群,提出"宝墩文化"的命名,其年代范围大致推定在距今4500—3700年。作者进而指出宝墩文化与三星堆遗址第一期遗存、绵阳边堆山文化接近,属于同一考古学文化遗存,提出了成都平原先秦文化发展的四大阶段:宝墩文化—三星堆文化—十二桥文化—上汪家拐遗存(表7)。[②]自此,成都平原先秦文化发展四阶段说得以提出,这一分期是对宋治民和孙华相关分期研究的深化,三星堆遗址一期文化与宝墩文化首次被看作同一种考古学文化,考古学文化范畴内的三星堆文化被置于成都平原早期文明发展的整体中进行考察,开启了三星堆遗址分期研究的新阶段。

江章华等提出的成都平原先秦文化四阶段发展说,借鉴了此前三星堆遗址以考古学文化进行分期研究的成果,在孙华"边堆山文化—三星堆文化—十二桥文化"发展的基础上,以更具代表性、文化特征更为典型的宝墩文化取代了边堆山文化,同时增加了"上汪家拐遗存"代表十二桥文化之后的成都平原先秦文化遗存。成都平原先秦文化发展系列的这一观点,引发了三星堆一期文化与宝墩文化的关系、三星堆文化与宝墩文化的关

---

① 成都市文物考古工作队等:《四川新津县宝墩遗址调查与试掘》,《考古》1997年第1期;《四川省温江县鱼凫村遗址调查与试掘》,《文物》1998年第12期;《四川省郫县古城遗址调查与试掘》,《文物》1999年第1期;《四川都江堰市芒城遗址调查与试掘》,《考古》1999年第7期;《新津宝墩遗址调查与试掘简报(2009~2010)》,成都文物考古研究所编著《成都考古发现(2009)》,北京:科学出版社,2011年;《2012~2013年度大邑县高山古城遗址调查试掘简报》《大邑盐店古城遗址2013年发掘简报》,成都市文物考古研究所编著《成都考古发现(2013)》,成都:科学出版社,2015年。
② 江章华、颜劲松、李明斌:《成都平原的早期古城址群——宝墩文化初论》,《中华文化论坛》1997年第4期。

系、三星堆文化与十二桥文化的关系等相关问题的深入探讨。研究重点从三星堆遗址本身扩展到整个成都平原，进而与长江上游文明的起源和形成问题密切联系。三星堆遗址分期研究作为中华文明多元起源的重要组成部分，日渐受到学术界的关注。

表7 《成都平原的早期古城群址——宝墩文化初论》一文中的分期

文化类型	分期		地层单位	年代范围	器物特征
宝墩文化	四期七段			距今4500—3700年	
三星堆文化	一期		1986年第12、11层，1980年Ⅲ区第4、3层	二里头文化第四期至殷墟二期	夹砂褐陶为主，素面为主，纹饰主要有绳纹，次为划纹、弦纹、网文、篦纹等；主要器形：小平底罐、敞口深腹平底器、绳纹花边深腹罐、高柄豆、细颈壶、瓶、盉、鬲形器、鸟头把勺、圈足盘、器盖等。
	二期		1986年第9层，1980年Ⅲ区第2层、月亮湾第2层		夹砂陶比例增多至80%，素面陶增多至92%。器形：小平底罐、高柄豆、瓶、盉、鬲形器、鸟头把勺、圈足盘，新出喇叭口高领凸肩小平底壶、长颈壶、觚。
	三期		1986年第8A、8B、8C层		夹砂陶比例增多，纹饰很少，以绳纹为主。器物延续二期器形，有一些形态上的变化。
十二桥文化	一期	早段	十二桥第13、12层，新繁水观音早期墓、第3层，羊子山土台下层堆积，三星堆一直1982年第3层	殷墟三期至殷末周初	夹砂褐陶为主，多素面，有少量绳纹、重菱纹、鸟纹、弦纹和附加堆纹。器形：小平底罐、高柄豆、瓶、壶、鸟头把勺、盉、尖底杯、尖底盏、高领罐、波浪口花边罐、敛口瓮、广肩罐等，偶见绳纹罐、釜。
		晚段	十二桥第11、10层，新繁水观音晚期墓	西周前期	夹砂陶为主，纹饰更少。器物种类大大减少，器形主要有小平底罐、肩部饰绳纹的敛口瓮、肩部重菱纹敛口广肩罐、盆等，少量绳纹罐、釜。
	二期	早段	新一村第8层	西周后期	夹砂灰陶为主，素面陶80%以上，纹饰以绳纹为主，次为弦纹、重菱纹等。主要器形：喇叭口罐、尖底盏、尖底罐、瓮、敛口广肩罐、盆等，少量绳纹罐、釜。

续表

文化类型	分期		地层单位	年代范围	器物特征
十二桥文化	二期	晚段	新一村第7、6层	春秋前期	夹砂褐陶增多，素面陶90%以上，纹饰中绳纹增加，次为重菱纹，少量弦纹、乳钉纹、篮纹、划纹，器形：釜、绳纹罐、瓮、敛口广肩罐数量较多，有喇叭口罐、尖底罐、尖底盏、盆等。
上汪家拐遗存			上汪家拐遗址下层、青羊宫遗址	战国时期遗存	略

资料来源：江章华、颜劲松、李明斌《成都平原的早期古城址群——宝墩文化初论》，《中华文化论坛》1997年第4期。

（一）宝墩文化与三星堆一期文化的关系

宝墩文化与三星堆一期文化面貌基本一致，因此二者的关系受到学术界的广泛关注，多将三星堆一期文化与宝墩文化等同看待。有学者指出二者之间文化特征的相似性，如江章华等认为三星堆遗址最下层具有宝墩文化期的特征，如泥质陶居多，绳纹较多，以宽沿平底尊、喇叭口高领罐、镂空圈足和足缘齿状的泥质陶圈足等，在1963年月亮湾第③层和1980年⑥⑧层均有体现，有些可早至宝墩文化一期。[1] 王毅等人也认同三星堆一期遗存与宝墩村非常相似，但三星堆遗址第一期遗存由于公布材料太少只能作为一个整体看待，可能略晚于宝墩村遗址第2段。[2] 陈显丹等指出，"其特点和文化内涵是基本一致的，换言之，宝墩诸遗存与三星堆遗存应属同一文化内涵"，但他不赞成将宝墩文化作为"一个独立的全新的考古学文化"，作为"新文化命名是值得商榷的，它应归属于三星堆文化'宝墩期'（类型）"。[3]

李明斌明确提出使用"宝墩文化"的名称来取代"三星堆一期文化"，他认为"三星堆第一期文化遗存，包含月亮湾遗存第一期的遗物均较单一，遗迹现象甚少，不足以反映遗址考古学文化遗存的基本特征，而且其年代也只是其中的某一个时期，不宜将其视为典型遗存"，他进而在

---

[1] 江章华、颜劲松、李明斌：《成都平原的早期古城址群——宝墩文化初论》，《中华文化论坛》1997年第4期。
[2] 王毅、孙华：《宝墩村文化的初步认识》，《考古》1999年第8期。宝墩村遗址发掘简报将遗址划分为3段，本文作者提议划分为2段，此处应为文中提议的2段。
[3] 陈显丹、刘家胜：《论三星堆文化与宝墩文化之关系》，《四川文物》2002年第4期。

注释中指出,"边堆山遗址位于四川盆地北部的丘陵地区,与成都平原不属一个地理单元,其除了与三星堆第一期文化遗存有联系外,还有较独特的文化面貌,在边堆山遗址发掘资料尚未正式公布之前,探讨三星堆遗址第一期文化遗存和边堆山遗址的关系的条件还不具备",所以,他认为"宝墩文化能够弥补这些不足……因此以宝墩文化的名称来涵盖和取代三星堆一期文化是合理的"。[1] 尽管这一争论持续不断,宝墩文化还是作为一种考古学文化得以使用,2006年,"长江上游古文化与中国文明起源"课题组提出了"长江上游考古学文化序列",即宝墩文化—三星堆文化—十二桥文化—巴蜀文化四个阶段,但未对具体年代加以阐释[2]。

不过,也有学者认为三星堆一期文化与宝墩文化可能是既有联系又有区别、各有中心地区、又在时间上有些重叠的两个文化类型。[3] 陈德安后来对二者的关系提出了新的见解,提议将岷江冲积扇的遗存称为"宝墩文化",将沱江冲积扇上的三星堆一期遗存称为"三星堆一期文化",不过依然重申"两者之间文化面貌基本一致"。[4]

近些年,有学者采取折中的办法,以二者并列的形式来指称成都平原这一先秦文化。万娇等论及成都平原先秦文化发展序列时,使用"三星堆一期文化(宝墩文化)"的表述[5],雷雨2019年的《一年成聚、二年成邑——关于三星堆一期文化的几点认识》一文也采用了这种表述[6]。针对"宝墩文化"与"三星堆一期文化"并用的局面,许宏指出,"宝墩文化"与"三星堆一期文化"两个名称表述一种文化的论争在学术界持续了较长时间,"宝墩文化"的上限更接近新考古资料所形成的新认识,"'一个文化'被分成'两支',各称其名,这对于一般研究者和公众来说,颇感困惑"。[7]

在有关三星堆一期文化与宝墩文化关系的相关研究中,受限于资料,三星堆一期文化的分期研究几乎没有,不过李伯谦指出其有分期的可

---

[1] 李明斌:《关于三星堆遗址第一期文化遗存的几个问题》,宋镇豪、肖先进主编《殷商文明暨纪念三星堆遗址发现七十周年国际学术研讨会论文集》,北京:社会科学文献出版社,2003年,第22—26页。
[2] 赵殿增:《三星堆考古新发现与古蜀文明新认识》,《四川文物》2017年第1期。
[3] 赵殿增:《三星堆考古新发现与古蜀文明新认识》,《四川文物》2017年第1期。
[4] 陈德安:《三星堆古城再认识》,《三星堆研究》第五辑,成都:巴蜀书社,2019年。
[5] 万娇、雷雨:《桂圆桥遗址与成都平原新石器文化发展脉络》,《文物》2013年第9期。
[6] 雷雨:《一年成聚、二年成邑——关于三星堆一期文化的几点认识》,《三星堆研究》(第五辑),成都:巴蜀书社,2019年,第1—20页。
[7] 许宏:《三星堆之惑》,郑州:郑州大学出版社,2022年,第62页。

能①。相对来看，宝墩文化的研究较为深入，这可能与其遗存遗物的丰富性相关，形成了宝墩文化四期发展的看法，并基本为学术界所接受。有关宝墩文化第四期，尤其是鱼凫村三期遗存的探讨，对于认识三星堆一期文化与宝墩文化的关系有着独特且重要的价值。

（二）三星堆遗址分期研究中有关三星堆文化的上限再认识

三星堆文化起止年代的判定，是三星堆遗址分期研究的重要基础，而对于三星堆文化起止年代的判定，除了要参考三星堆考古发现和研究取得的新成果，同时也需要对与三星堆文化相关的文化有所关注，尤其是随着三星堆文化断代主要参考对象的二里头文化的年代更新，可能会推动关于三星堆文化整体年代的重新思考。

对于三星堆一期文化（宝墩文化）与三星堆文化之间的缺环，学者们提出二者之间应该有另一个阶段的考古学文化存在。宝墩文化四期同时包含了宝墩文化前三期的文化因素和三星堆文化的相关因素，因此成为学术界探讨三星堆文化形成时间的重要突破口。于孟洲等认为"宝墩文化四期恰处于三星堆文化形成前的变革阶段，也是文化因素整合与创新阶段"，他们着重探讨了三星堆遗址中的宝墩文化四期（又称"鱼凫村文化"）遗存仁胜村土坑墓，认为这是一处高等级墓葬，"墓主具有较高的获取玉石器等高等级物品的能力，说明其掌握对外交往和高等级物品的生产、贸易与分配权力"，因而"三星堆人群崇尚宗教和祭祀的社会风气现在通过仁胜村墓地等的发掘，可以向前追溯至宝墩文化阶段"。②冉宏林试图探讨仁胜村墓地出土器物的组合形式，认为该墓地"相对较为单纯"；黑曜石珠、象牙和兽骨是这一时期的常见随葬品，人们"对这三种随葬品在墓葬中的寓意有着较为固定的认识"；随葬品的多寡更多体现了等级的差异。他进一步将仁胜村墓地与同时期宝墩文化的其他墓地进行比较，认为三星堆文化对宝墩文化第四期有明显的继承关系。这一时期，成都市区周围没有发现宝墩文化的城址，但三星堆遗址却出现了大型柱洞式建筑和面积庞大的夯土台面，遗址分布面积达5平方千米，"此时的三星堆遗址应该是成都平原的中心，也即是说，至迟从第四期开始，宝墩文化的聚落中心已经迁移至沱江流域"，这种变换产生的原因除了有文化的变迁，更重要的是人群的变动。他据此指出，原宝墩文化第四期已不宜再称为宝墩文化，而

---

① 李伯谦：《对三星堆文化若干问题的认识》，北京大学考古系编《考古学研究》（三），北京：科学出版社，1997年，第85页。
② 丁孟洲、李泱泱：《三星堆文化兴起前成都平原的文化与社会》，《文史知识》2021年第10期。

应另行命名。① 这一提法与李明斌所持观点大致相同，李明斌早前就通过分析鱼凫村三期文化遗存相对于宝墩文化的独特性，提出将其命名为"鱼凫村文化"。②

2021年，雷雨提出了三星堆遗址"新二期"文化遗存，这一遗存与温江鱼凫村遗址第三期文化遗存陶器群的文化面貌几乎完全相同，在时间序列上介于三星堆一期和二期之间（距今4100—3900年），不仅弥补了三星堆遗址分期和文化演变序列中的缺环，还基本上解决了新石器时代文化遗存与青铜时代文化遗存陶器群的渊源和传承关系。这组文化上承新石器时代，下启青铜时代。在此基础上，雷雨提出了三星堆遗址五期发展的观点。③ 这一成果不仅丰富了三星堆文化分期研究，更为三星堆文化内涵的研究提供了十分宝贵的资料和思考。邓淑苹从玉器研究的视角析分出月亮湾文化。她认为三星堆遗址月亮湾燕家院子大坑玉石器和真武仓包包祭祀坑所出、相当于二里头文化时期的遗存与三星堆地点出土的遗存有时间和谱系上的间隔，应不属于同一考古学文化，建议将其从以两个祭祀坑为代表的三星堆文化中剥离出来，单独析分出大致相当于二里头文化期的月亮湾文化。④

无论是三星堆遗址"新二期"文化遗存的研究、还是月亮湾文化的探讨，学者们都在努力运用已有材料，探寻三星堆一期文化（宝墩文化）与三星堆文化之间存在的那个缺环具体所指。至于鱼凫村文化、三星堆新二期与月亮湾文化之间的关系，尚需要展开进一步的研究，对其研究的开展有望进一步明确三星堆文化的内涵。

近几年，对于三星堆文化的开端研究，学术界提出了一种新的思路，即三星堆青铜文化开始于三星堆遗址青铜出现的开端。至于三星堆青铜的出现，学者们之间又有不同的看法。许杰从青铜牌饰非本地青铜的起源入手论证，指出三星堆出土的四件铜牌饰与三星堆器物坑所出青铜器缺乏关联，"也未对成都平原的文化和社会构成影响，因而不能以它们的传入

---

① 冉宏林：《由三星堆遗址仁胜墓地看宝墩文化早晚之变》，《中国社会科学院大学学报》2022年第10期。
② 李明斌：《再论温江鱼凫村遗址第三期文化遗存的性质》，《华夏考古》2011年第1期。
③ 雷雨：《浅析三星堆遗址"新二期"文化遗存——兼谈"鱼凫村文化"》，《四川文物》2021年第1期。
④ 邓淑苹：《万邦玉帛——夏王朝的文化底蕴》，中国社会科学院考古研究所编《夏商都邑与文化》（二），北京：中国社会科学出版社，2014年。

作为当地青铜时代的开端"①。施劲松也提出,三星堆出土铜牌饰"不构成当地铸造青铜器的起始时代早于公元前13世纪的证据"②。他认为三星堆器物坑出土青铜器群的生产和使用标志着成都平原进入了青铜时代,但这批青铜器的时代为殷墟时期,则目前所划分的三星堆文化有一段时间为前青铜时代,"换言之,三星堆文化跨越了石器时代和青铜时代"③。他明确指出:"关于三星堆文化的开端,主流的看法是相当于二里头文化时期。……这类认识的主要依据即是三星堆出土的零散铜器、玉璋、陶盉等与二里头文化的同类器相近。但三星堆文化既然是一种青铜文化,就只能开始于青铜时代,一个考古学文化不应跨越新石器时代和青铜时代,成都平原青铜时代的开端就是三星堆文化的开始,大约相当于公元前13世纪中叶或稍早。"④上述对于三星堆文化上限的探讨,体现了对新材料的充分重视,为学术界认识三星堆文化的内涵研究提供了多角度的思考。

（三）三星堆遗址分期研究中三星堆文化下限的探讨

随着考古工作的推进,三星堆文化的下限也被重新认识。尤其是三星堆遗址3—6号坑发现后,发掘者基于"三星堆遗址祭祀区内8座坑的年代晚至殷墟文化第四期甚至西周早期"的认识,进一步认识到"三星堆一直作为古蜀国都城的年代下限也相应后延"。⑤ 十二桥遗址发掘于1985年底至1988年,其早期遗存中发现了大量三星堆遗址的同类陶器A组陶器小平底罐、高柄豆、盉、瓶、壶、鸟头形柄勺、尊形器、觚、细柄等属于三星堆文化的典型陶器。B组陶器尖底杯、尖底盏、尖底罐、喇叭口罐、高领罐、盆、钵等,B组陶器基本不见于三星堆文化。⑥ 以此为基础,学者们围绕十二桥遗址早期遗存与三星堆遗址的相关遗存展开了一系列探讨。

一种观点认为,三星堆文化与十二桥文化密切相关,且十二桥文化基本衔接三星堆文化。宋治民的早期蜀文化分期中,十二桥10层以下的早中期文化为西周后期遗存,晚于三星堆第二、三期的商代遗存,甚至晚于月亮湾上层、羊子山土台基址上层西周前期的文化遗存。⑦ 孙华在对三星

---

① 许杰:《三星堆文明的青铜铸造技术》,国家文物出境鉴定四川站、四川大学博物馆编《四川文物精品·青铜器》,成都:巴蜀书社,2021年。
② 施劲松:《论"三星堆—金沙文化"》,《考古与文物》2020年第5期。
③ 施劲松:《三星堆文化的再思考》,《四川文物》2017年第4期。
④ 施劲松:《中国青铜时代的三星堆》,《中国社会科学》2023年第1期。
⑤ 三星堆遗址祭祀区考古工作队等:《四川广汉市三星堆遗址祭祀区》,《考古》2022年第7期。
⑥ 四川省文物考古研究院、成都文物考古研究所编著:《成都十二桥》,北京:文物出版社,2009年,第133页。
⑦ 宋治民:《早期蜀文化分期的再探讨》,《考古》1990年第5期。

堆遗址进行分期时，认为第三期遗存"在三星堆遗址已不占主导地位，而在成都市区故郫江两岸却有广泛的分布"，十二桥遗址在这类遗址中公布的材料最多，也最具有代表性，提议命名此类遗存为"十二桥文化"，并将其作为一种考古学文化运用至三星堆遗址的分期研究中。他提出十二桥文化的年代范围为殷墟文化时期的第一期（后段）至第三期，基本衔接三星堆遗址的第二期（三星堆文化）。[1] 江章华也认为"十二桥文化是紧接三星堆文化发展而来的"，表现为高柄豆、小平底罐、鸟头柄勺、瓶、壶等均是三星堆文化的典型器，但其器物群已经发生大的变异，提议将十二桥遗址Ⅰ、Ⅱ区13—10层陶器为代表的文化遗存命名为"十二桥下层文化"，新一村第8—6层陶器为代表的遗存命名为"十二桥上层文化"。[2] 后来他又使用了十二桥文化的概念，将十二桥文化的分期表述为一期和二期，但包含地层和所属年代均延续了此前的观点：一期年代在殷墟三期至西周早期，二期年代为西周后期至春秋前期。[3] 十二桥遗址发掘报告则认为第13—10层的商周时期文化遗存分为早晚两期，早期（第13、12层）时代相当于殷墟第三、四期，晚期（第11、10层）时代为西周早期。十二桥遗址早期出土的尖底盏、高领罐、筒形器座等与三星堆一号坑的同类器相近，推测"十二桥遗址早期的年代应与三星堆一号坑的下埋年代相近"。[4] 马兰认为成都金沙遗址郎家村精品房地点早于此前学界探讨的十二桥文化一期，属于十二桥文化的早期阶段，该遗存为三星堆文化至十二桥文化的过渡时期。[5] 于孟洲等专文探讨了成都平原与十二桥文化精品房遗存相似的同类遗存，认为这类遗存体现了文化重组过程的特点，体现在陶器上就是在接受大量三星堆文化因素的前提下，分层次吸收融合形成具有自身特色的陶器组合，很难将其与三星堆文化归为同一种考古学文化。[6] 上述研究"虽然对十二桥文化的分期和年代有不同的意见，但基本的认识是：成都平原的十二桥文化由三星堆文化发展而来"[7]。

也有学者认为十二桥文化与三星堆遗址属于同一种考古学文化，二者

---

[1] 宋治民：《早期蜀文化分期的再探讨》，《考古》1990年第5期。
[2] 江章华：《成都十二桥遗址的文化性质及分期研究》，四川大学考古专业编《四川大学考古专业创建三十五周年纪念文集》，成都：四川大学出版社，1998年，第146—164页。
[3] 江章华、王毅、张擎：《成都平原先秦文化初论》，《考古学报》2002年第1期。
[4] 四川省文物考古研究院、成都文物考古研究所编著：《成都十二桥》，北京：文物出版社，第131—132页。
[5] 马兰：《金沙遗址郎家村"精品房"地点文化遗存初步研究》，《四川文物》2011年第3期。
[6] 于孟洲、吴超明：《十二桥文化早期遗存初论》，《考古学报》2019年第2期。
[7] 施劲松：《十二桥遗址与十二桥文化》，《考古》2015年第2期。

是前后相承的发展过程。前述宋治民对早期蜀文化的分期,将三星堆文化和十二桥文化统称为早期蜀文化。① 罗二虎认为三星堆文化从新石器时代延续到春秋早期,包含了三星堆遗址和十二桥遗址。在李伯谦对三星堆文化的分期中,十二桥遗址被归入三星堆文化的第二、三期,时代为殷墟一期至西周早期。② 徐学书则从金沙遗址出土的大量与三星堆文化一脉相承的青铜器和玉石器入手展开分析,认为三星堆遗址与金沙遗址是"同一个文化连续发展的早、晚两个时期在两个邻近地区留下的两处与古代王国都邑有关的文化遗存",二者相同阶段的遗存在文化命名上应当统一,建议称其为"三星堆—金沙文化"。他进一步将"三星堆—金沙文化"发展过程细分为三星堆一期至四期、金沙期,并认为三星堆四期时代为西周晚期至春秋时期。③ 徐学书探讨的三星堆文化显然是涵盖了三星堆遗址所有遗迹和遗物,与前述学者提出的三星堆文化仅包含三星堆遗址二、三期有区别。施劲松也使用了"三星堆—金沙文化"的提法,理由是二者拥有相同的价值体系和知识体系。李复华虽然认为二者有密切关系,但提出三星堆遗址与金沙遗址先后相承,属于两个时期的文化。④ 施劲松赞成将三星堆遗址和金沙遗址的青铜时代遗存称为"三星堆—金沙文化",认为三星堆文化和十二桥文化的差异在于发展阶段的不同,反映出青铜时代成都平原的政治中心发生了三星堆向金沙的迁移。⑤ 朱乃诚认为"三星堆文明"和"金沙文明"前后承袭发展,前者大致相当于中原地区的商王朝时期;后者则为整个西周时期。⑥

总的来看,三星堆遗址的分期研究与"三星堆文化""宝墩文化""桂圆桥文化""鱼凫村文化""金沙文化"等考古学文化概念的提出息息相关。事实上,20世纪60年代开始,考古学者已经关注到三星堆文化的分期问题,但受限于资料,没有具体展开阐释。1980年以后,随着三星堆遗址以及成都平原相关考古资料的日益丰富,有关三星堆遗址的分期研究逐渐开展。到了20世纪90年代中期以后,随着"宝墩文化""三星堆一期文

---

① 宋治民:《早期蜀文化分期的再探讨》,《考古》1990年第5期。
② 李伯谦:《对三星堆文化若干问题的认识》,北京大学考古系编《考古学研究》(三),北京:科学出版社,1997年,第85页。
③ 徐学书:《论"三星堆—金沙文化"及其与先秦蜀国的关系》,《考古学与民族学的探索与实践》,成都:四川大学出版社,2005年,第19—20页。
④ 李复华:《从三星堆、金沙遗址出土文物看蜀文化大转移的政治意义》,《中国历史文物》2003年第5期。
⑤ 施劲松:《论三星堆—金沙文化》,《考古与文物》2020年第5期。
⑥ 朱乃诚:《论三星堆文明与金沙文明的关系》,《中原文化研究》2022年第5期。

化""三星堆文化""十二桥文化""金沙文化""桂圆桥文化"等考古学文化探讨的深入，对于三星堆文化内涵的认识也更为深化，对于全面强化三星堆遗址的分期研究，以及探索三星堆遗址在成都平原先秦文化序列中的地位都有极大的推动作用。进入21世纪，三星堆遗址考古工作的大量开展和大量考古资料的出现，引发了关于三星堆遗址分期研究的新的探讨。结合新的考古资料，在新的视野下对三星堆文化上限与下限的深入研究，为我们进一步深入认识三星堆文化的内涵提供了更为全面的视角。

第二节 三星堆文化起源研究的阶段性特征

三星堆文化的起源研究是中华文明探源工程的重要组成部分，认识三星堆文化的来源，对于进一步深化中华文明多元一体格局的形成具有十分重要的价值和意义。三星堆文化的起源研究，与三星堆遗址考古工作的开展同步进行。随着三星堆遗址考古发掘工作的深入和考古成果积累日益增多，有关三星堆文化来源的探讨日益成为学界关注的重点，相关研究成果也渐次增加，形成了有关三星堆文化起源的不同认识。本节拟在大的学术背景下，对与三星堆文化起源相关的成果展开研究，观察三星堆文化起源研究的阶段性特征，探讨不同阶段性特征出现的背景和原因。在此基础上，探索下一步开展三星堆文化起源研究的路径和方法。依据已有研究，本节的探讨拟按照研究进展分为三个阶段，第一阶段为三星堆文化发现之初至三星堆遗址1、2号器物坑发现之前，三星堆文化起源研究的萌芽与初步尝试；第二阶段为三星堆遗址1、2号器物坑发现至2019年3—8号坑发现之前，三星堆文化起源研究的深入开展；第三阶段为三星堆遗址3—8号坑发现至今，三星堆文化起源研究的新进展。

一、三星堆文化起源研究的萌芽与初步尝试

三星堆文化起源研究萌芽于三星堆遗址考古发掘工作之初，相关研究均指向广汉出土遗物与中原早期出土遗物的比较研究，并充分认可其相似性。到了20世纪50年代之后，随着考古调查工作的陆续开展以及相关科学考古工作的推动，学术界开始对三星堆文化起源的相关问题进行了初步的尝试，取得了一定的成果。

（一）民国时期考古工作的开展与三星堆文化起源研究的萌芽

三星堆遗址科学考古发掘工作始于1934年。首次科学考古工作由华西协合大学博物馆馆长葛维汉主持，林名均作为其助手参与了相关发掘工

作，从郭沫若给林名均的回信可知，发掘过程中，不仅拍了照，还绘制了器物图形。发掘结束后，葛维汉在《华西边疆研究会杂志》发表了发掘报告《汉州（广汉）发掘简报》[①]，林名均也于1942年发表了《广汉古代遗物之发现及其发掘》[②]的文章。这两篇立足于三星堆遗址第一次科学发掘而形成的考古报告，较为全面地展示了三星堆遗址第一次考古发掘的成果，更为重要的是，两篇文章都对三星堆遗址的出土器物与同时期其他区域的早期文化遗存进行了比较，其中主要是与中原出土同时期器物的比较研究。

在《汉州（广汉）发掘报告》中，葛维汉记载了安特生（J.G.Andersson）和郭沫若对于广汉文化与中原文化的关系的看法。在安特生看来，"广汉和河南仰韶的出土物极相似。……在两个遗址里，没有发现金属器物或符号文字。其重要的区别在于仰韶遗址中出土有彩陶，而广汉遗址则未发现"。郭沫若在信中大致表达了同样的观点，"在广汉发现的工艺品，如方玉、玉璧、玉刀等，一般与华北和中原地区的出土器物极相似。这就证明，西蜀（四川）文化很早就与华北、中原文化有接触"。前述两位学者强调了广汉出土器物与河南出土器物存在相似性。葛维汉的认识，则在此基础上更进一步。同是这篇文章中，葛维汉指出"汉州文化与华北和中原地区已知的新、旧石器时代文化之间的联系与传播很清楚地看到证据。广汉的非汉族人民受华北和中原地区的早期文化影响颇深，或者是四川的汉人或汉文化比前人所定的时期还要早些"[③]，明确指出中原早期文化对广汉文化产生的影响。

至于林名均，他指出广汉遗物与中原所得者有若干相关相似之处，进而认为"四川与中原同为一系之文化，亦无不可。则广汉遗物对于吾国文化分布情形之研究上，实甚有贡献也"[④]。林名均的这一阐释，实际上已经涉及"汉州文化"的起源与形成问题。上述研究虽未明确涉及广汉出土器物的来源问题，但对广汉文化与中原早期文化相似性的反复确认，在字里行间实际上已经暗含了对三星堆文化来源的关注。

汉州文化与中原文化的关系被广泛关注，与这一时期中国考古学的

---

① ［美］葛维汉：《汉州（广汉）发掘简报》，沈允宁译，陈宗祥校，李绍明、周蜀蓉选编《葛维汉民族学考古学论著》，成都：巴蜀书社，2004年，第196—197页。
② 林名均：《广汉古代遗物之发现及其发掘》，《说文月刊》第3卷第7期，1942年。
③ ［美］葛维汉：《汉州（广汉）发掘简报》，沈允宁译，陈宗祥校，李绍明、周蜀蓉选编《葛维汉民族学考古学论著》，成都：巴蜀书社，2004年，第196—197页。
④ 林名均：《广汉古代遗物之发现及其发掘》，《说文月刊》第3卷第7期，1942年，第100页。

发展有着较大的关系。20世纪二三十年代之交是中国本土考古学发展的初始阶段，1926年"中国考古学之父"李济发掘山西夏县遗址，1928年中央研究院历史语言研究所发掘安阳殷墟遗址，相关的考古发掘工作为汉州文化提供了可资比对的文物资料，故而，汉州文化第一次科学发掘的成果多被拿来与仰韶和殷墟文化作对比研究。由于汉州文化出土器物类型较为单一，仅发现玉石器和陶器，加之考古学工作刚刚起步，获取的信息比较有限。有关广汉出土遗物的来源问题，限于文献和考古材料，仅是简单提及，并未能开展深入系统的研究，也未对这一文化现象的价值有充分的估量和认识。这一时期有关汉州文化与中原文化比较研究的成果，还没有在学术界引发太大的影响。

汉州文化研究的开展受到了近现代中国学术变革的影响。中国文化起源研究、中国考古学的发展和中国地域文化研究的兴起，共同催生和推动了广汉出土遗物的研究。与此同时，广汉出土遗物及其相关研究的开展，也反过来促进了中国文化起源研究和巴蜀地域文化的发展。18世纪后半期部分学者对中国文化为世界文化之渊源的质疑①，拉开了近代中国文化起源研究的序幕。林惠祥《中国文化之起源与发达》一文总结了西方汉学界关于中国文化来源的诸种说法，列举了巴比伦说、埃及说、印度说、印度支那说（缅甸）、中亚西亚说、新疆说、甘肃说、土耳其族说、蒙古说、新西来说（安特生提出）。②在此背景下，民国学人纷纷撰文，回应近代西方汉学界关于中国文化起源于本土的各种质疑。

这一时期对于中国古代文化起源的讨论，多是基于中国早期的传说古史展开的，"古史辨运动"是其中十分重要的组成部分。古史辨运动对传说时代中国古史的探讨，客观上促进了中国文化起源研究的发展，引发了学术界关于传说古史的大讨论，有关巴蜀传说古史的成果也纷纷问世，如吴致华《古巴蜀略考》③、马培棠《巴蜀归秦考》④、钟凤年《论秦举巴蜀之年代》⑤、顾颉刚《古代巴蜀与中原的关系及其批判》⑥等均从古史展开了论述。古史辨对于中国文化起源研究的作用，顾颉刚总结得十分精辟，

---

① [日]桥木增吉著：《中国文化之起源》，钟英译，《真知学报》第3卷第1期，1943年，147页。
② 林惠祥：《中国文化之起源与发达》，《东方杂志》第34卷第7期，1937年，178—180页。
③ 吴致华：《古巴蜀略考》，《史学杂志（成都）》第2期，1930年，第45—59页。
④ 马培棠：《巴蜀归秦考》，《禹贡》第2卷第2期，1934年，第2—6页。
⑤ 钟凤年：《论秦举巴蜀之年代》，《禹贡》第4卷第3期，1935年，第9—11页。
⑥ 顾颉刚：《古代巴蜀与中原的关系说及其批判》，《中国文化研究汇刊》第一卷，1941年9月，第173—231页。

认为"我的现在的研究仅仅在破坏伪古史的系统上面致力罢了"①，并对李玄伯提出的"古史问题的唯一解决方法"是"努力向发掘方面走"十分赞同②。对此，李伯谦指出，"没有'古史辨'运动对旧古史体系的破坏，就不会有建设新的信史、重建中国上古史任务的提出"③。

20世纪20年代后期，中国考古学由西方人主导逐渐转向中国自主考古学工作的开展。中国自主考古学的开展与中国文化起源的研究密切相关，是救亡图存背景下追寻中华文化价值的重要举措。诚如张光直所言："假如没有考古学（即现代考古学），就根本没有中国的史前史，中国的上古史也不完全。"④考古学对于中国文化起源研究的重要作用，于此可见一斑。广汉考古工作的开展，对于探寻巴蜀地区早期文化的起源与形成，有着十分重要的作用。但也需要注意，由于当时考古工作开展较少，可资与广汉出土遗物比对的考古成果仅限于中原地区出土的同类器，因此，有关三星堆文化起源研究的萌芽阶段，仅仅聚焦于对中原同时期文化的关注。

（二）20世纪50年代至1986年三星堆文化来源研究的初步尝试

这一阶段，随着国家基本建设的大规模开展，有关三星堆遗址的考古调查开展较多，而科学考古发掘工作较少。1953年，为配合宝成铁路建设，西南博物院开展了广汉中心乡打鳅田试掘工作；1956年，四川省博物馆对月亮湾横梁子、三星村三星堆，以及与三星堆遗址有关的新繁水观音遗址展开了调查，初步了解了三星堆遗址的堆积状况，相关成果于1958年刊发⑤；1958年四川大学历史系考古教研组对鸭子河、马牧河之间长3000米左右的台地及三星堆附近进行的调查，相关成果也较快以简报的形式刊登⑥。

关于这一阶段的考古发掘工作，以1963年四川大学冯汉骥教授带领学生在月亮湾燕家院子的发掘规模较大；1980—1982年，四川省文管会、四川省博物馆和广汉文化馆先后主持了三星堆遗址的调查和试掘；1982—1984年进行过多次小规模的考古发掘；至于1986年3—5月联合考古队对三

---

① 顾颉刚：《古史辨》第一册《自序》，上海：上海古籍出版社，1982年，第50—51页。
② 顾颉刚：《答李玄伯先生》，《古史辨》第一册，上海：上海古籍出版社，1982年，第276页。
③ 李伯谦：《中国古代文明起源与形成研究的回顾与展望》，《郑州大学学报（哲学社会科学版）》2003年第3期。
④ 陈星灿：《中国古代金石学及其向近代考古学的过渡》，《河南师范大学学报（哲学社会科学版）》1992年第3期。
⑤ 王家祐、江甸潮：《四川新繁、广汉古遗址调查记》，《考古通讯》1958年第8期。
⑥ 四川大学历史系考古教研组：《广汉中兴公社古遗址调查简报》，《文物》1961年第11期。

星堆遗址Ⅰ、Ⅱ、Ⅲ区开展的发掘工作等，发掘者认为这次发掘"揭示了三星堆遗址距今5000年至3000年间的沧桑史"，"也检验了1980年以来发掘的所有资料和时代的推断"。①

较为遗憾的是，这几次发掘的成果面世较晚或至今未见相关成果发布。如1963年考古发掘的成果由于某些原因未能及时发布而造成资料流失，1979年，冯汉骥、童恩正发表《记广汉出土的玉石器》一文②。至于1980—1982年的发掘工作，从沈仲常、黄家祥《从新繁水观音遗址谈早期蜀文化的有关问题》一文的注释中引用《三星堆遗址发掘报告》的相关内容来看③，似乎在1984年发掘简报已初成，至1987年方得以见刊。欣慰的是，依托本次发掘成果提出的"三星堆文化"这一考古学文化概念，对三星堆文化的研究起到了非常重要的推动作用，正如我们在第一节所提出的，三星堆内涵的确立是我们开展三星堆文化探源工作的重要基础。

之所以以较大的篇幅细致梳理本阶段的考古发掘工作，是由于有关三星堆遗址的考古工作回顾类文章，为我们提供了相关工作所取得的成果信息，包含探讨三星堆文化起源研究的非常重要的资料，部分弥补了相关考古发掘成果未能及时见刊的遗憾。这其中就包括1980—1982年发掘工作中发现的18座房址、3个灰坑、4座墓葬，以及大量的陶器、玉器和石器；1984年西泉梁子出土的陶石器、房屋基址、红烧土遗址、石璧的成品和半成品等；1984年底至1985年10月调查发现的三星堆古城的东、西城墙；这次发掘出土了大量的玉器、石器、动物雕塑以及房址和灰坑等，1986年3—5月联合发掘出土的40座房址、109个灰坑，以及大量的玉器、石器、动物雕塑等。④ 这些遗址及遗物为后续从多角度展开对三星堆文化来源的探讨提供了重要的资料支撑。

尽管资料有限，这一时期还是有学者对三星堆文化相关出土器物的来源进行了一些探讨，探讨主要集中于两个方面，一是三星堆文化是否为本土文化，二是三星堆文化与中原文化的关系问题。学者们围绕三星堆出土玉石器与中原礼器间的关系展开的探讨较多。四川大学历史系考古学教研组认为"陶器上的云雷纹，是中原殷周铜器上最常见的纹饰，石器中璧、

---

① 陈显丹：《广汉三星堆大事记（1929~2000.2）》，《中华文化论坛》2001年第1期。
② 冯汉骥、童恩正：《记广汉出土的玉石器》，《四川文物》1979年第2期。
③ 沈仲常、黄家祥：《从新繁水观音遗址谈早期蜀文化的有关问题》，《四川文物》1984年第2期。
④ 陈显丹：《广汉三星堆大事记（1929~2000.2）》，《中华文化论坛》2001年第1期。

圭、璋等礼器，亦为中原周代遗物作风"①，较早将三星堆出土遗物与中原礼器联系起来进行思考。冯汉骥、童恩正也提出广汉出土玉琮、玉钏和陶器上的云雷纹均见于中原夏商文化，充分肯定了四川与中原的密切联系，指出"广汉玉石器的出土，说明蜀国的统治者早在西周时代即已有了与中原相似的礼器、衡量制度和装饰品"②。在《古代的巴蜀》一书中，童恩正进一步指出，广汉中兴公社发现的两坑玉石器，数量达三四百件，其中石璧，玉质的斧、璋、琮等，属于中国古代礼器的范围，是等级制度的象征。他结合《周礼·春官》"以苍璧礼天，以黄琮礼地"的记载，以及广汉出土的琮在形制上与中原殷周时代墓葬中所出一致的情形，推测"其功能也应相近"。③这一推测不同于郑德坤将广汉出土玉石礼器作为祭祀岷山山神圣地之用④，而是首次将其与中原商周礼制联系起来，开了从等级制度入手开展相关研究的先河。

沈仲常、黄家祥将广汉古遗址和新繁水观音遗址看作具有四川本地特征的早期古蜀文化代表，认为其时代从夏商之际延续到春秋战国，以陶小平底器、尖底器、圈足器、喇叭形器、鸟头勺把、石璧等为特点，影响范围除成都平原外，还扩展至南充、汉源等地。他们突破了此前研究中单纯对相似文化因素进行比较的局限，开始对广汉文化与中原夏商文化间相似文化因素进行了分阶段的讨论，对其出现的原因进行简单的推测。他们认为广汉出土的陶盉、高柄豆与二里头遗址的同类器在形制上的相似，反映出广汉文化与中原夏文化之间的联系是没有间断的，但同时强调三星堆遗址并非夏文化，其主要的文化特点不是夏文化的特点、文化遗物也不是夏文化的遗物，因此，仅根据碳十四测定的广汉遗物的年代也约与夏相当，来认定广汉文化是夏文化或与夏文化为同一类型，其理论根据是不足的。结合徐中舒先生关于《夏商之际下民族的迁徙》对于夏民族在夏商之际向四面八方迁徙的论证，作者认为三星堆遗址出土有关夏文化遗物应与夏移民的迁徙有关；而从相当于中原商代的月亮湾遗址出土的玉斧、玉璋、玉圭、玉琮等不难看出广汉文化与夏商文化有交流并受其影响。⑤这一观点在其后有关三星堆文化的起源研究的成果中还有持续的讨论，在相关研究

---

① 四川大学历史系考古学教研组：《广汉中兴公社古遗址调查简报》，《文物》1961年第11期。
② 冯汉骥、童恩正：《记广汉出土的玉石器》，《文物》1979年2期。
③ 童恩正：《古代的巴蜀》，成都：四川人民出版社，1981年，第64—65页。
④ 郑德坤：《四川古代文化史》，成都：巴蜀书社，2004年，第57—62页。本书1946年初版，2004年收入《华西研究丛书》。
⑤ 沈仲常、黄家祥：《从新繁水观音遗址谈早期蜀文化的有关问题》，《四川文物》1984年第2期。

中产生了较大的影响。此外，林向也论证了三星堆遗址出土陶盉与中原同类器的相似性，他根据广汉三星堆遗址1980年、1981年的发掘，指出三星堆遗址早期陶器如高细柄豆与郑州上街出土同类物相似，封口的盉与二里头遗址早期出土的相似。①

这一阶段公布出来的考古材料在类型上虽然增加不多，但随着材料数量的增加，研究深度有所强化。研究多集中在对三星堆文化源头的探讨上，开始强调三星堆文化的本土性。此外，从中原夏商文化中寻找三星堆文化部分出土器物的来源，成为这一时期探源研究的重点领域。上述童恩正关于三星堆出土遗物所反映的青铜礼制的思考，沈仲常、黄家祥从民族迁徙的角度思考两地文化交流的原因，都启发了后来的研究。总的看来，在这20余年的时间里，有关三星堆文化的起源研究，并未有十分显著的进展。尽管三星堆遗址的相关调查和发掘工作，"已基本形成了三星堆遗址的整体概念，较之上一阶段只知发掘地下文物而不知遗址有了显著的进步"②。但由于考古发掘成果还未能大规模展示巴蜀地区早期文化的面貌，学术界对于"三星堆文化"的认识还处于较为初步的阶段，因此尚难以有条件对其文化的来源展开深入的探讨。

但也是这一时期，国内有关文明起源的研究发生了较大的变化。1978年以来学术界（考古学界、史学界）开始关注中国文明起源研究，对中国文明起源的时间与地域进行考察。20世纪80年代，中国文明起源研究尚处初步探索阶段，其特点仍然是考古探索为主导，在局部领域展开，并依据日益丰富的考古研究成果提出了重新估价中国古代文明，而最重要的是开始了从理论与具体个案的分析上进行系统研究。③在中国文明起源理论的探讨中，中国学者在借鉴吸收世界文明起源理论的基础上，结合中国早期考古的特征，探索出了具有中国特色的文明起源研究的一些范式和方法。中国文化起源研究的奠基人之一夏鼐在《中国文明的起源》中提出都市、文字和青铜器三个要素可以作为判定文明的三个主要标志。④这一论断在此后的中国文明起源研究中得到广泛应用，在此基础上，学界不断丰富文明起源的相关标志，礼仪祭祀中心也逐渐受到重视，成为文明研究的重要标志之一。对以文明要素作为文明标志的做法，在此后的研究中，较多学

---

① 林向：《周原卜辞中的"蜀"——兼论"早期蜀文化"与岷江上游石棺葬的族属之二》，《考古与文物》1985年第6期。
② 冉宏林：《三星堆遗址考古工作九十年》，《中华文化论坛》2023年第4期。
③ 朱乃诚：《中国文明起源研究的历程》，《史林》2004年第1期。
④ 夏鼐：《中国文明的起源》，《文物》1985年第8期。

者在肯定其价值的同时，对其局限性提出了较多的思考，并提出"国家的形成"[①]或"聚落遗址整体研究"等多种方法从多角度同步开展研究，以弥补其不足。

同期，苏秉琦从考古学角度提出中国史前文化区域的"区系类型理论"，在肯定黄河流域重要作用的同时，指出其他地区的古代文化也以各自的特点和途径在发展着，这其中就包括了以洞庭湖与四川盆地为中心的西南部。[②]苏秉琦"满天星斗"论提出后，从局部区域总结出来的"古文化、古城、古国模式被应用到若干区域的社会进程中去"，在此基础上，以多元的视角和方法来研究区域文明开始兴起，中国文化起源的相关研究开始进入新的阶段。[③]1987年4月，苏秉琦在成都广汉举行的"三星堆十二桥遗址考古座谈会"明确提出，从陶片看，"成都与广汉有时间跨度大体相同的阶段，约从五千年到三千年，上下可以串起来，成系统，有特征"，"巴蜀文化自成体系，特征不是表面的，而是内在的特征。……在这个基础上看两个坑和城，不妨说是看到了四川的古文化古城古国"。苏秉琦建议从区系和文明起源的高度，去探索各地古文明的进程和特征。[④]

"酋邦理论"也在这一时期引入中国。1983年，张光直在《中国青铜时代》一书中，运用塞维斯的"游团—部落—酋邦—国家"四个早期人类社会的演进阶段，结合中国当时的考古分期，认为中国自旧石器时代的游团阶段、仰韶文化的部落阶段、龙山时代的酋邦阶段，至三代开始进入国家阶段。[⑤]酋邦理论的引入为中国文明起源研究提供了新的视角。学术界进一步关注中国史前社会的演进、前国家时期的社会分层与结构等。[⑥]1986年，张光直提出了"相互作用圈理论"，指出不同区域文化之间在长时间的相互作用下，奠定了不同区域早期文明的基础。[⑦]

综上可知，20世纪80年代，有关文明起源的多种理论在国内学术界引

---

① 王振中：《中国文明与国家起源研究中的理论探索》，《中国社会科学院研究生院学报》2011年第3期。
② 苏秉琦、殷玮璋：《关于考古学文化的区系类型问题》，《文物》1981年第5期。
③ 徐峰：《区域文明起源研究的勃兴——从流行的两个表述说起》，《中国社会科学报》2022年12月28日。
④ 苏秉琦：《西南地区考古——在四川广汉三星堆遗址考古座谈会上的讲话》，《华人·龙的传人·中国人——考古寻根记》，沈阳：辽宁大学出版社，1994年，第16页。
⑤ 张光直：《中国青铜时代》，北京：三联书店，1983年，第49—52页。
⑥ 张宏彦：《由"酋邦"到"古国"——关于20世纪中国文明起源的理论与模式述评》，《西北大学学报（哲学社会科学版）》2013年第2期。
⑦ 张光直：《中国相互作用圈与文明的形成》，《中国考古学论文选集》，台北：台北联经事业出版公司，1995年。

发了热烈讨论，相关的文明起源理论被历史学家和考古学家用来阐释中华文明的起源，随着各区域考古工作的开展和考古资料的积累，不同区域早期文明的起源也纷纷进入学者视野，这也催生了三星堆1、2号器物坑发现以后，三星堆文化起源研究得以迅速、深入地开展。

二、三星堆文化起源研究的深入开展（1986—2018年）

三星堆1、2号器物坑的发现，石破天惊，一改三星堆文化起源研究踯躅不前的局面。三星堆1、2号器物坑出土的青铜器、金器、象牙等奠定了三星堆文化是中国青铜文明重要组成部分的地位。很快，三星堆遗址1、2号祭祀坑发掘简报见刊[1]。这一时期，此前开展的考古工作的成果也相继问世，为相关研究的开展提供了重要的资料。20世纪80年代后期至21世纪10年代，考古工作对三星堆遗址中城墙考古给予了充分的重视，大致确认了三星堆城址、大型建筑、小型祭祀场所，以及大量的出土遗物等，为三星堆文化内涵的确定提供了更为丰富多样的有力支撑，大量青铜器、象牙、金器、海贝等器物的出现，突破了此前考古发掘工作中仅有玉器、石器、陶器和铜器残渣的局限[2]，三星堆文化也因此成为先秦成都平原青铜文化的重要代表。

在此背景下，大批学者投入相关研究中，依托对考古成果的充分分析和文明起源理论的运用，不仅从宏观层面探讨三星堆文化来源的多元性，还依托具体器物从微观层面细致分析三星堆文化可能的来源。短时间内大批研究成果问世，三星堆文化起源研究迅速融入中华文化起源研究的浪潮中，并在其中发挥了十分重要的作用。

（一）不同器物所反映的文化因素来源及互动关系

从器物入手，探讨三星堆文化中各类不同器物文化源头的研究，自三星堆遗址发现之初，学者们已经有意无意地作出了一些尝试，尤其是随着20世纪50年代以来相关研究的深入，为20世纪80年代后期开始的文化因素

---

[1] 四川省文物管理委员会、四川省文物考古研究所、四川省广汉县文化局：《广汉三星堆遗址一号祭祀坑发掘简报》，《文物》1987年第10期；四川省文物管理委员会，四川省文物考古研究所，广汉市文化局、文管所：《广汉三星堆遗址二号祭祀坑发掘简报》，《文物》1989年第5期。

[2] 四川省文物管理委员会、四川省文物考古研究所、广汉市文化局文管所：《广汉三星堆遗址一号祭祀坑发掘简报》，《文物》1987第10期；四川省文物管理委员会，四川省文物考古研究所，广汉市文化局、文管所：《广汉三星堆遗址二号祭祀坑发掘简报》，《文物》1989年第5期；陈显丹：《广汉三星堆大事记（1929～2000.2）》，《中华文化论坛》2001年第1期。

来源的深化研究奠定了重要的基础。20世纪80年代后期至21世纪10年代，三星堆文化出土器物的类型日渐丰富，有关文化因素来源的研究大多从青铜器、陶器、玉石器、粮食作物、器物造型纹饰、技术工艺、宗教思想等不同的角度展开。需要说明一下，学者们对于相关器物的研究，部分立足于某一类器物展开讨论，也有不少学者集中论述多种器物的来源，为论述方便，本部分按照分类展开讨论。

1. 立足于青铜器所开展的相关研究

三星堆遗址出土的青铜器大致被区分为两种类型，一种为具有典型的本地文化特征的青铜器，如青铜人像、青铜神树、青铜面具等，另一种是与中原或长江中游相关文化有密切关系的青铜容器。鉴于具有典型本地文化特征的青铜器在四川平原早期的新石器文化中尚未发现其源头，在早于三星堆文化或与三星堆文化同时期的其他地方也未见生产相关的遗迹，对其来源暂不做讨论。本部分主要聚焦学者们立足于三星堆文化中青铜牌饰、青铜容器等相关器物的研究，通过三星堆文化的开端、礼仪制度以及传播路径等的考察，分析了中原商周文化、长江中游青铜文化在三星堆文化起源研究中所扮演的角色和地位。

（1）关于青铜牌饰的研究

三星堆遗址出土铜牌饰见于高骈器物坑1件和仓包包器物坑3件。较多的学者关注了三星堆铜牌饰与二里头文化之间的关系。从三星堆出土青铜牌饰所属时代问题入手探讨三星堆青铜文化的开端，是学者们关注的重点之一。赵殿增将高骈器物坑的时代认定为二里头文化晚期至二里岗下层文化阶段，相当于中原夏晚期商早期，由此他提出巴蜀地区的青铜器起源于夏末商初，三星堆的青铜文化是在夏文化的强烈影响下产生的。[①] 仓包包发掘报告详细记载了三件铜牌饰的形制，认为铜牌饰造型与二里头遗址基本相似，反映出二者文化上的密切接触和交流[②]；李学勤[③]、杜金鹏[④]、林向[⑤]等均持仓包包铜牌饰源自二里头遗址的看法。朱乃诚进而指出仓包

[①] 赵殿增：《三星堆与二里头铜牌饰研究》，宋振豪、肖先进主编《殷商文明暨纪念三星堆遗址发现七十周年国际学术研讨会论文集》，北京：社会科学文献出版社，2003年，第21—128页。

[②] 四川省文物考古研究所三星堆工作站、广汉市文物管理所：《三星堆遗址真武仓包包祭祀坑调查简报》，四川省文物考古研究所编《四川考古报告集》，北京：文物出版社，1998年，第78—90页。

[③] 李学勤：《从一件新材料看广汉铜牌饰》，《中国文物报》1997年11月30日。

[④] 杜金鹏：《广汉三星堆出土商代铜牌饰浅说》，《中国文物报》1995年4月9日。

[⑤] 林向：《蜀与夏——从考古新发现看蜀与夏的关系》，《中华文化论坛》1998年第4期。

包出土铜牌饰是由二里头遗址绿松石铜牌饰演变而来的。① 总的来看，较多的学者们认可二里头文化对三星堆遗址出土青铜牌饰的重要影响。不过，也有不少学者将三星堆出土牌饰出现的年代认定为商代。孙华认为三星堆文化镶嵌绿松石铜牌饰的年代可能在二里岗文化的后期或者更晚的二里岗文化向殷墟文化的过渡期。② 同样将三星堆出土铜牌饰确定为商代的还有杜金鹏③、王青、李慧竹④等。近几年，对仓包包器物坑的研究也将铜牌饰的年代指向了商代。于孟洲等提出仓包包埋藏坑的年代为商代前期或更晚一些⑤，傅悦、冉宏林通过对仓包包城墙新资料的运用，也将青铜牌饰出现的时代推定为相当于中原地区的二里岗上层至殷墟一期，即中商时期⑥。如此，则二里头文化对三星堆出土铜牌饰的影响，就需要重新考察。

  关于三星堆出土牌饰的来源，还有学者将其指向了我国西北地区。陈小三认为三星堆遗址出土的镶嵌绿松石铜牌饰与新疆哈密出土的铜牌饰有密切关系，可能起源于河西走廊，而这种相似性的产生，与河西走廊经由岷江、白龙江沟通四川有较大的关系。⑦ 施劲松认可这一看法，指出同时期三星堆遗址仅有这4件铜牌饰，且与三星堆后来的青铜器缺乏关联，可能是从西北传入成都平原的。他进而提出铜器生产技术也有可能沿着同样路线从北方传入，根据西亚作为冶金的起源地之一且与古代中国一直存在文化交流、甘肃张掖西城驿遗址的冶金中心、三星堆青铜器中的锻打技术、半月形文化传播带的沟通功能，加之岷江上游人群移动到成都平原等因素，均说明这一假设存在的可能。与此同时施劲松也结合三星堆与长江中游青铜制品的明显联系，认为不排除三星堆出土牌饰的制造技术受东方影响的可能性，提议将三星堆青铜器生产技术来源的考察，放在冶金术起源的大背景下来认识。⑧ 前述学术界对三星堆出土铜牌饰多种来源的思考，其背后的理路是将三星堆文化研究置于更为广阔的大背景下进行考察，这对于在宏观背景下更为客观地认识三星堆文化的内涵以及探寻三星

---

① 朱乃诚：《二里头绿松石龙的源流——兼论石峁遗址皇城台大台基石护墙的年代》，《中原文物》2021年第2期。
② 孙华、苏荣誉：《神秘的王国——对三星堆文明的初步理解和解释》，成都：巴蜀书社，2003年，第130—137页。
③ 杜金鹏：《广汉三星堆出土商代铜牌浅说》，《中国文物报》1995年4月9日第3版。
④ 王青、李慧竹：《国外所藏五件镶嵌铜牌饰的初步认识》，《华夏考古》2007年第1期。
⑤ 于孟洲、李潇檬：《也谈三星堆遗址的"祭祀遗存"》，《四川文物》2022年第6期。
⑥ 傅悦、冉宏林：《三星堆遗址仓包包祭祀坑再研究》，《中华文化论坛》2022年第6期。
⑦ 陈小三：《试论镶嵌绿松石铜牌饰的起源》，《考古与文物》2013年第5期。
⑧ 施劲松：《三星堆文化的再思考》，《四川文物》2017年第4期。

堆文化的源头具有十分重要的意义。

（2）关于青铜容器的研究

对三星堆出土青铜容器尊、罍来源的研究，目前大致指向两个主要区域。其一是从中原殷商文化中探寻其源头，相关研究或聚焦于尊、罍的器形纹饰展开探讨，或从铸造工艺入手研究，大都认可中原殷商文化在三星堆文化尊、罍的出现中扮演了十分重要的角色；其二是从长江中游地区对其铸造特征和铸造工艺展开讨论，对于两地同类器物的祖源研究也大多指向中原地区，但长江中游地区在其传播过程中也发挥了较为重要的作用。

1986年七八月间三星堆1、2号器物坑发现，同年11月召开"巴蜀的历史与文化学术讨论会"，与会学者提出三星堆出土铜尊与商周文化相似，而花纹杂乱，圈足由外侈变成微向内卷，等等。① 次年发表的器物坑发掘报告再次提出1号祭祀坑出土的器物中的青铜器、玉石器均与同时期中原商文化器物相似，如尊、罍、盘等青铜容器和商王朝统治区域内出土的商早期器物的形制、花纹基本一致，是蜀人在物质文化方面受到中原夏商文化影响的证据，也反映出三星堆文化在宗教意识、祭祀礼仪制度方面与商王朝的相近之处。② 2号坑发掘简报也认为出土尊、罍等礼器与中原殷文化区所出器形接近。③《三星堆祭祀坑》一书也详尽枚举了铜牌饰、铜尊、铜罍等深刻影响三星堆文化的夏商文明器物。④ 可以看出，三星堆青铜容器甫一出土，它在研究三星堆文化来源的研究中就受到了学术界的广泛关注。

不仅考古报告重点关注到三星堆出土青铜尊、罍所反映出的与中原文化的关系，学术界也对此展开了热烈的讨论。相关研究聚焦对青铜尊、罍等青铜容器形制和纹饰的考察，对三星堆出土尊、罍的文化属性和特征形成了一定的认识，更进一步讨论了中原殷商文化和长江中游青铜文化所发挥的作用。关于三星堆出土尊、罍的文化属性的探讨，形成了两种不同的看法，一是仿造中原器物但具地方特色，一是将其归入商文化系统。对这一问题的探讨，学者们使用了相同的材料，但由于角度不同而产生了一定

---

① 林向：《巴蜀史研究的新篇章——记"巴蜀的历史与文化学术讨论会"》，《社会科学研究》1987年第3期。
② 四川省文物管理委员会、四川省文物考古研究所、四川省广汉县文化局：《广汉三星堆遗址一号祭祀坑发掘简报》，《文物》1987年第10期。
③ 四川省文物管理委员会、四川省文物考古研究所、广汉市文化局、文管所：《广汉三星堆遗址二号祭祀坑发掘简报》，《文物》1989年第5期。
④ 四川省文物考古研究所编：《三星堆祭祀坑》，北京：文物出版社，1999年，第447页。

的分歧。林向认为其是仿照中原器物制作，不过具有强烈的地方色彩。①霍巍大致持相同看法，他枚举了铜罍、铜尊装饰上的殷商青铜器特征，如"铜罍的肩、腹、圈足部都装饰有凸弦纹、饕餮纹和云雷纹。尊的腹部饰有羽状云雷纹、圈足上饰有云缧（雷）纹组成的饕餮纹，并开十字形镂孔"，提出这反映了蜀地青铜文化在生产过程中继承了殷商传统，并在此基础上形成地方变体，因此可归入商文化系统。②宋治民也认可三星堆出土青铜容器从器形到纹饰均反映出其属于商周文化系统。③李学勤对饕餮纹进行了专门的研究，认为三星堆器物坑出土的同类器是与中原近似的青铜礼器，也证明了当地文化对中原文化的接受，不过他特别强调了蜀文化的自身渊源。④上述对三星堆出土青铜容器的研究，更多将三星堆青铜容器的器形和纹饰的来源指向中原商周时期的同类器，均认可中原夏商文化对三星堆文化产生的强烈影响。

同样是对三星堆出土青铜容器形制和纹饰的研究，张亚初、江章华、朱凤瀚先后观察到三星堆存在两种不同的青铜尊、罍，一类归入殷墟系统，如K2②：112、K2②：127，可能是从中原直接流入；一类在中原风格的基础上加以改造而形成独具自身特色青铜尊、罍。⑤可以看出，几位学者均认可中原商周文化在三星堆青铜容器的使用和生产过程中扮演了十分重要的角色。江章华进一步分析指出，三星堆模仿商文化青铜容器铸造的同类器，实际上反映了三星堆社会独有的宗教信仰，如在青铜容器肩部装饰立鸟、容器上横贯式样口的兽面纹等，均表明其在宗教活动中发挥着重要的功能。⑥上述分类观察进一步深化了三星堆文化的来源研究，从不同类别的形成可知，三星堆文化起源过程中对他文化的吸收在借鉴的基础上已经有了明确的改造意识，并最终实现为其所用的目的。

三星堆文化中的青铜尊、罍，在长江中游地区也有不少的同类器。相

---

① 本文为林向1987年1月18日在深圳首届中国酒文化研讨会上的报告，参见《蜀酒探源——巴蜀的"萨满式文化"研究之一》，四川大学博物馆、中国古代铜鼓研究学会编《南方民族考古》第一辑，成都：四川大学出版社，1987年，第73—85页。
② 霍巍：《广汉三星堆青铜文化与古代西亚文明》，《四川文物》1989年第S1期"广汉三星堆遗址研究专辑"。
③ 宋治民：《早期蜀文化与商周文明》，《四川文物》1997年第1期。
④ 李学勤：《三星堆饕餮纹的分析》，李绍明、林向、赵殿增主编《三星堆与巴蜀文化》，成都：巴蜀书社，1993年，第76—79页。
⑤ 张亚初：《论商周王朝与古蜀国的关系》，《文博》1988年第4期；江章华：《三星堆系青铜容器产地问题》，《四川文物》2006年第6期；朱凤瀚：《中国青铜器综论》，上海：上海古籍出版社，2009年，第1162—1165页。
⑥ 江章华：《三星堆系青铜容器产地问题》，《四川文物》2006年第6期。

关研究大多立足于对同类器物形制纹饰的考察，范勇认为二者之间在祖源方面具有相关性，通过对比三星堆2号坑出土尊、罍与湖南岳阳出土同类器的近似性，推测其设计风格可能源自湖南，以长江作为纽带进行联系，在此基础上，他提出"早蜀文化的渊源在江汉地区"①。这是较早对三星堆文化与长江中游青铜文化关系进行研究的成果。几乎同时，罗伯特也表达了类似的观点。②施劲松虽然也认可三星堆文化吸纳尊、罍这类青铜容器用于宗教祭祀的观念源于长江中游，但最终认为其还是源于商文化③，换句话说，长江中游在其中扮演了文化中转的重要角色。田建波专门分析了有鸟形饰的尊、罍等青铜容器，认为可能是从长江中游输入，或是根据长江中游的同类器仿制而成的④，为前述研究提供了新的证据。

对三星堆青铜容器的产地问题的研究，是探讨此类青铜器来源的重要角度之一。有学者认为，长江中游湘江流域以大口尊、折肩罍为代表的青铜器应当原产于江汉平原地区，由南下江汉平原的殷遗民带入。⑤他认为湖南地区与三星堆文化出土尊罍相似的同类器物，包括华容出土的尊、岳阳鮀鱼山出土的罍，应是原江汉平原东部及鄂东南、赣北商人在躲避周人追击过程中沿途留下的，其中有部分商人继续溯江而上进入成都。⑥前已述及，江章华论证了三星堆系的青铜尊、罍应为仿造中原同类器而制成，至于产地，他认为还无法排除具有典型三星堆风格的青铜容器为三星堆铸造的可能。⑦1989年，曾中懋根据金相组织、电子探针成分分析和X衍射岩相等现代科学方法开展的铜器成分分析结果，提出三星堆遗址出土青铜器的制造，既有中原地区使用的分铸法，也有地方特色的多范合铸。⑧

2. 对三星堆出土陶器的考察

三星堆出土陶器种类数量众多，造型各异，反映出多种文化因素在三

---

① 范勇：《试论早蜀文化的渊源及族属》，李绍明、林向、赵殿增主编《三星堆与巴蜀文化》，成都：巴蜀书社，1993年，第19页。
② ［美］罗伯特·W.贝格勒，《四川商城》，李绍明、林向、赵殿增主编《三星堆与巴蜀文化》，成都：巴蜀书社，1993年，第74页。
③ 施劲松：《三星堆文化的再思考》，《四川文物》2017年第4期。
④ 田建波：《试论商时期长江中上游与秦岭南北的文化交流方式——从三星堆出土圆眼直喙歧冠鸟形饰说起》，《江汉考古》2021年第5期。
⑤ 向桃初：《湘江流域商周青铜文明研究的重要突破》，《南方文物》2006年第2期。
⑥ 向桃初：《湖南商代铜器初探》，四川大学考古专业编《四川大学考古专业创建三十五周年纪念文集》，成都：四川大学出版社，1998年。
⑦ 江章华：《三星堆系青铜容器产地问题》，《四川文物》2006年第6期。
⑧ 曾中懋：《广汉三星堆一、二号祭祀坑出土铜器成分的分析》，《四川文物》1989年第S1期"广汉三星堆遗址研究专辑"。

星堆文化的融合发展。学术界通过对三星堆出土陶器的考察，探寻三星堆文化来源的研究已经取得了十分丰硕的成果。目前有关三星堆出土陶器的研究，或与四川本土新石器文化的同类器进行比较研究，如小平底罐、镂空圈足豆等；或与中原夏商文化的同类器研究，如陶盉、陶豆等；或与长江中游早期文化中的陶器进行比较，如鸟头柄勺等，相关研究成果为我们构建了立足于陶器系统考察三星堆文化来源研究的基础，对于三星堆文化起源研究具有十分重要的推动作用。

在将三星堆文化出土陶器与四川盆地新石器文化出土陶器比较研究后，学者们提出三星堆出土部分陶器源自本地新石器文化的看法。早在三星堆1、2号器物坑发现之前，沈仲常、黄家祥就提出广汉古遗址所出遗物以陶质小平底器、尖底器、圈足器、喇叭形器、鸟头勺把、石璧等为特点的论述[1]。杨荣新论述了三星堆遗址一至四期出土陶器的变化过程，认为从三星堆遗址二期即夏至商代早期开始，夹砂褐陶的数量逐渐增多，出现平底器、高圈足器等早期蜀文化的典型器物；发展到三星堆遗址三、四期，夹砂褐陶成为主流，器形日趋复杂，有高柄豆、小平底罐、高领罐、广肩罐、鸟头形把勺、圈足盘和壶等，尤其是第四期，小平底罐、高柄豆和鸟头形把勺成为早期蜀文化的典型器物，也标志着早期蜀文化发展到成熟阶段。[2] 陈显丹也从三星堆出土器物出发，指出早蜀文化以小平底罐、圈足豆、尖底罐、高柄豆、鸟头勺把为陶器基本组合，陶系从早期的泥质灰陶为主发展为二、三、四期的褐色夹砂陶为主，常见粗细绳纹、弦纹、压印纹、附加堆纹等。[3] 上述研究对于认识三星堆文化的陶器特征有十分重要的作用，也是探讨陶器所反映的三星堆文化来源的重要基础。

在宝墩文化发现之前，立足于川北新石器文化考察三星堆文化来源的研究较多，其中陶器是考察的重点。王仁湘、叶茂林认为石器和陶器方面表现出的一脉相承，说明三星堆文化的主体是由盆地和盆周新石器晚期文化发展而来的，但同时也强调三星堆文化与川北新石器之间存在一定的

---

[1] 沈仲常、黄家祥：《从新繁水观音遗址谈早期蜀文化的有关问题》，《四川文物》1984年第2期。
[2] 杨荣新：《早期蜀文化与广汉三星堆遗址》，《四川文物》1989年第S1期"广汉三星堆遗址研究专辑"。
[3] 陈显丹：《广汉三星堆遗址发掘概况、初步分期——兼论"早蜀文化"的特征及其发展》，四川大学博物馆、中国古代铜鼓研究学会编《南方民族考古》第二辑，成都：四川科学技术出版社，1990年，第213—231页。

缺环。① 相关研究中，小平底罐、镂空圈足豆是学者们关注的重点器形。何志国也依照边堆山文化与三星堆文化同类器物前后相继的发展趋势，提出边堆山文化是三星堆文化起源重要线索的论断。② 宝墩文化发现之后，成为三星堆文化来源研究的重要突破口，江章华认为宝墩文化晚期出现了三星堆文化因素，明确宝墩文化是三星堆文化的重要来源之一③，他认为三星堆流行的夹砂褐陶、镂孔圈足豆都能在宝墩文化四期中找寻到④，三星堆文化发现的小平底罐、深腹罐、小圈钮器盖在宝墩文化四期初现，三星堆文化中的镂孔圈足豆与宝墩文化中的镂孔圈足豆也有一定的关系⑤。俞伟超也肯定了三星堆陶器中的一部分是从宝墩而来，但器类与宝墩文化有差异，表现为花边口沿的变化、尖底器在三星堆的增多、陶质的变化等。⑥三星堆文化出土主体陶器来自四川盆地早期新石器文化尤其是宝墩文化的观点，在较大程度上得到学界认同，也是成都平原新石器文化是三星堆文化主要来源这一学术观点的重要支撑。

对三星堆出土陶盉、陶豆所反映的三星堆文化与中原文化的密切关系，学术界给予了充分的论证。在1986年11月召开的"巴蜀的历史与文化学术研讨会"上，有学者认为三星堆出土的陶盉是与中原地区关联密切而又经过改造的器物之一，其形制更为瘦高，袋足是三个管状夹底杯形器⑦。《广汉三星堆遗址》也认为三星堆遗址中晚期出土的高瘦陶盉在整个形制上同二里头文化的陶盉相近，并推测这是不同文化之间相互影响和交流的结果。⑧

在陈显丹看来，三星堆遗址中晚期所出陶盉与偃师二里头中、早期所

---

① 王仁湘、叶茂林：《四川盆地北缘新石器时代考古新收获》，原收入1992年"纪念三星堆遗址发现六十周年暨巴蜀文化国际学术讨论会"论文（油印本），后见载于1993年出版《三星堆与巴蜀文化》年论文集（李绍明、林向、赵殿增主编：《三星堆与巴蜀文化》，成都：巴蜀书社，1993年，第264页。
② 何志国：《绵阳边堆山文化初探》，《四川文物》1993年第6期。
③ 江章华：《成都平原的史前城址与史前文化》，《寻根》1997年第4期。
④ 江章华、颜劲松、李明斌：《成都平原的早期古城址群——宝墩文化初论》，《中华文化论坛》1997年第4期。
⑤ 江章华、王毅、张擎：《成都平原先秦文化初论》，《考古学报》2002年第1期。
⑥ 俞伟超：《四川地区考古文化问题思考》，《四川文物》2004年第2期。本文为俞伟超2000年8月11日在四川省文物考古研究所座谈会上的讲话，后在俞伟超去世后，经四川省文物考古研究所整理刊发。
⑦ 林向：《巴蜀史研究的新篇章——记"巴蜀的历史与文化学术讨论会"》，《社会科学研究》1987年第2期。
⑧ 四川省文物管理委员会、四川省博物馆、广汉县文化馆：《广汉三星堆遗址》，《考古学报》1987年第2期。

出陶盉有着惊人的相同之处；早中期所出陶器装饰的绳纹、方格纹、刻划纹、镂空纹等，与河南、山东龙山文化及二里头文化同类纹饰相似；晚期所出陶杯与二里头晚期所出陶杯相似。①他依据三星堆遗址测年4500±150年，略早于二里头文化，认为二里头夏文化的陶盉、高柄豆可能是由西蜀传去的，进而提出早蜀文化的一部分是夏先民氏族部落文化组成之一。②这是较早立足于出土陶器器形、纹饰对三星堆文化与中原夏商文化进行论证的文章，但由于对测年数据的使用不够精确，这一观点在此后未被学界沿用。范勇注意到三星堆文化与二里头出土陶盉相似的细节，即二者都捏出眼睛。③李学勤断定三星堆出土陶盉只能由中原地区传入。④杜金鹏认为三星堆文化中出土的陶盉、部分高柄豆（浅盘较大、柄部有镂孔和凸棱）、高柄豆圈足上刻划的目字纹与二里头文化的同类器很相似。综上来看，对于三星堆文化出土陶器所展开的分析论证，大都指向源自二里头文化这一结论，成为探讨三星堆文化来源研究的一个重要方面。

张勋燎将长江中游白庙文化地层中出土的陶器"鸟头形器把"与三星堆遗址的同类器进行比较，认为他们反映了古代巴人向西迁移的历史。⑤范勇认为三星堆遗址二期出土的鸟头把勺、空足盉、高柄豆（灯座形器）、小平底罐、高领罐、瓶型杯、觚等典型器物及各类纹饰均见于鄂西北白庙文化，认为两者为同一文化系统。三星堆遗址出土的饰方格纹高领罐、仁胜村10号墓地所出黑皮陶钟形圈足器，均属于石家河文化因素的典型陶器，不过他认为这种影响产生的方式还不清楚。⑥俞伟超提出三星堆出土的灰白陶和镂孔圈足豆体现出长江中游文化因素。上述研究均认可长江中游陶器对三星堆文化同类器所产生的影响。

立足于三星堆文化出土陶器所开展的研究，提供了三星堆文化来源的多种可能性，丰富了三星堆文化起源研究的内涵。同时，相关研究也启示我们，对三星堆文化出土陶器的分类分期与同时期其他区域文化出土陶

---

① 陈显丹：《略谈广汉文化有关问题——兼论广汉文化与夏文化的关系》，《史前研究》1987年第4期。
② 陈显丹：《三星堆一、二号坑几个问题的研究》，《四川文物》1989年第S1期"广汉三星堆遗址研究专辑"。
③ 范勇：《试论早蜀文化的渊源及族属》，李绍明、林向、赵殿增主编《三星堆与巴蜀文化》，成都：巴蜀书社，1993年，第18页。
④ 李学勤：《商文化怎样传入四川》，《中国文物报》1989年7月21日。
⑤ 张勋燎：《古代巴人的起源及其与蜀人、僚人的关系》，四川大学博物馆、中国古代铜鼓研究学会编《南方民族考古》第一辑，成都：四川大学出版社，1987年，第45—71页。
⑥ 范勇：《试论早蜀文化的渊源及族属》，李绍明、林向、赵殿增主编《三星堆与巴蜀文化》，成都：巴蜀书社，1993年，第18页。

器的比较研究中还有进一步深化的空间，在未来研究三星堆文化来源问题时，仍然需要投入较大精力，立足于更为宏观的视角，开展更为精细的比较研究。

3. 对三星堆出土玉器、石器的研究

三星堆出土玉器、石器类型多样，学者们对此也给予了充分的关注。何志国将三星堆一期所出体型小巧精美的磨制石器如斧、圭等，打制石器砍砸器、盘状器和刮削器等归入边堆山类型。他认为边堆山文化与三星文化中相似的石斧、凿等经历了从工艺欠精到小巧精致的发展过程，由此认为边堆山文化是三星堆文化的源头之一。[①] 宝墩文化发现之后，江章华提出，三星堆文化中生产工具以小型石斧、锛、凿为主的特点，可以从宝墩文化四期中找寻到，表明二者之间存在着一定的继承关系。[②] 三星堆出土的大量具有本地特色的石制工具，是探讨三星堆文化来源的一类重要证据，可以从中一窥三星堆与四川盆地新石器文化之间存在的密切关系。

至于三星堆文化中出土玉石器璧、斧、璋、琮等，较早被学术界关注到，前文已述及学者们对于此类器物所反映出来的三星堆文化与中原夏商文化的关系研究。20世纪80年代中期之后，依托更为丰富的出土资料，学者们对相关器物持续关注。1号坑发掘简报即指出，1号坑出土的玉石器中，C、D型璋在形制上与二里头出土的玉立刀、玉钺相似，A、C型戈则与殷墟妇好墓所出Ⅰ式、Ⅱ式戈形制相似。[③] 2号坑出土玉戈、玉瑗等玉石器和尊、罍等礼器与中原殷文化区所出器形接近，但二者之间存在的差异，表现出三星堆的本地特色。[④]《三星堆祭祀坑》一书认为夏商文明中的礼器深刻影响三星堆文化，其中就包括二里头遗址出土的玉璋；商文化中所出的戈、璋、琮、璧、环、瑗等玉石兵器、礼器等。[⑤] 霍巍认可简报关于三星堆遗址A、C型玉戈与殷墟妇好墓同类戈相似的判断，并指出"其雏形可追溯到二里头文化所出的玉戈"；至于Ⅱ号青铜人头像内清理出来的石琮（标本：K1∶11附2），则与1977年安阳殷墟妇好墓中所出玉

---

① 何志国：《绵阳边堆山文化初探》，《四川文物》1993年第6期。据王毅、孙华所记，何志国关于绵阳"边堆山文化"命名的动议在1992年已经提出（见王毅、孙华《宝墩村文化的初步认识》，《考古》1999年第8期）。
② 江章华、颜劲松、李明斌：《成都平原的早期古城址群——宝墩文化初论》，《中华文化论坛》1997年第4期。
③ 四川省文物管理委员会、四川省文物考古研究所、四川省广汉县文化局：《广汉三星堆遗址一号祭祀坑发掘简报》，《文物》1987年第10期。
④ 四川省文物管理委员会、四川省文物考古研究所、广汉市文化局、文管所：《广汉三星堆遗址二号祭祀坑发掘简报》，《文物》1989年第5期。
⑤ 四川省文物考古研究所编：《三星堆祭祀坑》，北京：文物出版社，1999年，第447页。

琮形制亦基本一致。他强调"从新石器时代良渚文化中起源的琮,进入殷商时期,已成为体现中原礼制和奴隶社会宇宙观的典型器物之一。三星堆所出的石琮,表现出的观念形态与中原一致"①,较早地从观念形态视角注意到三星堆文化出土玉器与中原文化的关系。

杜金鹏提出三星堆出土牙璋的两种类型,一类与二里头遗址四期的同类器相似,另一类具有本地特色的为三星堆仿制而成。他认为三星堆文化中的璋、戈、圭等最初从中原二里头文化传播而来是大体可信的,传入时间约当二里头文化的二三期;至于具有三星堆文化特色的牙璋,其制作年代在三星堆遗址第三、四期之交,亦即公元前1200年前后。② 宋治民认为三星堆出土牙璋、戈等玉石器与中原地区商周文明同类器的形制相近,说明三星堆文化在生产技术和思想意识方面都深受商周文明的影响。③ 江章华提出三星堆发现的具有典型二里头文化特征的遗物牙璋,是从中原进入四川盆地的,是古蜀文化礼制系统中的重要礼仪用品。④ 何崝则专题研究了三星堆文化的玉石器,在《三星堆文化玉石器综论》一文中,他对璧、璋、琮、戈、矛、刀、斧、锛等玉石器的源头展开了研究,提出这些玉器虽然在不同程度上有蜀地特色,但并非蜀地原有之器,是由中原地区传入的。⑤

由上述研究可以看出,三星堆出土玉石器大致有两种类型,一是作为生产工具的小型石斧、锛、凿等,一是可能扮演礼器功能的璧、璋、琮、戈等。这两种不同类型的石器,分别反映了三星堆文化与四川盆地新石器文化、中原夏商文化的关系,相关研究成果的发表对于推动三星堆文化探源研究具有十分重要的价值。

4. 有关三星堆筑城技术和房屋建造技术的研究

三星堆城墙遗址在1981年的考古调查中被发现,从1988年至2015年先后发掘三星堆城墙、东城墙、西城墙、南城墙、月亮湾城墙、真武宫城墙、仓包包城墙、青关山城墙、李家院子城墙、马屁股城墙等,相关成果在这一阶段披露不多。在此之前,也有学者在论著中提及三星堆城墙,对

---

① 霍巍:《广汉三星堆青铜文化与古代西亚文明》,《四川文物》1989年第S1期"广汉三星堆遗址研究专辑"。
② 杜金鹏:《三星堆文化与二里头文化的关系及相关问题》,《四川文物》1995年第1期。
③ 宋治民:《早期蜀文化与商周文明》,《四川文物》1997年第1期。
④ 江章华:《从考古材料看四川盆地在中华文明形成与发展过程中的地位》,《中华文化论坛》2005年第4期。
⑤ 何崝:《三星堆文化玉石器综论》,《史前研究(2006)》,西安:陕西师范大学出版社,2007年,第406—422页。

其问题作出过一些简单的研究。陈显丹在《论广汉三星堆遗址的性质》一文中，对1984年调查所见的东、西、南三条"土埂"作出了较为详细的介绍，"横断面呈梯形，城墙是分层夯筑而起，每层厚度为12—25厘米。城墙现存高度2—7米，残宽5—30米。现东城墙残长1000多米，西城墙残长600米，南墙残长约180余米"①。罗开玉认为三星堆遗址的土筑城墙是其具有殷商外来文化因素的反映。②江章华注意到，三星堆文化中用斜坡拍打方法构筑城墙的技术，可以在宝墩文化中找到，表明二者之间存在一定的继承关系。③雷雨通过对成都平原先秦时期的9座古城（宝墩文化古城8座、三星堆文化古城1座）对比研究后，认为从新石器时代延续到商周时期的这9座古城"在选址、方位、整体布局和建造技术等方面具有较高的一致性，这与三星堆一期文化（宝墩文化）和三星堆文化同属一个考古学文化系统是相呼应的"。④左志强等认为宝墩文化前三期的筑城技术对三星堆文化的筑城技术产生了明显的影响。⑤这一阶段的研究，对宝墩文化与三星堆文化筑城技术的相似性，以及二者之间的传承与渊源关系，都已经有了相对清晰的认识，也注意到了宝墩文化古城与三星堆文化古城在时间上的缺环。宝墩文化的筑城技术如何越过宝墩文化四期的时段对三星堆文化产生影响，何以宝墩文化四期已经没有发现的城池在三星堆文化时期重新得以启用，还需要作进一步的思考。

三星堆遗址发现了大量房屋基址，分布密集，建造技术多采用木骨泥墙或榫卯搭接方法，房址有方形、长方形、圆形。罗开玉认为三星堆发现的地面木构建筑，具有北方（关中、中原）等地的文化特征。⑥江章华在1997年就对宝墩文化、三星堆文化中木骨泥墙房屋修筑的方法有所关注⑦，在几年后发表的《成都平原先秦文化初论》一文中，他作出了更为详细的论述，"在宝墩文化时期，房屋建筑就采取挖墙基槽，埋密集小圆

---

① 陈显丹：《论广汉三星堆遗址的性质》，《四川文物》1988年第4期。
② 罗开玉：《三星堆遗址与古代西南文化关系初论》，《四川文物》1989年第S1期"广汉三星堆遗址研究专辑"。
③ 江章华、颜劲松、李明斌：《成都平原的早期古城址群——宝墩文化初论》，《中华文化论坛》1997年第4期。
④ 冉宏林、雷雨：《浅析成都平原先秦时期城址特征的变迁》，《四川文物》2014年第3期。
⑤ 左志强、何锟宇、白铁勇：《略论成都平原史前城的兴起与聚落变迁》，成都文物考古研究所编著《成都考古研究（三）》，北京：科学出版社，2016年，第51—66页。
⑥ 罗开玉：《三星堆遗址与古代西南文化关系》，《四川文物》1989年第S1期"广汉三星堆遗址研究专辑"。
⑦ 江章华、颜劲松、李明斌：《成都平原的早期古城址群——宝墩文化初论》，《中华文化论坛》1997年第4期。

木，内外抹泥，作木骨泥墙的形式，并经火烘烤。到三星堆文化时期，这一基本做法仍然没变，只是可能柱间有编缀竹木棍条的做法，内外抹泥，仍经火烘烤"①，强调了三星堆文化对宝墩文化房屋修筑技术的继承。

上述有关铜器、陶器、玉石器，以及城墙和房屋建筑等领域研究状况的梳理，大致勾勒了学术界对于三星堆文化出土器物来源的相关认识，是进一步认识三星堆文化来源的重要支撑。从已有研究来看，青铜作为三星堆文化中十分重要的器物，受到了学术界较为广泛的关注，对相关问题的探讨涉及较多的领域，包括器形、铸造工艺、来源渠道，以及器物背后所蕴含的祭祀观念和宗教思想等。对于三星堆文化中陶器的研究也体现出多种视野的观察，为我们勾勒了三星堆与其他地区交往交流的宏观场景，也提供了多角度探讨三星堆文化来源的思考。进一步来看，关于三星堆文化中城墙、房屋等的研究稍显不足，留下了可以拓展的空间，这在2019年以后有关三星堆文化来源的研究中可窥一斑。

（二）这一时期有关三星堆文化来源的几种观点

对三星堆文化出土典型器物源头的分析，奠定了进一步深入认识三星堆文化来源的重要基础。三星堆遗址1、2号器物坑发现之后，对于三星堆文化内涵以及三星堆文化来源的研究成为学术界关注的重点，其中有关其文化来源观念的探讨，取得了较为显著的成果。

从前述内容可知，有关三星堆文化的来源，大致指向了三个主要的区域，即四川盆地新石器文化、长江中游新石器文化及青铜文化、中原夏商文明。尽管学者们从不同的视角或全面分析三个区域文化在三星堆文化起源过程中的重要作用，或单独分析某一区域文化对三星堆文化的重要影响，但有一个十分重要的观点，即绝大部分的成果均认可三星堆文化是在本地新石器文化的基础上发展起来的本土文化。在其起源与形成过程中，三星堆文化广泛吸纳了长江中游地区、中原地区、西北地区以及其他广大区域的早期或同时期文化因素，丰富和发展了自身文化，最终形成典型的复合型文化。

1. 关于四川盆地新石器文化与三星堆文化来源的研究

宝墩文化是三星堆文化的最主要源头的看法，在学术界得到了较高程度的认可。在宝墩文化发现之前，学者们将视野投向川北新石器文化，力图探寻三星堆文化的来源。王仁湘、叶茂林明确指出三星堆文化的主体是由盆地和盆周地区的新石器晚期文化发展而来的，但同时也强调了三星堆

---

① 江章华、王毅、张擎：《成都平原先秦文化初论》，《考古学报》2002年第1期。

文化与川北新石器遗存之间存在着文化连续性方面的缺环。①王家祐、李复华也认同三星堆文化是四川盆地新石器时代土著文化与蜀山而来的蜀人文化融合而成的一种新的青铜时代的文化。②"早期蜀文化"的概念也在这一时期被广泛使用，宋治民认为三星堆一期文化应当是蜀文化的前身，可单独命名。早期蜀文化仅包括三星堆遗址的二、三、四期遗存③，因此对早期蜀文化渊源的研究，事实上也暗含对三星堆文化来源的分析。宋治民认为三星堆一期和月亮湾下层等新石器晚期文化和早期蜀文化之间存在渊源关系。④

20世纪90年代中期宝墩文化问世之后，其与三星堆文化在时间序列和地理位置的相近性，吸引学者对二者之间的关系展开了研究。江章华明确指出，"宝墩文化晚期阶段已开始出现三星堆文化的因素，三星堆文化应是在宝墩文化的基础上脱胎发展而来"⑤。李明斌赞同这一看法，他通过分析宝墩文化尤其是鱼凫村文化与三星堆文化的关系，指出"早期蜀文化的直接和主体的渊源来自成都平原的宝墩文化"⑥。段渝也提出，三星堆文化是四川新石器文化高度而持续发展的结果⑦，三星堆文化继承了宝墩文化的大量因素，宝墩文化"旧体系的彻底解构，也是它的一些组成部分在另一个新体系中的重构，即成为三星堆文化的重要依托和来源之一"⑧。三星堆文化脱胎于宝墩文化的观点，经过多位学者的反复论证，一定程度上取得了学术界的共识，被后来的研究成果广为沿用。

在此基础上，有学者试图通过寻找宝墩文化的源头，为三星堆文化起源研究提供新的思路。关于宝墩文化源于岷江上游新石器文化的观点，大多数学者持审慎的态度。蒋成等认为营盘山遗存与宝墩村文化在年代上存在一定差距，文化面貌上也有差别，难以判断它们之间的源流关系。⑨黄家祥也认为姜维城、营盘山二处史前遗址与宝墩文化、三星堆一期文化之

---

① 王仁湘、叶茂林：《四川盆地北缘新石器时代考古新收获》，李绍明、林向、赵殿增主编《三星堆与巴蜀文化》，成都：巴蜀书社，1993年，第264页。
② 王家祐、李复华：《关于三星堆文化的两个问题》，李绍明、林向、赵殿增主编《三星堆与巴蜀文化》，成都：巴蜀书社，1993年，第28页。
③ 宋治民：《论三星堆遗址及相关问题》，李绍明、林向、赵殿增主编《三星堆与巴蜀文化》，巴蜀书社，1993年，第150页。
④ 宋治民：《早期蜀文化分期的再探讨》，《考古》1990年第5期。
⑤ 江章华：《成都平原的史前城址与史前文化》，《寻根》1997年第4期。
⑥ 李明斌：《先蜀文化的初步探讨》，《四川文物》2001年第3期。
⑦ 段渝：《四川通史》（第一册），成都：四川大学出版社，1993年，第30页。
⑧ 段渝：《玉垒浮云变古今——古代的蜀国》，成都：四川人民出版社，2001年，第76页。
⑨ 蒋成、陈剑：《岷江上游考古新发现述析》，《中华文化论坛》2001年第3期。

间年代上存在缺环，且文化区别较大，不属于同一考古学文化。①李绍明立足于民族学的视角，提出川西北山区岷江上游的蜀族，不迟于新石器时代晚期已经向成都平原推移，通过与当地及附近民族发生密切交流发展成为一新的民族，但他同时指出这并不排斥三星堆文化是"川西平原自成体系的一支新文化"。②李伯谦认为"古代世居甘、青地区的氐羌族确曾沿横断山脉与所属河谷向南迁徙，但它们并不就是蜀的祖先"③。经由宝墩文化从岷江上游寻找三星堆文化源头的努力，所取得的成效并不是十分显著。论证宝墩文化源自桂圆桥文化④，是学者们尝试的另一种途径。万娇等提出，桂圆桥遗址二期、三期遗存，在先后受到大溪文化、哨棚嘴文化的影响下，发展成为三星堆一期文化（宝墩文化），成为三星堆文化的重要来源。⑤

三星堆文化是在本地新石器文化的基础上产生发展起来的，已经成为学术界的共识。从已有研究来看，盆地北缘的边堆山文化、成都平原的宝墩文化、岷江上游新石器文化，以及桂圆桥遗址新石器文化等，均与三星堆文化的起源有着或直接或间接的关系，大致勾勒了三星堆文化本地起源的轮廓。

2. 关于中原夏商文化与三星堆文化探源研究

关于中原夏商文化与三星堆文化来源的关系，归纳起来有两种观点：其一，三星堆文化属于中原殷商文化系统或其所代表的国家形态为中原夏商的方国；其二，两个文化间是交流互动而非渊源关系。

三星堆文化属于中原殷商文化系统的看法，以陈显丹⑥、林巳奈夫⑦为代表，前者举广汉文化与中原夏文化之间共同的图腾崇拜、同祖夏禹的

---

① 黄家祥：《汶川姜维城发掘的初步收获》，《四川文物》2004年第3期。
② 李绍明：《古蜀人的来源与族属问题》，李绍明、林向、赵殿增主编《三星堆与巴蜀文化》，成都：巴蜀书社，1993年，第14页。
③ 李伯谦：《城固铜器群与早期蜀文化》，《考古与文物》1983年第2期。
④ 桂圆桥遗址是目前成都平原发现的年代最早的新石器遗址，包含了三个时期的文化面貌。桂圆桥第一期文化遗存以夹粗砂绳纹为主体，在陶器造型和纹饰风格方面与营盘山类型的遗存一脉相承，属于同一文化属性，万娇、雷雨等称其为"桂圆桥文化"。参考万娇、雷雨《桂圆桥遗址与成都平原新石器文化发展脉络》，《文物》2013年第9期。
⑤ 万娇、雷雨：《桂圆桥遗址与成都平原新石器文化发展脉络的研究》，《文物》2013年第9期。
⑥ 陈显丹：《略谈广汉文化有关问题——兼论广汉文化与夏文化的关系》，《史前研究》1987年第4期。
⑦ ［日］林巳奈夫：《中国古代的日晕与神话图像》，杨凌译，李绍明、林向、赵殿增主编《三星堆与巴蜀文化》，成都：巴蜀书社，1993年，第126—127页。本文原刊日本《史林》其实四卷四号，1991年7月。

传说、出土器物和纹饰的相似性、都以鸟为图腾展开论述；后者则以三星堆文化中的青铜彝器、玉器属华北地区宗教文化系统作为论据。至于三星堆文化所代表的方国为夏的方国的提法，见于林向《阴虚卜辞中的蜀——成都平原商代遗存初析》①一文。这一提法在很多年后为朱乃诚所沿用，他在论证牙璋所反映的夏史痕迹时，从"神不歆非类，民不祀非族"的原则进行分析，认为三星堆文化继承发展了中原夏部族的牙璋传统，并将其作为方国国家层面的祭祀重器②，得出三星堆文化所代表的国家形态为中原夏的方国之结论。在杜金鹏看来可能正是夏人的到来，引发了当地土著文化的变革，迁入成都平原的夏移民与当地土著相结合，并在后来创造出三星堆高度发达的青铜文明。"三星堆文化与二里头文化之间存在着某种文化交流关系，……后者为源，前者为流"③，明确将二里头文化作为三星堆文化的源头之一。

这一时期，认为三星堆文化独立发展，同时受到中原文化强烈影响的看法也在学术界有一定的代表性。李学勤认为三星堆器物坑若干青铜器的出土反映了商文化进入蜀地④，他特别强调了蜀文化有其自身渊源和自身演变，长时期接受了中原和其他地区文化的影响⑤。宋治民对这一观点表达得最为清晰，他认为包括三星堆文化在内的"带有地方色彩的早蜀文明，应属我国商周文明的组成部分"，但他同时强调蜀与中原地区属于不同的文化传统，基本上是独立发展的，"文化间的交流、影响和渊源本是两回事、两个问题，二者不能混为一谈"。⑥江章华提出，"大约在二里头文化三期之时，二里头文化从鄂西沿长江西进"，"在这一文化的大激荡中诞生了三星堆文化"，这一变化不仅是文化间的交流和影响所能达到的程度，应与人群的迁徙与融合有关。⑦赵殿增从青铜牌饰入手的研究，也提出三星堆青铜文化可能是夏商之际在夏文化的强烈影响下产生和发展起来

---

① 林向：《殷墟卜辞中的蜀——成都平原商代遗存初析》，《殷墟博物苑苑刊》创刊号，北京：中国社会科学出版社，1989年。修改稿改篇名为《三星堆遗址与殷商的西土——兼释殷墟卜辞中的"蜀"的地理位置》，《四川文物》1989年第S1期"广汉三星堆遗址研究专辑"，第23—30页。
② 朱乃诚：《论牙璋的年代及反映的夏史痕迹》，《考古与文物》2020年第6期。
③ 杜金鹏：《三星堆文化与二里头文化的关系及相关问题》，《四川文物》1995年第1期。
④ 李学勤：《商文化怎样传入四川》，《中国文物报》1989年7月21日。
⑤ 李学勤：《三星堆饕餮纹的分析》，李绍明、林向、赵殿增主编：《三星堆与巴蜀文化》，巴蜀书社，1993年，第76—79页。
⑥ 宋治民：《关于蜀文化渊源的学习札记》，《四川文物》1995年第3期。
⑦ 江章华：《从考古材料看四川盆地在中华文明形成与发展过程中的地位》，《中华文化论坛》2005年第4期。

的观点。①

上述研究在一定的层面上形成了共识，如三星堆文化受到中原夏商文化的强烈影响。但同时，在对两个不同区域文化关系的认识方面，目前来看还存在一定的分歧。此外，对于中原夏商文化对三星堆文化产生影响原因的探讨，目前还多处于推测阶段。

3. 长江中游早期文化与三星堆文化起源的关系研究

前文"不同器物所反映的文化因素来源及互动关系"部分的讨论，已述及三星堆文化与长江中游早期文化的互动关系，本阶段的研究在考古器物方面主要集中在出土陶器鸟头柄勺、青铜尊、罍等上。在此基础上，学者们对两个区域文化之间的关系提出了相应的观点。

张勋燎将四川、重庆、湖南、湖北地区中与"鱼凫"同音相近的地名联系起来，首倡"鱼凫"为古代巴族之说，结合长江中游白庙文化地层中出土的"鸟头形器把"与三星堆遗址中出土的同类器比较，认为这些反映了古代巴人向西迁移的历史。②袁庭栋提出，古蜀鱼凫氏是从长江中游的江汉平原沿江西上，逐步迁徙到以西地区。③范勇提出早蜀文化的主体部族与江汉地区的三苗族群有着相同祖源的族属关系，"早蜀文化的渊源在江汉地区"。④

综合来看，学者们对于三星堆文化的来源研究大多指向以上三个主要区域。此外，西北地区的牌饰可能也影响了三星堆出土的青铜牌饰⑤，对三星堆出土的青铜人像、神树、金杖、金箔等与西亚青铜艺术之间的相似性，也有学者给予了关注⑥。三星堆文化起源研究早期模糊不清，而后通过对大量出土器物的细致比较，形成了更为全面的认识，大致勾勒了三星堆文化起源的几个主要渠道。

事实上，对于从不同区域探寻三星堆文化来源的研究，最终更是指

---

① 赵殿增：《三星堆与二里头铜牌饰研究》，宋振豪、肖先进主编《殷商文明暨纪念三星堆遗址发现七十周年国际学术研讨会论文集》，北京：社会科学文献出版社，2003年，第121—128页。
② 张勋燎：《古代巴人的起源及其与蜀人、僚人的关系》，四川大学博物馆、中国古代铜鼓研究学会编《南方民族考古》第一辑，成都：四川大学出版社，1987年，第45—71页。
③ 袁庭栋：《巴蜀文化》，沈阳：辽宁教育出版社，1991年，第7页。
④ 范勇：《试论早蜀文化的渊源及族属》，李绍明、林向、赵殿增主编《三星堆与巴蜀文化》，成都：巴蜀书社，1993年，第19页。
⑤ 陈小三：《镶嵌铜牌饰的初步研究》，《考古与文物》2013年第5期。
⑥ 霍巍：《广汉三星堆青铜文化与古代西亚文明》，《四川文物》1989年第S1期"广汉三星堆遗址研究专辑"；段渝：《论商代长江上游川西平原青铜文化与华北和世界文明的关系》，《东南文化》1993年第2期。

向了对三星堆文化源头的综合判断，其中以三星堆文化有着多元来源的观点较具代表性。霍巍指出，"这一文化是在土生土长的古蜀文化的基础之上，既吸收了中原文化因素，又可能吸收了来自西亚古老文明的因素形成的一种复合型文化体系"①。段渝也对此进行了阐释，他认为"三星堆文化的内涵绝非单一的，而有着多元文化来源的性质。称其为一种来源广泛的复合型文明，似乎是应有的结论"②。孙华也指出，"三星堆文化是在四川本地新石器时代文化的基础上，吸收外来青铜文化因素（尤其是技术和艺术）而形成的一种新的文化"③。不过总括相关研究来看，对三星堆文化的起源研究有一个基本的共识，即该文化是在本地早期新石器文化的基础上，借鉴吸纳周边文化的相关因素，包括中原地区夏商文化、长江中游的新石器文化、西北地区的早期文化，以及中亚西亚等地的文化元素，共同形成了高度发达的三星堆文化，构成了古蜀文明璀璨发展的重要基础。

三、三星堆文化起源研究的新进展（2019年至今）

2019年，三星堆遗址考古工作进入新的阶段，对三星堆遗址仁胜墓地的再发掘、开展三星堆祭祀区考古发掘，掀起了三星堆遗址考古的新高潮。更为重要的是，这次考古工作引发了公众对三星堆文化的广泛关注和学术界的热烈讨论。在此契机下，基于此前和近期考古工作的发掘简报相继发表，大批学人也围绕三星堆考古工作新成果展开研究，发表了一批高质量的学术论文。相关学术成果的大批问世，为三星堆文化起源研究工作提供了新的思路和方法，深化了学术界对于三星堆文化起源研究的认识。

从这一阶段的学术成果来看，对于三星堆文化起源研究有所涉猎的，多集中于几个方面：（1）三星堆文化发现城墙和房址等相关遗迹的研究；（2）从技术视角对三星堆青铜铸造开展的研究；（3）三星堆出土玉石器研究。现分述如下。

（一）有关古城和房址的相关研究

近几年，三星堆文化的城墙遗址发掘简报相继刊发，包括月亮湾城墙、真武宫城墙、青关山城墙等，其中戴家梁子城墙将三星堆遗址的筑城年代大大提前，简报结合戴家梁子城壕与城墙伴生，其使用年代基本与城

---

① 霍巍：《广汉三星堆青铜文化与古代西亚文明》，《四川文物》1989年第S1期"广汉三星堆遗址研究专辑"。
② 段渝：《论商代长江上游川西平原青铜文化与华北和世界文明的关系》，《东南文化》1993年第2期。
③ 孙华：《三星堆国家的结构和特征》，《中国社会科学》2023年第1期。

墙同步，推测戴家梁子城墙东段的使用年代从距今4100年左右延续至西周早期，而其建造年代也可提早至新石器末期，"超出了以往学者所认为的三星堆文化范畴，进入宝墩文化晚期，或曰'鱼凫村文化'时期"①。这一研究修订了此前有关三星堆遗址无宝墩文化古城的认识，对其堆筑城墙与宝墩文化城墙修筑方式的相似性，江章华、雷雨、左志强等研究三星堆文化古城与宝墩古城关系时已有论述，此不赘及。这一时段有关三星堆文化城墙的研究中，较为重要的研究是赵殿增重申了长江中游古城群与宝墩城址群在城址规划和修筑技术方面的相似性。他结合长江中游古城年代普遍早于宝墩古城，认为它们之间存在一定的承继关系，即成都平原古城址的技术和文化，很可能是从长江中游古城直接传入的。他在论述这一问题时，戴家梁子城墙的发掘简报尚未公布，因此他提出三星堆文化阶段的三星堆古城址比宝墩古城址晚了六七百年，其堆筑城墙技术已经有了较大变化，使用了土坯建筑技术，"可能是吸纳了宝墩文化的筑城技术之后，根据需要，由小城到大城逐步形成的"②。换言之，即长江中游地区屈家岭、石家河的筑城技术首先影响了成都平原的宝墩文化，继而通过宝墩文化影响到三星堆文化，间接对三星堆文化的古城修筑产生了影响。三星堆文化的古城修筑技术，通过追根溯源，指向了成都平原的宝墩文化和长江中游地区的石家河文化。

　　三星堆遗址发现的大量房屋基址，在本阶段的研究中也受到学术界的重视。冉宏林详尽梳理了成都平原现有的近150座先秦时期建筑，将建筑类别分为沟槽式、干栏式、柱洞式和烧土类，分析结果表明，无论是宝墩文化、三星堆文化、还是十二桥文化，成都平原的建筑类别没有发生增减，沟槽式建筑一直占主导地位；在建筑形制方面，整体上看没有出现根本性的变化。③他还认为，宝墩文化第四期前后聚落格局发生了一些变化，依据对仁胜墓地的分析，结合三星堆遗址这一期间出现的类似宝墩古城古墩子F1、冶龙桥F6等大型柱洞式建筑，以及面积庞大的夯土台面，表明至迟在宝墩文化第四期，聚落重心从岷江流域迁移至沱江流域。三星堆遗址从宝墩文化时期的普通聚落发展成为三星堆文化时期的古蜀国都城，经历了漫长的发展过程。这种变换产生的原因除了有文化的变迁，更重要

---

① 四川省文物考古研究院（三星堆研究院）：《四川广汉市三星堆遗址戴家梁子城墙1991年度发掘简报》，《四川文物》2024年第5期。
② 赵殿增：《从古城址特征看宝墩文化来源——兼谈"三星堆一期文化"与"宝墩文化"的关系》，《四川文物》2021年第1期。
③ 冉宏林：《成都平原先秦时期建筑的初步研究》，《中华文化论坛》2019年第3期。

的是人群的变动。①

对古城城墙修筑技术和房屋建筑形制的最新研究，提供了有关三星堆文化起源的新线索，其中三星堆文化与宝墩文化的前后相承的关系日益明晰，对三星堆文化本土起源研究提供了更为充足的证据。

（二）从技术视角对三星堆青铜铸造开展的研究

最近几年，长江中游石家河文化和后石家河文化的石雕技术与三星堆青铜塑像之间的关系，受到较多学者关注，成为研究长江中游与三星堆文化关系的一个重要突破点。施劲松早在2017年就观察到，石家河文化中大量玉雕人头像，是目前国内发现的与三星堆青铜人头像风格较为接近者。他同时也强调两批人头像质地不同、时代有差异。②赵殿增也注意到石家河古城印信台遗址大型祭台和数百件精美玉雕神人像、凤鸟等饰件以及大量陶塑动物，后石家河文化中大批的玉雕神人头像，都与三星堆文化的青铜人头像在装束和神态上表现出相似性，因而，他认为石家河和后石家河文化是三星堆青铜神像造型和内涵的一个重要源头和依据。③王方认为，包括三星堆文化在内的长江上游青铜器在造型特征、工艺传统方面都受到长江中游石家河玉器的影响，这种影响还表现在祭祀信仰和宗教观念上，如人像崇拜、神像崇拜、动物崇拜等。其产生的原因，可能是"长江流域上中下游之间存在深层的族群渊源与多层次的文化互动关系而形成"④。相关研究提出的上述相似性充分证明了长江中游早期文化与三星堆文化之间存在的密切关系，但石家河、后石家河文化中的石雕技术是如何影响三星堆文化的，还需要有进一步的深入探讨。上述研究突破了此前大多对同类器物展开比较研究的局限，提供了研究三星堆文化来源的新思路。

科技考古的开展，为探寻三星堆出土青铜尊、罍的源头提供了新的路径。黎海超等通过对尊、罍之器形、纹饰、微量元素、铅同位素分析，研究三星堆1、2号祭祀坑铜器产地，发现三星堆祭祀坑出土铜器所用原料是外来的，与殷墟、汉中、新干等地点的铜器原料有密切的关系，认为在长江流域和黄河流域之间存在基于资源流通的交流体系，殷墟、长江中下

---

① 冉宏林：《由三星堆遗址仁胜墓地看宝墩文化早晚之变》，《中国社会科学院大学学报》2022年第10期。
② 施劲松：《三星堆文化的再思考》，《四川文物》2017年第4期。
③ 中央电视台科教频道2021年2月16日"考古公开课"之"寻找古老的中国（三） 石家河"。
④ 王方：《从石家河玉器看长江中游文化对古蜀青铜文明的影响》，《江汉考古》2022年第4期。

游、三星堆本土都可能是三星堆祭祀坑铜器的来源地。① 田建波则关注到三星堆出土鸟形饰以尊、罍等容器为载体的特征，他通过分析三星堆2号祭祀坑出土的圆眼直喙歧冠或无冠鸟形饰，提出三星堆出土的带有此类鸟形饰的铜罍、铜尊等器物，可能是从长江中游输入，或是根据长江中游的同类器仿制而成的。他从器物本身、埋藏环境、使用者或享有者的身份推测认为"器物背后的人群交流是一种社会上层的较为官方的行为或对外活动"，社会上层通过掌握重要物质文化交流的控制权，进行社会控制。②

肖红艳等通过比较铸造工艺，提出"三星堆出土尊、罍的铸造技术同时包含中原系和南方系两种因素"，在此基础上，作者进一步注意到不同时段影响的变化，认为"从殷墟二期起，殷墟的罍基本消失，尊也很少见"；至于对三星堆尊、罍铸造工艺的影响，尤其是具体制作过程中的影响力，中原可能要弱于南方系铜容器，表现为其纹饰特征更接近长江中下游流域，内壁浮雕处做凹陷处理，兽首的连接方式以铆式后铸为主。③ 上述从铸造技术和科技考古开展的相关研究，均体现出三星堆青铜器来源的多样性。由于三星堆出土青铜器铸造技术涉及多种复杂的因素，探讨三星堆文化中青铜尊、罍的源头，还需要在新资料不断发现和公布的背景下，开展更为细致的研究。

（三）三星堆出土玉石器研究

在三星堆遗址的发掘过程中，发现了大量的玉石器，对其玉料来源，学术界早前研究提出了就地取材④和外地输入⑤两种观点。鲁昊等运用手持式X射线荧光分析仪和手持式拉曼分析仪，对三星堆博物馆馆藏的364件玉石器进行检测后分析指出，三星堆玉石器的玉料以闪石玉为主，支持就地

---

① 黎海超、朱亚蓉、余健等：《三星堆一、二号祭祀坑出土铜器产地问题初论》，《四川文物》2023年第1期。
② 田建波：《试论商时期长江中上游与秦岭南北的文化交流方式——从三星堆出土圆眼直喙歧冠鸟形饰说起》，《江汉考古》2021年第5期。
③ 肖红艳、张跃芬、吴钰洁等：《"工"与"匠"的多元性重建：三星堆祭祀坑青铜器铸造工艺再观察》，《四川文物》2023年第5期。
④ 陈显丹：《三星堆文化玉石器研究》，《四川文物》1992年第S1期；赵殿增、李明斌著：《长江上游的巴蜀文化》，武汉：湖北教育出版社，2004年，第206页；苏永江：《广汉三星堆出土玉器考古地质学研究》，四川省文物考古研究所编《四川考古论文集》，北京：文物出版社，1996年，第88页。
⑤ 苏永江：《广汉三星堆出土玉器玉料来源的讨论》，杨伯达主编《出土玉器鉴定与研究》，北京：紫禁城出版社，2001年，第55页；王方：《古蜀玉器简论》，刘国祥、陈启贤主编《玉文化论丛4：红山玉文化专号》，台北：众志美术出版社，2011年，第176—190页。

取材、就地生产的假设。①学者们对三星堆遗址出土的蛇纹石质玉石器的来源展开了进一步的分析，通过对比矿物组成、原岩类型、结构、构造、硬度等指标，认为三星堆遗址出土的蛇纹石质玉石器的史料主要来源于彭州大宝山地区，经湔江船运至三星堆遗址北边的鸭子河南岸。②上述立足于科技考古的手段而开展的研究，弥补了此前相关研究多定性研究而少定量研究的不足，对于探索三星堆文化本地源头的研究提供了更为科学可靠的新资料。

这一阶段学者们对三星堆遗址出土的一些特征明显的玉石器进行了探讨。朱乃诚认为三星堆文化中出土的牙璋是在中原殷商文化的影响下产生的，其源头目前可追溯到二里头文化中去。他从"神不歆非类，民不祀非族"的原则进行分析，认为中原以外地区使用牙璋的可能是原中原地区的夏遗民或夏部族的后裔；三星堆文化继承了中原地区夏部族使用牙璋的传统，并发展了牙璋的使用功能，将其作为方国国家层面的祭祀重器。③但邓淑苹则认为月亮湾出土的牙璋，从玉料、造型来看都与陕北石峁文化关系密切，其造型应属川西平原先民的创造。他提出月亮湾地点与三星堆地点不应笼统归为"三星堆文化"，建议将月亮湾地点独立定名为"月亮湾文化"，包括出自月亮湾地点的玉石器和后来仓包包的发掘资料。在此基础上，邓淑苹指出月亮湾牙璋与石峁牙璋都具有修长微弯的器身与结构相似的典型"兽首式扉牙"，二者虽然距离遥远，但都大致分布于"半月形文化传播带"上。④

冉宏林也注意到了月亮湾地点与器物坑出土遗物在时间上的差异，他通过对三星堆祭祀坑出土的52件刀型端刃器按照刃部、身部、阑部、柄部等不同制作技术的部位进行拆解分析，得出绝大多数刀型端刃器的制作年代均为殷墟二期，其来源是中原地区的结论。同时他推测三星堆遗址月亮湾燕家院子地点发现的同类器，其年代应该早于祭祀坑出土同类器，大致属于二里头文化晚期或早商，由此认为"古蜀文明借鉴、引用了中原地区同时期文化的相关器物，以自己的方式进行改造、创新，并纳为己用，似

---

① 鲁昊、付宛璐、柴珺等：《三星堆遗址出土玉石器的成分检测及相关问题分析》，《故宫博物院院刊》2021年第9期。
② 肖倩、刘建成、向芳等：《四川三星堆遗址蛇纹石质玉石器的石料来源》，《成都理工大学学报（自然科学版）》2023年第1期；刘建成、明伟庭、王运生等：《三星堆遗址出土大玉料溯源研究》，《四川文物》2021年第6期。
③ 朱乃诚：《论牙璋的年代及反映的夏史痕迹》，《考古与文物》2020年第6期。
④ 邓淑苹：《史前至夏时期"华西系玉器"研究（下）》，《中原文物》2022年第2期。

乎是可以明确的"。① 三星堆遗址祭祀区8号坑的石磬，也成为考察三星堆文化与中原夏商文化关系的重要器物，发掘者指出，该石磬与殷墟同时期的石磬形态相似，表面规整、体型巨大、鼓股分明、倨句清晰，并没有明显的原始性，"以石磬为代表的礼乐器在古蜀地区以较成熟的形态直接出现，可能与中原地区的文化传播有关，反映了晚商时期中原系礼乐制度向周边地区的辐射"。②

此外，三星堆文化中发现的玉琮在这一时期也受到学者关注，朱乃诚认为三星堆遗址月亮湾燕家院子出土的玉琮是齐家文化的作品③。这一观点受到了三星堆发掘者的重视，他们对三星堆遗址3号器物坑中出土的神树纹玉琮进行了细致的观察，认为其在器物形制方面与齐家文化的玉琮高度相似，可能是受到了甘青地区文化影响的产物，甚至不排除为齐家文化产品的可能④。段渝强调指出，三星堆青铜文化有自身发展演变序列和进程，但作为中国文明形成发展过程中的地域文化，许多礼器多源于中原文化，打上了中原文化的深刻烙印，受到了中原文化的强烈吸引和影响。⑤

由上述研究可知，随着2019年三星堆遗址考古工作的开展，三星堆文化起源的研究也得到了较快的发展。这一阶段的研究大致表现出几个特征：其一，大量考古发掘的成果在这几年较为集中地得以发布，新的研究成果体现出对新资料及时运用的显著特色；其二，科技考古在这一时期快速发展，相关研究成果为三星堆文化的起源研究提供了更为精确的资料，如青铜器和玉石器产地的分析等；其三，在新成果的运用下，长江中游地区在三星堆文化起源研究中的重要作用日益受到关注；其四，新的考古发现弥补了此前三星堆遗址一期文化与二期文化之间的缺环，对于从宝墩文化中寻找三星堆文化来源的研究在时间序列上更为完备。

综合来看，考古工作的开展是三星堆文化起源研究的重要基础。三星堆遗址发现之初的民国时期，由于出土遗物十分有限，学者们虽然注意到了三星堆遗址出土器物与中原地区出土同类器之间有一定的相似性，但

---

① 冉宏林：《试析三星堆祭祀坑出土刀型端刃器的制作年代》，《中国文化研究》2021年第2期。
② 四川省文物考古研究院、北京大学考古文博学院：《三星堆遗址祭祀区八号坑出土石磬》，《四川文物》2022年第4期。
③ 朱乃诚：《茂县及岷江上游地区在古蜀文明形成中的重要作用与地位》，《四川文物》2020年第1期。
④ 四川省文物考古研究院、上海大学文化遗产与信息管理学院：《三星堆遗址祭祀区三号坑出土神树纹玉琮》，《四川文物》2023年第1期。
⑤ 段渝：《三星堆：神权文明的内涵》，《中国文化研究》2021年第4期。

尚未有意识考察三星堆文化的源头所在。新中国成立后，随着基本建设的开展，在三星堆遗址开展了少量的考古调查工作。20世纪60至80年代前半期，针对三星堆遗址开展了多次主动的考古调查和发掘工作，但由于多种原因，相关成果发布较晚，未能展示出三星堆遗址大体的文化面貌，学术界对于"三星堆文化"的认识还处于较为初步的阶段，因此对其文化来源的探讨很难深入开展。

20世纪80年代后半期，三星堆遗址1、2号器物坑的发现，形成了三星堆文化研究的第一次热潮。这一时期，20世纪60至80年代上半期考古调查和发掘的部分成果得以发布，加之两个器物坑发掘简报的及时刊发，为三星堆文化起源研究提供了十分重要的资料。与此同时，"三星堆文化"这一考古学概念正式提出，围绕三星堆文化与周边文化的关系研究中，三星堆文化的来源与成都平原新石器文化、长江中游的新石器和青铜文化、中原夏商文化等表现出较为密切的关系，在充分讨论的基础上，大致形成了共识即三星堆文化在本土新石器文化的基础上发展起来，并吸纳了其他区域的某些文化元素，形成了独特的三星堆文化，体现出长江上游地区青铜文化发展的最高水平。

进入2019年，三星堆遗址3—6号器物坑的发现掀起了三星堆文化研究的第二次热潮。在这一热潮的推动下，前期考古工作积压的发掘报告纷纷问世，新的器物坑发掘简报也迅速见诸报刊，科技考古在发掘过程中得到大量使用，考古过程中信息采集的日益全面和细致，为三星堆文化起源研究提供了更为丰富细致的资料。从这一阶段的成果来看，基于科技考古所开展的分析研究，为三星堆文化起源研究工作的开展提供了更为科学的成果，体现出部分领域的研究从定性研究向定量研究的转化。此外，对于相关专题的研究更多采用归纳分析的方法，分层次分类别开展的研究为更有针对性的研究提供了十分重要的支持。总的来看，考古工作的开展是三星堆文化来源研究得以开展的重要基础。

文化起源理论的发展也推动三星堆文化起源研究的深入发展。20世纪80年代，有关文明起源的多种理论在国内学术界引发了热烈讨论，随着各区域考古工作的开展和考古资料的积累，不同区域早期文明的起源也纷纷进入学者视野。较为重要的有夏鼐中国文明起源标准的提出以及后来者的日渐丰富、苏秉琦区域类型理论和"满天星斗"理论的提出、酋邦理论的引入等。尽管三星堆遗址的考古工作成果不是很丰富，但也提醒研究者对于文化起源这一重要议题的重视，1980年代后期三星堆1、2号器物坑发现以后三星堆文化起源研究的全面开展，与文明起源理论的促进作用有着十分密切的关系。此后，学者们在三星堆文化来源中，充分运用上述文明起源理论，取得了丰硕的成果。近年来，在中华文明多元一体格局下开展的三星堆文化起源研究，以更为广阔的视野为我们构建了三星堆文化起源的整体面貌。

尽管三星堆文化起源研究取得了丰硕的阶段性成果，但研究成果多以论文形式出现，且讨论的问题相对较小，或聚焦于某一区域，或聚焦于某一器类，更多涉及三星堆文化来源的观点往往隐含在探讨其他主题的论文中。尽管有学者提出了三星堆文化的多源来源观点，并获得学界的认同，但整体系统地对三星堆文化来源问题进行探讨的成果，目前来看还比较缺乏，还有进一步深化的空间。

第三节 三星堆文明的形成研究

关于文明形成的标志，国内外学术界有深入的探讨，恩格斯提出国家是文明社会的概括的经典论述，认为国家形成的标志是超越地缘关系的国民、凌驾于社会之上的公共权力的设立。柴尔德则认为城市、金属和文字是国家形成的三要素。20世纪80年代以来，中国文明起源的研究全面展开，以文明要素城市、文字、金属器、大型礼仪建筑等作为判定文明起源的标志为学术界广泛沿用，一般认为，只要同时具备了这四个要素中的两个或者三个，就可以确认文明社会的诞生。随着研究的深入，关于文明形成标志的认识也日益深入。段渝指出，文明形成的标志包括上述诸文明要素，但政治组织机构更是衡量文明时代的不可或缺的方面，政治组织结构提供了城市、文字、金属器、大型礼仪建筑等文明要素产生的社会文化环境和政治背景，这些要素的产生受政治组织的变化及其需要的制约。[①]

三星堆是中国西南地区的文明中心，青铜文化兴盛发达。霍巍认为三星堆遗址已经具备了诸多文明因素，有城墙、民居、手工业作坊；能够铸造金属器和玉、石礼器；有大型的礼仪中心，代表着中国西南发展水平最高的一个文明中心。[②] 段渝也提出，川西平原拥有冶金术、城市、文字、大型礼仪中心、国家以及远程贸易能力等物质、技术、社会政治组织和观念形态等方面坚实而雄厚的基础，通过与华北地区和世界其他文明长期

---

① 段渝：《政治结构与文化模式——巴蜀古代文明研究》，上海：学林出版社，1999年，第16—17页。
② 霍巍：《广汉三星堆青铜文化与古代西亚文明》，《四川文物》1989年第S1期"广汉三星堆遗址研究专辑"。

而持续的接触和交流,对它文化元素进行吸收、消化以至于改进发展,而形成了川西平原辉煌的古文明。① 宋治民将春秋以前的蜀文化界定为早蜀文化,其中就涵盖了三星堆文化。他认为城址、大型礼仪性建筑、青铜礼器、玉石礼器以及生产玉石器的手工业作坊的存在,反映的是阶级和国家的出现,因而认为"早期蜀文化已进入文明当无问题"②。上述研究都认可三星堆已经进入了文明时代,针对三星堆文明的形成的研究也取得了丰硕的成果,主要聚焦于国家形态、城市形态、祭祀形态以及金属冶铸技术等方面。

一、三星堆国家形态研究

有关三星堆的国家形态,学术界探讨较多,基本上认同三星堆文化时期,三星堆遗址已经进入了阶级社会,出现了国家。陈显丹作为三星堆遗址的发掘人之一,运用大量的一手资料,尤其是20世纪80年代6次发掘出土积累的数以万计的陶、石玉、青铜等遗物,以及房屋、灰坑、墓葬、窑址、城墙等遗迹,提出三星堆遗址在3000多年前已经进入了阶级社会,有了国家。以夯筑城墙构成防御体系,冶金铸造已经达到一定水平,祭祀规模大而隆重,是蜀国的政治、文化、军事和经济中心。他进一步结合出土遗物中的鱼鹰形象,推测"城址"可能是鱼凫—杜宇王朝时期的都城。③陈显丹的观点对学术界产生了较大的影响,成为此后有关三星堆文化社会性质讨论的主流观点。

晓昆提出三星堆已经建立了奴隶制国家,他认为三星堆遗址的社会已经拥有发达的社会经济,包括发达的农业、畜牧业和狩猎经济,三星堆先民已经熟练掌握了青铜冶铸技术、玉石器加工技术和制陶技术,社会已经进入贫富分化加剧的阶级社会。鸭子河南岸遗址发现的人工堆积的土埂,与鸭子河、马牧河一起形成较为完整的防御体系,符合早期的建城原则,结合其功能分区来看,该遗址应为规格较高的王城。大量玉石礼器、青铜礼器以及象牙、金器等表明三星堆遗址还拥有军队和隆重的祭祀礼仪。④

段渝认为,三星堆遗址城市、文字、金属器、大型礼仪中心的出现,

---

① 段渝:《论商代长江上游川西平原青铜文化与华北和世界文明的关系》,《东南文化》1993年第2期。
② 宋治民:《早期蜀文化与商周文明》,《四川文物》1997年第1期。
③ 陈显丹:《论广汉三星堆遗址的性质》,《四川文物》1988年第4期。
④ 晓昆:《三星堆遗址社会性质初探》,《四川文物》1989年第S1期"广汉三星堆遗址研究专辑"。

标志着先蜀文化的结束和蜀国文明史的开端，随着城乡、阶级和社会的分化和发展，国家权力已经形成。手工业的细密分工和专门化生产，以及制作过程中采矿、运输、冶炼、铸造、加工等工艺流程的分工协作，表明手工业专门化技术队伍的形成，而海贝、象牙、铸造青铜的锡料表明大宗贸易的开展，印证了三星堆早期蜀王国对战略资源和社会财富的获取。文章指出早期蜀王国是一个独立的政治实体，其形成是几个贵族政治酋邦之间征战的结果。这篇文章中运用了文明起源研究中的酋邦理论，进一步厘清了国家与其形成之前的酋邦的关系①，作者运用有限的资料，系统深入地阐释了三星堆文明从酋邦到国家的演化，以及三星堆神权国家的运行机制等②。

孙华从三星堆国家的都城圈以外只有极少数的聚落存在，推断三星堆国家是中央对地方实施简单掠夺统治的早期国家，实行扁平化的统治模式，在都城地区以外设置数量极少的统治据点或军事基地，通过掠夺实现都城地区人们的日常消费、祭祀活动和对外交换。对地方的管理则是国家都城集中全国军队进行威慑，定期派遣军队外出征伐。

相关研究一致认为三星堆已经进入了国家形态，今天发现的三星堆遗址就是三星堆国家的都城所在。学界对于三星堆国家具有防御体系、军队和祭祀礼仪也基本形成共识。对于三星堆文化的运行机制，由于缺乏充分有力的证据，目前还多处于推断的阶段，三星堆遗址尤其是三星堆祭祀坑大量高等级器物的出土，为这种推断提供了一定的依据，但相关研究的进一步深入，还需要三星堆遗址及周边同时期相关遗址资料的进一步发掘、整理和加强。

二、三星堆城市形态研究

城市作为文明形成的重要标志，在三星堆文化的形成研究中取得了较为丰硕的成果。已有研究对三星堆古城的起源形成、结构布局、城市发展等方面都有比较深入的探讨，大致勾勒了三星堆城市的形态。

三星堆古城的研究，由于相关发掘工作的影响，开始得相对较晚。在1987年5月的"三星堆遗址考古座谈会"上，苏秉琦提醒要重视寻找三星

---

① 段渝：《蜀文化考古与夏商时代的蜀王国》，《四川文物》1994年第1期。
② 段渝：《酋邦与国家起源：长江流域文明起源比较研究》，北京：中华书局，2007年。

堆是否有城。① 当年秋季，横梁子土埂被确认为西城墙。② 1988年，在前述工作的基础上确定三星堆土埂为"南城墙"，真武村横梁子为东城墙③；认识到城墙系夯筑而成，横断面为梯形，墙外有壕沟遗迹④，推测城市布局为"三面筑墙、一面环水"⑤。论者认为"墙体与北面的大河构筑了一个东西2000米、南北1500多米的城区"，居民区密布，有玉石器作坊、制陶窑址、墓葬以及祭祀坑等。⑥ 1989年发现龙背梁子土埂，经过1994—1995年的试掘，修订此前关于三星堆土埂为南城墙的认知，认为龙背梁子为南城墙⑦。随着对南城墙的确认，陈德安提出城址为北窄南宽的布局，面积3.5—3.6平方千米，城墙外侧均有20—30米宽的壕沟，壕沟与鸭子河、马牧河联通形成综合性的水系工程，并认为城墙的建筑年代在三星堆遗址二期，使用为三星堆二期晚段至四期。⑧ 1999—2000年，通过对月亮湾土埂的复查，确认这是人工堆筑的城墙。⑨

段渝将三星堆古城界定为城乡分化初期阶段的"早期城市"或"最初城市"。城内房屋面积大小有别、出土大量礼器而缺乏生产工具，有埋藏大批青铜器、金器、玉石礼器的祭祀坑而墓葬无随葬品等，均反映出"各种生产资源、富于战略意义和宗教权威神秘感的自然资源、大量社会财富向着三星堆古城的单向性流动及高度汇聚，表现出高度的社会控制，而青铜兵器从三星堆古城向次级邑聚和边缘地区的反向流动，又表现出对专职暴力机构的控制"，这一切均表明国家政权在物资流动机制中起决定左右，"其核心是王权与神权"，物化为巨型城墙建筑、青铜器、玉石器和大型礼仪中心，而这些正是三星堆古城形成一座早期城市的最主要标志。文章还指出，"三星堆的城市文明，是与城墙的营建一同发展起来的，城墙便

---

① 苏秉琦：《西南地区考古——在四川广汉三星堆遗址考古座谈会上的讲话》，《华人·龙的传人·中国人——考古寻根记》，沈阳：辽宁大学出版社，1994年，第16页。
② 陈德安、杨剑：《三星堆遗址商代城址的调查和认识》，《夏商周方国文明国际学术研讨会论文集 2014》，北京：科学出版社，2015年。
③ 陈显丹：《论广汉三星堆遗址的性质》，《四川文物》1988年第4期。
④ 陈德安：《广汉三星堆早期蜀国城墙》，中国考古学会编《中国考古学年鉴 1990》，北京：文物出版社，1991年。
⑤ 陈显丹：《论广汉三星堆遗址的性质》，《四川文物》1988年第4期。
⑥ 赵殿增：《近年巴蜀文化考古综述》，《四川文物》1989年第S1期"广汉三星堆遗址研究专辑"。
⑦ 陈显丹：《广汉三星堆大事记（1929～2000.2）》，《中华文化论坛》2001年第1期。
⑧ 陈德安：《三星堆遗址的发现与研究》，《中华文化论坛》1998年第2期。
⑨ 四川省文物考古研究所：《三星堆遗址月亮湾城墙》，中国考古学会编《中国考古学年鉴 2001》，北京：文物出版社，2002年。

是三星堆早期文明的首要代表和最重要标志"。① 在此前一年发表的《关于长江文化研究的几点思考》一文中，段渝指出三星堆古城并不是一座大规模的设防城市，从其城墙内外两面均为斜坡形、横截面梯形可知。三星堆古城的起源与形成，同宗教密切相关，"作为商代蜀国的国都，是神权中心与政治中心的高度统一体"，其城市起源和形成的道路，与华北有重大差异。②

罗伯特则指出，虽然三星堆城址远离商文化的京畿中心，但它仍然是商代主要都市之一，说明"三星堆曾是中国早期青铜文明的一个重要中心地区，并且与其他商文明中心有着密切的关系"。③

2013—2015年，北城墙（真武宫城墙）④、马屁股城墙⑤、青关山城墙的发现，确认了三星堆古城的北城墙的存在；仓包包⑥、李家院子城墙残段的发现，使学者们认识到三星堆古城在大城之内，还存在着小城。雷雨等人指出，三星堆遗址的城圈结构应是"一大多小"的格局，"一大"是指"由东城墙、南城墙、西城墙以及由青关山城墙、真武宫城墙和马屁股城墙串联起来的北城墙合围而成的大城圈"，"多小"指位于大城圈内的多座小城，可确认的有月亮湾小城和仓包包小城，月亮湾小城"由月亮湾城墙、真武宫城墙、青关山城墙、西城墙北段及其南端东转部分合围"而成，仓包包小城"由仓包包城墙、李家院子城墙、马屁股城墙和东城墙北段合围"而成，并推测大城圈南部可能还有其他小城。⑦ 万娇推断三星堆遗址月亮湾小城和三星堆小城可能在宝墩文化时已经兴建，而三星堆小城最终形成西城墙在马牧河以西的格局，时间晚于月亮湾小城，应在第二大期之前。两座小城的城墙在三星堆文化时期得以拓宽增筑。此后，随着南城墙、东城墙的修筑，大城围合，其时代不晚于仓包包小城的始建年代即

---

① 段渝：《巴蜀古代城市的起源、结构和网络体系》，《历史研究》1993年第1期。
② 段渝：《关于长江文化研究的几点思考》，《东南文化》1992年第2期。
③ ［美］罗伯特·W. 贝格勒：《四川商code》，雷雨、罗亚平译，李绍明、林向、赵殿增主编《三星堆与巴蜀文化》，成都：巴蜀书社，1993年，第73、69页。
④ 雷雨：《四川广汉三星堆遗址2012~2013年考古新收获》，国家文物局主编《2013中国重要考古发现》，北京：文物出版社，2014年，第46—51页。
⑤ 四川省文物考古研究院：《四川广汉市三星堆遗址马屁股城墙发掘简报》，《四川文物》2017年第5期。
⑥ 雷雨：《四川广汉三星堆遗址2012~2013年考古新收获》，国家文物局主编《2013中国重要考古发现》，北京：文物出版社，2014年，第46—51页。
⑦ 四川省文物考古研究院：《四川广汉市三星堆遗址马屁股城墙发掘简报》，《四川文物》2017年第5期。

公元前1600年左右。三星堆遗址第三大期时三星堆古城废弃。①

万娇此书成文于其博士论文的基础上，在该书出版之前，孙华也提出了有关三星堆城的看法，并探讨了万娇关于三星堆城的部分观点。在孙华看来，三星堆古城经历了三个营建阶段：早期人们在鸭子河和马牧河之间修筑了西北小城"月亮湾小城"；中期向东、向南扩城，跨过马牧河，形成了南城区的"三星堆小城"；晚期更向南推进到三星堆外城南城墙的位置，并在东郭兴筑了"仓包包小城"。月亮湾小城一直作为行政统治中心，青关山地点修建了宫殿等大型建筑。在三星堆遗址第二大期后段形成了西北北小城为行政中心、西部南小城为宗教中心，而东部和最北部为工业中心的基本格局。孙华同时还推断三星堆城的北城墙在马屁股城墙—李家院子城墙—青关山城墙一线以北的鸭子河边，并对三星堆城东、西、南三面可能存在的城门进行了推测。②

已有研究关注到了三星堆古城的形成过程和城市布局，并对三星堆古城所体现的神权与王权的功能进行了探讨，为我们勾勒了三星堆文化时期古城发展演变的历程，这一历程同时也反映了三星堆国家形成发展的过程。日后三星堆古城的相关发掘资料的披露，能够进一步深化有关三星堆古城及其在三星堆文化形成过程中的地位与作用的研究。

三、三星堆祭祀形态研究

如前所述，三星堆作为一个神权国家，祭祀在其政治和社会生活中占据着十分重要的地位。赵殿增指出，历次发掘出土的多种形态的神坛、青铜神像、神兽、神器，表现出祭祀活动已经是三星堆社会的常态，是"三星堆神权国家逐步走向成熟、兴旺发达的重要标志"；神庙作为举行祭祀活动和实现管理职能的场所，是整个国家的宗教和政治中心；举行祭祀仪式后，祭祀用品埋入土坑，表达了对天地万物祖先神灵的敬重与奉献。神坛、神庙和祭祀坑共同构成了三星堆祭祀活动的基本架构。③孙华也认为，8个埋藏坑的器物"原先应该是三星堆国家神庙内的一整套像设、陈设和礼仪用具。这些像设中的真人大小的全躯大立人铜像、铜木复合的铜

---

① 万娇：《从三星堆遗址看成都平原文明进程》，北京：科学出版社，2020年，第281页。
② 孙华：《三星堆遗址的初步研究》，四川大学博物馆、四川大学考古学系、成都文物考古研究院编《南方民族考古》第十五辑，北京：科学出版社，2017年；《三星堆埋藏坑概说》，《文史知识》2021年第8期。
③ 赵殿增：《三星堆祭祀活动的基本架构：神坛、神庙、祭祀坑》，《四川文物》2022年第5期。

人头像、表现仪式场景中多个人物的铜组像等，表现的都是不同等级、不同社群、不同职业的三星堆统治阶级成员在祭祀场所中的形象"①。三星堆1、2号坑大量祭祀用品的出土，引发了学术界对于其祭祀功能的广泛关注。参与该领域讨论的学者众多，讨论的内容也比较繁杂，围绕三星堆器物坑的性质、青铜立人像的身份、祭祀对象、祭祀用品等都展开了热烈的讨论。

（一）有关祭祀场所的讨论

已有研究对三星堆祭祀场所的关注不多。孙华推测早、中期的祭祀场所在小城东南部的月亮湾地点。三星堆文化晚期，祭祀场所被迁至马牧河南岸的滨河地带，形成了西北小城为行政区、西南小城为宗教祭祀区的格局，推测祭祀区里还有神庙一类的宗教建筑。而发掘出土的6座埋藏坑（除5、6号坑外）是有规划营建的，用以埋藏处理自己毁坏神庙像设和陈设，5、6号坑用来埋藏神庙毁弃设施。②赵殿增认为青关山F1可能是位于高台之上的"神庙"，为两面坡重檐屋顶的大型单层单体建筑，建筑物的主轴和通道呈东南—西北走向，大房子具有宗教祭祀活动场地和神像祭器保存场所的双重功能。③

有关三星堆器物坑的性质探讨，也可以纳入祭祀场所的范畴。目前这一讨论大致形成了"祭祀坑""非祭祀坑"两种较为集中的观点。三星堆遗址1号坑发掘报告肯定了坑内出土物品为祭祀用品，认为两个器物坑出土的"青铜人头像、人面像、神树以及玉璧、瑗、璋、戈等，都应是祭祀用品"，器物坑的器物是在"燎祭活动后瘗埋的"④。发掘者之一的陈显丹详细描述了两个祭祀坑出土时的情形，大量器物呈现出焚烧的痕迹，而坑壁则没有烟熏痕迹；两个坑内有大量红砂泥芯、铜渣、部分范和黄金料等，反映出坑内遗物为就地铸造，应是举行某种仪式时在现场使用后而埋入坑内的，认定1、2号坑为祭祀坑，推测三星堆的堆子是一处露天祭坛，

---

① 孙华：《三星堆国家的结构和特征》，《中国社会科学》2023年第1期。
② 孙华：《三星堆遗址的初步研究》，四川大学博物馆、四川大学考古学系、成都文物考古研究院编《南方民族考古》第十五辑，北京：科学出版社，2017年；《三星堆埋藏坑概说》，《文史知识》2021年第8期。
③ 赵殿增：《浅谈三星堆遗址青关山F1的结构与功能——兼与杜金鹏先生商榷》，《四川文物》2021年第3期。
④ 四川省文物管理委员会、四川省文物考古研究所、四川省广汉县文化局：《广汉三星堆遗址一号祭祀坑发掘简报》，《文物》1987年第10期；四川省文物管理委员会，四川省文物考古研究所，广汉市文化局、文管所：《广汉三星堆遗址二号祭祀坑发掘简报》，《文物》1989年第5期。

是举行重大礼仪的场所。① 赵殿增指出三星堆遗址出土的瘗埋器物的长方形土坑，其性质均属于祭祀坑，但他同时指出古蜀国是独立性很强的文明中心，其祭祀活动不可能与中原地区的信仰和祭祀活动一致，因而不应简单地套用中原古文献来理解三星堆的宗教和礼仪活动。②

也有学者不认同"祭祀坑"的提法，但孙华认为燎祭和瘗埋的祭祀对象有别，"用'先燎后埋'来解释三星堆器物坑的遗存状况，进而将坑的功用推断为祭祀坑，这是不妥当的"，他指出1、2号坑应当是根据原始宗教的某种习俗而掩埋的古蜀国国君神庙器物的"埋藏坑"③。罗伯特认为三星堆遗址难以找寻到古人祭祀的场合、墓地以及古人假想中的祭祀对象等线索，也缺乏用以阐释三星堆器物坑内的古代宗教和礼仪情况的资料。他进一步指出，甲骨文中燎祭的祭祀对象为商王祖先或自然神祇，祭品主要是牛、羊、猪或者人牲，青铜器和玉器不在祭品之列，青铜器与玉器作为随葬品使用而非祭祀品，反映商王祭祀活动的祭祀坑与三星堆器物坑尽管时代相当，但表现特征大相径庭，因而他指出三星堆器物坑出土器物的性质、代表的礼仪难以明晰，其所反映的宗教礼仪与安阳殷墟礼仪制度迥然有别。④

可见，对三星堆1、2号坑的性质认识，学界的分歧较大，"祭祀坑"的提法没有得到学术界的认同，有不少学者在描述三星堆遗址出土大量器物的土坑时，会使用"埋藏坑""器物坑"等比较中性的词语，不对坑的性质进行界定。三星堆3—8号坑的发掘简报指出，K1、K2、K3、K4、K7、K8这些坑的性质更偏向于祭祀器物埋藏坑，而K5、K6连同祭祀区内的3座小型圆形祭祀坑则是事实上的祭祀坑。⑤

（二）有关青铜人像的探讨

学术界对青铜人像尤其是青铜大立人像身份的探讨较多，不少学术成果认为它是主持祭祀的巫师。沈仲常认为三星堆青铜大立人像是主持祭

---

① 陈德安等：《我国商代考古获重大成果，广汉揭露除两个大型祭祀坑》，《中国文物报》1987年10月1日；陈显丹：《三星堆一、二号坑几个问题的研究》，《四川文物》1989年第S1期"广汉三星堆遗址研究专辑"；陈显丹：《广汉三星堆一、二号坑两个问题的探讨》，《文物》1989年第5期。
② 赵殿增：《三星堆地祭祀坑文物研究》，李绍明、林向、赵殿增主编《三星堆与巴蜀文化》，成都：巴蜀书社，第81页。
③ 孙华：《关于三星堆器物坑若干问题的辩证》，《四川文物》1993年第45期。
④ ［美］罗伯特·W.贝格勒：《四川青城》，雷雨、夏亚平译，李绍明、林向、赵殿增主编《三星堆与巴蜀文化》，成都：巴蜀书社，1993年，第71—72页。
⑤ 三星堆遗址祭祀区考古工作队等：《四川广汉市三星堆遗址祭祀区》，《考古》2022年第7期。

祀的巫师，为蜀人中的群巫之长，也可能是某一代蜀王的形象；陈显丹、陈德安亦持类似观点，认为这尊青铜大立人像可能表现了巫觋形象，在祭祀中起通天达地的作用①。孙华也认同三星堆铜立人是从事祭祀和巫术活动的祭司，属巫师之属，但"与王者或侯伯等世俗等级身份的贵族没有多大关系"②。赵殿增认为青铜人像和青铜人头像是组织祭祀活动的巫师或首领，并进而指出，坑内出土的人面具和眼形饰是祖先神，神树和神兽是沟通天地人神的中介，玉石器和青铜礼器是祭祀活动的礼器。③朱亚蓉将三星堆两坑出土的青铜人头像、青铜面具及全身人像总称为青铜偶像群，她不认可此前的"宗庙神像说"和"人牲说"，认为是"肩负着连接天地、沟通人神这一神圣使命的巫师"，三星堆青铜偶像群被砸碎、焚烧的现象，可能是"巫觋陟神"的仪式。④孙华等通过对三星堆神像组合的分析，推断了三星堆青铜祭祀的宏阔场景。他认为三星堆人以三位凸目尖耳、面带笑意的人首鸟身神作为主要崇拜对象，其他附属神像也大多为三件一组的组合，其中怒目尖耳、龇牙咧嘴的人首人身或鸟身神像，以及尖耳板状铜神面饰都是为主神服役的低层次神像。主神和可能摆放在神庙正中位置、下面有方形或长方形神坛、背面两侧或其他位置陈放着的2号坑出土的两棵大桐树，构成三星堆神像处在太阳东起西落的宇宙背景。

（三）三星堆祭祀对象研究

陈显丹认为三星堆的祭祀方法是燎、瘗埋、血祭和悬祭组成的合祭，反映出祭天、祭地、祭山、迎神驱鬼、迎敌祭祀等内容。⑤巴家云认为三星堆遗址祭祀坑大量出土遗物表现出三星堆先民拥有系统的神灵思想、完整的祭祀礼仪，认为万物有灵，对天、地、山、河等崇拜，盛行祖先崇拜，并有了巫术思想。⑥李安民则以为三星堆一号坑中的跪坐铜人像体现了比较严肃的礼仪性坐式，表现的是一种"尸祭"，而非奴隶或人牲；B、

---

① 《广汉揭露出两个大型祭祀坑》，《中国文物报》1987年10月1日。
② 孙华：《关于三星堆器物坑若干问题的辩证》，《四川文物》1993年第45期。
③ 赵殿增：《三星堆祭祀坑出土文物研究》，李绍明、林向、赵殿增主编《三星堆与巴蜀文化》，成都：巴蜀书社，1993年，第81—92页。
④ 朱亚蓉：《灵魂的激扬——试论三星堆眼形器的内涵》，宋镇豪、肖先进主编《殷商文明暨纪念三星堆遗址发现七十周年国际学术研讨会论文集》，北京：社会科学文献出版社，2003年，第84页。
⑤ 陈显丹：《三星堆一、二号坑几个问题的研究》，《四川文物》1989年第S1期"广汉三星堆遗址研究专辑"；陈显丹：《广汉三星堆一、二号坑两个问题的探讨》，《文物》1989年第5期。
⑥ 巴家云：《三星堆遗址所反映的蜀人一些宗教问题的研究》，《四川文物》1989年第S1期"广汉三星堆遗址研究专辑"。

C两型青铜人头像则是猎头祭的反映。他不认同树崇拜，指出铜树是蜀人崇拜、祭祀的自然神；认同山崇拜，认为有祭山图案的边璋也印证了传说古史文献中隐形保留的山崇拜思想。① 王家祐、李复华认为三星堆两座祭祀坑的祭祀对象是祭天，其他诸自然神祇是不能当的。②

有关三星堆祭祀对象，学者们的观点多集中在祭天地和祖先神祇两个方面，也有部分学者提出了祭祀自然神的看法，总体来看分歧还比较大。随着三星堆3—6号坑新的青铜器尤其是青铜祭坛的发现和研究，对于三星堆的祭祀对象的认识应当能够有新的突破。

（四）祭祀礼器的研究

三星堆文化中，祭祀礼器较为多样，大多数学者对三星堆遗址出土的青铜器、玉石器的祭祀功能进行了探讨，此外，金器、象牙、丝绸等也被学者们关注到，可能也具有祭祀礼器的功能。考古学者通过对三星堆部分青铜器表面的分析，发现三星堆文化时期的青铜器上普遍残留丝绸痕迹，实证了三星堆文化时期成熟的纺织工艺，推测器物坑内的器物上覆盖或包裹着丝绸，或者是作为"三星堆祭祀体系中一个重要元素，与青铜器、玉器、象牙共同构建了三星堆的祭祀价值体系"③。

沈仲常指出，祭祀坑内与青铜立人像同时出土的大小青铜人面像、青铜神树、象牙、青铜尊、罍等，都是祭祀所用。④ 三星堆铜树是太阳崇拜的产物。⑤ 三星堆1号坑、2号坑出土的青铜尊、罍，发掘者认定"是供盛装祭祀用品而向神作风险的礼器"，其中2号坑出土的喇叭形器座上，跪坐铜人头顶尊、双手捧尊腹的坐像，是尊的使用形式的表现。⑥ 江章华认为，从一些组合青铜器中的青铜容器，反映出尊、罍是非常重要的宗教祭器。⑦ 孙华也认同铜是三星堆人的主要礼仪用器，而多见造型奇特的组合同期如双兽四人托尊形铜熏、跪人顶尊铜像、顶尊人身鸟足铜神像等应是陈放在主神前的供奉用器。⑧ 2019年发掘的三号坑中再次发现同类器物，

---

① 李安民：《广汉三星堆一号、二号祭祀坑所反映的祭祀内容、祭祀习俗研究》，《四川文物》1994年第4期。
② 王家祐、李复华：《关于三星堆文化的两个问题》，李绍明、林向、赵殿增主编《三星堆与巴蜀文化》，成都：巴蜀书社，1993年，第32页。
③ 四川省文物考古研究院等：《三星堆遗址二号坑出土部分青铜器表面附着丝绸残留物的发现与研究》，《四川文物》2022年第1期。
④ 沈仲常：《三星堆二号祭祀坑青铜立人像初记》，《文物》1987年第10期。
⑤ 孙华：《关于三星堆器物坑若干问题的辩证》，《四川文物》1993年第4、5期。
⑥ 四川省文物考古研究所编：《三星堆祭祀坑》，北京：文物出版社，1999年，第445页。
⑦ 江章华：《三星堆系青铜容器产地问题》，《四川文物》2006年第6期。
⑧ 孙华、彭思宇：《三星堆埋藏坑的新发现与新认识》，《中华文化论坛》2022年第6期。

报告指出可见"尊在三星堆文化中具有重要的礼仪性质，这和中原青铜礼器具有共性"。① 乔丹对三星堆祭祀坑出土青铜尊、罍的使用方法进行了分析，推断其"并不作为酒器使用，应是祭祀用品"，"使用方法之一就是让人将尊顶在头上向神灵献祭，而献祭物品就是海贝、象牙珠等从其他地区贸易交换来的珍贵物品"。②

三星堆文化的玉器在祭祀中的作用受到关注较多。早在20世纪30年代，戴谦和指出燕家院子发现的依次相叠的石璧，应为祭祀礼器。③ 20世纪40年代，郑德坤提出该遗址为祭山埋玉遗址。④ 在三星堆1、2号坑发现之前，上述观点一直没有受到重视，随着对三星的1、2号坑出土祭祀用品研究的深化，陈显丹重新关注了月亮湾燕家院子1929年出土的石璧，结合后来三星堆出土的玉璧多发现于一些长方形土坑和祭祀坑内的特点，推测这些玉石璧应与祭祀礼仪和某种意识形态有关，应是一种祭祀礼器⑤。高大伦、李映福在认可三星堆青铜器中罍和尊是有别于中原而自成系统的礼器外，对玉石器中璧、璋也进行了探讨，认为1986年发现的一组成套石璧出土时层叠堆放，是加工后码放在一起，作为礼器使用时从大到小依次排列成列璧，并推测玉璋和玉戈也是成列成套的礼器。⑥

除去对三星堆文化祭祀形态各个方面的深入探讨之外，也有学者探讨了三星堆文化的祭祀体系。林巳奈夫认为青铜彝器、玉器等反映出三星堆文化引进以殷商为代表的华北地区宗教文化系统，因而三星堆文化与殷商文化在宗教观念和祭祀礼仪上应该是相同的，本质上属于殷商文化体系。⑦ 三星堆1号坑出土的金"杖"，发掘者指出可能是"专为祭祀礼仪而制作的'圣杖'"⑧。

可以看出，学界对三星堆文化祭祀形态的研究已经比较深入，取得了

---

① 霍巍：《三星堆：东西方上古青铜文明的对话》，《清华大学学报（哲学社会科学版）》2022年第1期。
② 乔丹：《三星堆祭祀坑出土青铜尊、罍的使用方法》，《四川文物》2019年第5期。
③ 戴谦和：《四川古代石器》，《华西边疆研究学会会志》，第4卷（1930—1931）。
④ 郑德坤：《四川古代文化史》，华西大学博物馆印行，1946年。
⑤ 陈显丹：《三星堆文化玉石器研究》，《四川文物》1992年第S1期"广汉三星堆遗址研究专辑"。
⑥ 高大伦、李映福：《广汉三星堆遗址出土玉石器的初步考察》，《考古与文物》1994年第2期。
⑦ ［日］林巳奈夫：《中国古代的日晕与神话图像》，杨凌译，李绍明、林向、赵殿增主编《三星堆与巴蜀文化》，成都：巴蜀书社，1993年，第126—127页。原刊日本《史林》四卷四号，1991年7月。
⑧ 陈德安、陈显丹：《广汉县三星堆商时期祭祀坑》，中国考古学会编《中国考古学年鉴1987》，北京：文物出版社，1988年，第236页。

一系列的成果：确认了三星堆国家的神权性质和祭祀活动的经常性、丰富性；经过长期的论辩，随着新的考古发掘的开展，对三星堆祭祀区器物坑的性质有了新的认识；对祭祀对象、祭祀礼器有了比较清晰的认识，尽管在有些方面存在分歧，但对从多角度进行思考有启示作用；对三星堆祭祀体系的探讨，有助于加强和深化对三星堆文化的理解和认识。

四、三星堆青铜冶铸技术研究

《商代蜀国青铜雕像文化来源和功能之再探讨》一文中，段渝从三星堆遗址陶器烧铸技术入手，结合三星堆青铜器所展现的多种文化因素融合的特征，提出三星堆文化中大量青铜器的出现应当是当地青铜冶铸技术发展的结果。①

陈显丹指出，有学者认为三星堆两个坑里的青铜器铸造于西周早期，经过数百年的使用后而埋入坑内，四川"西周以前从未发现过如此精湛的青铜工艺，说明蜀人缺乏这种工艺技术积累和发展阶段，蜀人的青铜铸造技术当为商王朝灭后才传到巴蜀之地。同时尊罍及其他青铜器的制造是殷人的铸造师铸造的"，这一观点是有待商榷的，他从以下四个方面进行了批驳：其一，若以西周来论，则在此之前也缺乏这之前的技术积累；其二，三星堆出土的大量青铜人物造型、神树等非容器类的青铜铸造工艺远比尊、罍的铸造工艺复杂；其三，三星堆遗址早期地层中出土的大量陶塑品种已展现出绘画和雕塑的基础；其四，玉石器的加工痕迹已显示出蜀人在商代中晚期以前已经掌握了采矿冶炼金属的技术。②

事实上，有关三星堆遗址的冶铸技术，采用金相组织、电子探针成分分析和X衍射岩相等现代科学方法开展的铜器成分分析，已经给出了较为明确的答案。经过对7类24件出土遗物的采样分析，研究人员指出三星堆遗址出土的铜器成分包括红铜、铜锡、铜铅、铜铅锡和铜锡铅五类，各类型中的铜、铅、锡的含量变动范围较大，反映出铸造技术和工艺还处于较为粗糙原始的阶段，金相组织显示出铜合金的浇铸件大多存在气孔和铸造缺陷，较中原地区落后。此外微量元素中不见锌的存在，推测用来冶炼青铜的铅矿应为无铅伴生，应是与同期中原地区冶炼青铜的铅产地不同。在铸造工艺方面，既使用了中原地区广泛使用的分铸法，也有独具地方特

---

① 段渝：《商代蜀国青铜雕像文化来源和功能之再探讨》，《四川大学学报（哲学社会科学版）》1991年第2期。
② 陈显丹：《广汉三星堆遗址一、二号坑的时代、性质的再讨论》，《四川文物》1997年第4期。

色的一次成型的多范合铸，即混铸法。① 从分析结果来看，三星堆遗址出土的相关青铜器表现出典型的地方特征，表明在当时已经掌握了青铜冶炼技术。陈显丹也表达了类似的观点，指出"蜀人在铸造人像、头像等器物时，确已掌握了冶铸青铜器的整套技术"，同时他也认为"四川出土的青铜器在形制上大多与中原的形制相同，但主要体现了当地的铸造、合金特点"②。段渝《巴蜀青铜文化的演进》一文也指出"商代蜀文化在青铜合金技术上，具有鲜明的特色和显著的地域性"③。

施劲松指出，三星堆文化的青铜器呈现出高度集中的特点，"除两个坑的青铜器外，无论是在三星堆遗址还是成都平原的其他同时期遗址，都没有更多的发现"；青铜器的生产即产品被社会上层严格专控，集中用于宗教或祭祀，而没有用于社会生产、生活等方面，显示出三星堆文化的青铜器是短时间内集中制造的，推测青铜生产技术也是突然出现，而非在本地逐渐发展起来的。④ 在江章华看来，三星堆青铜容器与同时期商文化殷墟二期同类器基本特征相同，尊为高领大口，口径略大于肩径，折肩，圈足较高；纹饰以雷纹衬地，兽面纹有连体和分解兽面纹，身多曲折，多扉棱设计，但三星堆青铜容器在模仿商文化青铜器的同时，还按照自己的信仰和需要重新进行了设计铸造，比如铜容器肩部的扁身立鸟饰、横贯口的兽面纹等，可以认为"三星堆出土的青铜容器是三星堆人在商式铜器的基础之上，按照三星堆社会独有的宗教信仰及其在宗教活动中发挥的重要功能进行设计铸造的"，而商文化的入川路线可能是经由陕西城固一带，长江中游的青铜容器不排除是三星堆铸造的可能。⑤

对三星堆文明形成要素的充分关注和深入探讨，大致构建了三星堆文明形成的总体框架，对这部分内容的梳理，有助于从宏观上对三星堆文化的形成研究进行系统的把握。上述研究吸引了大量的学术同仁广泛参与，已有成果从不同侧面和角度展开探讨，进行了较为充分的研究。但文明要素只是文明形成研究的重要组成部分，而支配文明要素的政治组织结构在文明形成过程中发挥了更为重要的作用，对于目前这方面的研究却还较少，其中以段渝的研究最具代表性，他从三星堆的政治组织结构入手，

---

① 曾中懋：《广汉三星堆一、二号祭祀坑出土铜器成分的分析》，《四川文物》1989年第S1期"广汉三星堆遗址研究专辑"。
② 陈显丹：《广汉三星堆青铜器研究》，《四川文物》1990年第6期。
③ 段渝：《巴蜀青铜文化的演进》，《文物》1996年第3期。
④ 施劲松：《三星堆文化的再思考》，《四川文物》2017年第4期。
⑤ 江章华：《三星堆系青铜容器产地问题》，《四川文物》2006年第6期。

对三星堆文明神权政体的运作系统从分层社会的复杂结构、基本资源的占有模式、再分配系统的运作机制、统治集团的分级制体系等方面展开了系统探讨[①]，形成了有关三星堆文明形成研究的系统认知，这一研究拓展了三星堆文明形成研究的范畴，深化了对三星堆文明形成的认识。但目前看来，立足于政治组织结构的力量还比较薄弱，随着三星堆遗址考古工作的持续开展，相关研究还有进一步深化的空间和必要。

结　语

综上可知，20世纪80年代以来，有关三星堆文化的分期、三星堆文化的来源以及三星堆文化的形成等领域的研究均取得了丰硕的成果。有关三星堆文化的分期研究，展示了学术界对长江上游青铜文化的重要代表——三星堆文化的认识经历了一个严肃漫长的思考过程，这一讨论是热烈的，形成的成果也体现出较强的学术性，逐步深化了学术界对三星堆文化内涵的认识。有关三星堆文化的来源研究，学术界从本地新石器文化、长江流域早期文化、中原夏商文明以及其他相关区域对三星堆文化源头的展开探索，初步形成了一些较为学界认可的观点，即三星堆文化是在本地新石器文化基础上发展而来，在这一过程中，对其他区域的文化进行了充分的吸收融合，最终形成了独具特色的复合型文化，为后续三星堆文化的起源研究提供了重要的学术支撑。学术界有关三星堆文化的形成的已有研究，形成了较为多样化的观察和理解，重点探讨了三星堆文化的国家性质、城市发展、祭祀思想、祭祀行为等，从多个角度对三星堆文化的形成进行考察。在国家形态的构成、祭祀形态以及城市形态等方面的研究中，学者们从不同的角度分析，提出了不少真知灼见。

综合本节来看，上述研究为未来的三星堆文化研究提供了重要的学术基础，在一些领域取得了一定的共识。但受限于资料，涉及三星堆文化起源与形成的相关研究中，不少领域还存在较大的分歧，如不同区域的文化对于三星堆文化起源的影响程度、影响方式、阶段性变化等；在三星堆文化形成的相关研究上也存在一定程度的分歧，如关于三星堆文化中青铜的铸造技术、祭祀的方式方法、国家和城市形态等，都还有待进一步的研究。此外，近些年考古工作的大量开展和考古资料的日渐丰富，也对我们

---

① 段渝：《政治结构与文化模式——巴蜀古代文明研究》，上海：学林出版社，1999年，第83—158页。

提出了新的要求，需要我们在充分把握新成果新资料的基础上，对已有研究进行充分的学习和借鉴，在此基础上对三星堆文化的起源与形成等问题展开进一步的思考和探讨。从已有研究可知，有关三星堆文化的起源与形成研究，与中国广大区域的早期文化密切相关，因此更需要未来的研究在借鉴吸纳已有成果的基础上，将三星堆文化置于更为广阔的背景下，通盘考虑，在中国视野下或国际视野下进行观察，从整体观的视角加强对三星堆文化起源与形成的相关研究。

第三章
三星堆文化的交流研究述评

李桂芳

三星堆文化①是以广汉三星堆遗址为典型遗址命名的考古学文化。自20世纪80年代以来，随着四川盆地青铜时代考古发掘工作的全面展开，已有不少学者从多个角度对三星堆文化进行研究，并取得了丰硕的成果。目前，大多数学者认为三星堆文化是在宝墩文化的基础上直接发展起来的。②三星堆文化在其发展过程中，土著文化因素始终占据主导地位，独具区域特色，是中国青铜文明的重要组成部分。三星堆文化具有明显的自成体系的结构框架，"三星堆遗址文化内涵连续变化、发展演进，揭示出蜀文化的发展脉络，清楚地表明了它是与中原文化不同区系的一种文化"③。顾颉刚先生早年提出的"巴蜀文化独立发展说"④及苏秉琦先生所提出的古蜀文化"自成一系说"⑤，李学勤先生认为的"古蜀文化本身有着相对独立的起源和发展历程"⑥，这些无疑都揭示了作为古蜀文明代表的三星堆文化是中国文明的起源地之一，是古代长江上游的一大文明中心。但三星堆文化并不是封闭和孤立的，它与中原及周邻甚或外域文化都有着密切的交流，并吸收借鉴了其他文化因素，是具有多元文化特色的复合型文化。本章将从三星堆与中原夏商、周邻地区以及外域文化交流的角度入手，从文化交流的内容、方式、途径等几方面来述评三星堆文化的交流研究。

---

① 根据学界对三星堆遗址文化的分期，本章所述评的三星堆文化特指大多数学者认同的三星堆遗址文化的二、三期文化。
② 江章华、李明斌：《古国寻踪：三星堆文化的兴起及其影响》，成都：巴蜀书社，2002年，第86页。
③ 段渝：《三星堆与巴蜀文化研究七十年》，《中华文化论坛》2003年第3期。
④ 顾颉刚：《论巴蜀与中原的关系》，成都：四川人民出版社，1981年，第2页。
⑤ 苏秉琦：《中国文明起源新探》，北京：生活·读书·新知三联书店，2019年，第76页。
⑥ 李学勤：《三星堆文化与西南丝绸之路》，《文明》2007年第7期。

第一节　三星堆与中原夏商的文化交流

四川盆地所处的特殊地理环境，使其自古以来就是一个相对独立的地理单元。《史记·货殖列传》载巴蜀虽四塞，但"栈道千里，无所不通"。古蜀先民通过智慧和勤劳，打破了自然地理隔绝，实现了与其他区域之间的文化交流互动。一直以来，以三星堆文化为代表的古蜀文明被视为早期中华文明"多元一体"格局的重要组成部分，原因即在于三星堆与中原地区有着密切的文化交流。据文献所载，古蜀与中原很早就发生了联系。《华阳国志·巴志》载："（禹）会诸侯于会稽，执玉帛者万国，巴、蜀往焉。"[①]《华阳国志·蜀志》亦载："蜀之为国，肇于人皇，与巴同囿。至黄帝，为其子昌意娶蜀山氏之女，生子高阳，……封其支庶于蜀，世为侯伯，历夏、商、周，武王伐纣，蜀与焉。"[②]随着四川考古事业的蓬勃开展，特别是广汉三星堆遗址的发掘，不仅证实了蜀的存在，并且也确定了蜀的地理位置，即位于今四川盆地，这一观点也得到了学界大多数学者的认同。三星堆遗址出土的大量陶器、玉器、青铜器等，显示出三星堆与中原夏商有着较多的文化交流与碰撞，正如已故著名历史学家李学勤先生所言："三星堆文化里面，可以清楚地看见中原文化的影响，这一点是不能够低估的，也是不能够抹杀的。"[③]

一、三星堆文化与夏商文化的交流内容

（一）三星堆文化与夏文化的交流内容

关于"夏文化"的问题，学术界长期争论未决，但大多数学者认为二里头文化就是夏文化。三星堆文化与夏文化的交流就主要体现在与二里头文化的交流上。1986年，随着三星堆遗址1、2号祭祀坑的发掘，出土文物引起了国内外学者的广泛关注，并掀起了三星堆文化的研究热潮。根据三星堆遗址出土的器物，学界认为三星堆文化与二里头文化有着密切的联系。李学勤先生曾指出，三星堆出土的陶盉和牙璋都表明了与二里头文化有影响、交流的关系。[④]孙华指出三星堆文化出土的青铜牌饰、铜铃、玉

---

① （晋）常璩撰，刘琳校注：《华阳国志校注》卷一《巴志》，成都：巴蜀书社，1984年，第21页。
② （晋）常璩撰，刘琳校注：《华阳国志校注》卷三《蜀志》，成都：巴蜀书社，1984年，第175页。
③ 李学勤：《三星堆文化与西南丝绸之路》，《文明》2007年第7期。
④ 李学勤：《从广汉玉器看蜀与商文化的关系》，李绍明、林向、徐南洲主编《巴蜀历史·民族·考古·文化》，成都：巴蜀书社，1991年。

牙璋、陶袋足盉、陶觚形杯、陶高柄豆等，在二里头文化中都有类似的器物①，三星堆文化二期与中原二里头夏文化存在某种内在的联系②。杜金鹏认为三星堆文化中的封顶陶盉和高柄豆与二里头文化的陶盉和高柄豆极其相似。③ 段渝通过文献所载和考古发掘所见，认为三星堆遗址出土的陶盉、高柄豆等器物与二里头夏代遗址相似，说明蜀与夏确曾发生过经济文化交往的事实。④ 李伯谦认为三星堆文化一期的主体部分为土著文化因素，次要部分是"以盉、觚形杯为代表的来自中原二里头文化的因素"⑤。

2000年召开了"殷商文明暨纪念三星堆遗址发现七十周年国际学术研讨会"，来自国内外的专家学者聚集一堂，其中三星堆文化与中原文明、三星堆文化与周边区域文明的关系和影响等成为海内外学术界共同关心的热点话题。此次盛会把三星堆文化与中原文化交流的研究推向了一个更高的阶段。此后，三星堆文化与夏文化的关系研究得到进一步深入，并产生了一批高质量的研究成果。总的说来，这一阶段的成果仍主要为根据三星堆与二里头遗址的出土器物进行对比研究，综合论证两地文化确存在交流的事实。宋治民认为三星堆早期蜀文化中的青铜礼器、玉石礼器以及陶器中的盉、三足炊器等，有一些可能是从中原地区传来。⑥ 后又撰文提出蜀文化中铜牌饰、牙璋和陶盉是有选择地接受二里头文化影响或传播的器物。⑦ 曹玮从陶器、青铜器和玉器的器形、用途以及器形本身所具有的社会功能等方面论述了三星堆文化中包含的中原夏商文化因素，指出三星堆文化二期中的陶器"大量出现具有中原夏商文化特征的器类，如盉、斝、高柄豆、圈足盘、云雷纹壶、器盖、杯等"，提出"玉器和陶器一样，具有礼器特点或用于祭祀的器类，大多与中原夏商文化具有密不可分的关系"⑧。郑光认为三星堆遗址出土的陶礼器之盉、豆，从形制至演变规律

---

① 孙华：《试论三星堆文化》，《四川盆地的青铜时代》，北京：科学出版社，2000年，第153—155页。
② 孙华：《巴蜀文物杂识》，《文物》1989年第5期。
③ 杜金鹏：《三星堆文化与二里头文化的关系及相关问题》，《四川文物》1995年第1期。
④ 段渝：《蜀文化考古与夏商时代的蜀王国》，《四川文物》1994年第1期。
⑤ 李伯谦：《对三星堆文化若干问题的认识》，《考古学研究（三）》，北京：科学出版社，1997年，第90页。
⑥ 宋治民：《略论广汉三星堆遗址一期文化及相关问题》，宋镇豪、肖先进主编《殷商文明暨纪念三星堆遗址发现七十周年国际学术研讨会论文集》，北京：社会科学文献出版社，2003年，第36页。
⑦ 宋治民：《试论蜀文化和夏商文化的关系》，《洛阳师范学院学报》2010年第1期。
⑧ 曹玮、秦小丽：《三星堆文化与中原夏商文化的关系》，宋镇豪、肖先进主编《殷商文明暨纪念三星堆遗址发现七十周年国际学术研讨会论文集》，北京：社会科学文献出版社，2003年，第137页。

都与中原二里头基本相同；三星堆文化的铜礼器，其器形其纹饰皆与中原相同。①

对于三星堆文化与二里头文化的交流，不少学者还具体到了对两地出土的同一类型器物的研究。其中，对铜牌饰的研究就是一个重要内容。铜牌饰主要流行于二里头时代，它的造型非常特殊，目前仅在我国新疆哈密、甘肃天水、河南二里头、四川三星堆等地有发现，已有不少学者对各地铜牌饰进行了对比研究。目前，学界对铜牌饰的起源以及三星堆铜牌饰的来源有不同的观点。对三星堆铜牌饰来源地的研究，学界有两个主要观点：一是来源于中原二里头文化；二是来自西北地区。一些学者根据三星堆遗址出土的铜牌饰年代比二里头遗址出土的晚、数量少于二里头遗址的客观事实，推测三星堆文化中铜牌饰的出现是受到二里头文化传播影响的结果。曹玮认为三星堆遗址出土的青铜镶嵌绿松石的牌饰，"其形制和文饰的镶嵌方法都和二里头文化中出土的同类器相似"②。方燕明通过比对三星堆遗址出土的铜牌饰和二里头出土的铜牌饰，认为三星堆遗址真武仓包包祭祀坑中发现的铜牌饰、广汉原高骈乡砖瓦厂的一个土坑中出土的铜牌饰与中原二里头文化的铜牌饰基本相似，提出广汉的铜牌饰是由二里头的铜牌饰发展演变而来的。③赵殿增认为三星堆与二里头出土的铜牌饰有许多相似之处，"充分说明了两者是同一类型同一种用处的器物"，"表明两地文化之间存在着直接的内在的联系"。④目前，对于三星堆文化中出现的铜牌饰与二里头铜牌饰的关系，也有学者持不同的观点。陈小三认为，镶嵌绿松石铜牌饰起源于西北地区，并从牌饰形态、穿系方式等方面分析指出"四川盆地牌饰的产生和新疆哈密地区的牌饰有密切的联系"⑤。施劲松根据在成都平原的新石器文化中没有生产青铜器的迹象，

---

① 郑光：《从三星堆文化看古蜀地与中原的关系》，宋镇豪、肖先进主编《殷商文明暨纪念三星堆遗址发现七十周年国际学术研讨会论文集》，北京：社会科学文献出版社，2003年，第111页。
② 曹玮、秦小丽：《三星堆文化与中原夏商文化的关系》，宋镇豪、肖先进主编《殷商文明暨纪念三星堆遗址发现七十周年国际学术研讨会论文集》，北京：社会科学文献出版社，2003年，第137页。
③ 方燕明：《关于二里头文化与三星堆文化的几个问题》，宋镇豪、肖先进主编《殷商文明暨纪念三星堆遗址发现七十周年国际学术研讨会论文集》，北京：社会科学文献出版社，2003年，第119页。
④ 赵殿增：《三星堆与二里头铜牌饰研究》，宋镇豪、肖先进主编《殷商文明暨纪念三星堆遗址发现七十周年国际学术研讨会论文集》，北京：社会科学文献出版社，2003年，第123、125页。
⑤ 陈小三：《试论镶嵌绿松石牌饰的起源》，《考古与文物》2013年第5期。

认为三星堆青铜器的制作技术最可能的来源是我国的西北地区，亦即三星堆早期铜牌饰的来源地。①笔者认为三星堆铜牌饰来源于西北地区的观点也存在可能性。对三星堆铜牌饰的研究涉及中国青铜文化的产生问题。关于中国早期青铜文化的出现过程，目前学术界存在两种说法：一是中国本土说；二是西方传入说。多数学者认为中国青铜器是从西方传入的。考古显示，距今6000年前，两河流域出现青铜器，随后向欧亚草原地带传播至中国西北地区。考古发现，甘肃马家窑东乡林家遗址中出土的铜刀是中国出土的最早的锡青铜，在今西北地区出土的青铜器件普遍早于中原地区，并且在青铜器件数量上也多于中原地区。有学者研究指出"与欧亚草原早期青铜文化的密切联系，应是早期冶金在中国西北地区兴起和发展的重要因素"②。李水城根据西北地区出土的早期铜器的种类与欧亚草原地带青铜文化的器物构成基本相同，提出"西北地区的考古学文化，在中国青铜业发展的过程中，起到了传播和改造的作用，吸收西方的青铜冶炼制造技术"③，后又撰文研究指出，齐家文化的直銎斧、扁马蹄口耳环，青海西宁沈那遗址出土带钩铜矛，四坝文化的穿銎斧、环首刀、喇叭口耳环及联珠饰等器物，与同时期欧亚草原地带安德罗诺沃文化共同体和塞伊玛—图宾诺现象的青铜器物类同，其中带钩铜矛、喇叭口耳环等是欧亚草原青铜文化的典型器物④。胡博认为："中国早期像两河流域一样，经历了青铜技术由处于平原地区的游牧者所掌握发展为由南边的发达地区所掌握，认为不发达的野蛮社会，在金属工艺上往往具有新意，早期青铜时代技术的散播过程是从北方的森林—草原群体到南方定居的文明中心。"⑤考古发现二里头文化出土的青铜器与西北地区的青铜器有许多相同之处，二里头文化的青铜器技术或多或少地受到了西北地区的影响。韩建业认为"二里头青铜文明是在具有兼容并蓄特征的中原文化基础之上，接受西方文化的间接影响而兴起。……二里头文化中双轮车等的出现以及青铜冶金术的发展也应当归因于齐家文化的东渐带来的西方影响"⑥。在《齐家文化的发展演变：文化互动与欧亚背景》一文中作者又提出："齐家文化将新鲜血液

---

① 施劲松：《中国青铜时代的三星堆》，《中国社会科学》2023年第1期。
② 梅建军等：《中国早期冶金术研究的新进展》，中国社会科学院考古研究所科技考古中心编《科技考古》第三辑，北京：科学出版社，2011年，第135—154页。
③ 李水城：《西北与中原早期冶铜业的区域特征及交互作用》，《考古学报》2005年第3期。
④ 李水城、水涛：《甘肃酒泉丁骨堂墓地的发掘与收获》，《考古学报》2012年第3期。
⑤ ［美］胡博：《齐家和二里头：关于远距离文化的接触问题》，《古代中国》第20卷。
⑥ 韩建业：《论二里头青铜文明的兴起》，《中国历史文物》2009年第1期。

带到中原，促成二里头'王国'文明的诞生，在中国的'青铜时代革命'中发挥了重要的桥梁纽带作用。"①庞小霞等认为齐家文化与二里头在文化共存时期有许多交流并互相影响，提出"二里头青铜文明的崛起过程中，齐家文化技术输出起到了重要的作用"②。综上可见，中国青铜技术从外域经西北传入具有道理和事实依据的。因此，三星堆铜牌饰来源于西北地区同样具有合理性。

对牙璋的考察研究，也是学界探究三星堆文化与二里头文化交流的重要内容。牙璋是古代先民的一种祭祀礼器，是中华民族的独特创造，对牙璋的研究有利于深入探讨中华古代文明的区域特征及其文化交流，因此牙璋研究一直是国内外学界关注的热点问题。目前，以牙璋为焦点的国际学术会议召开了两次。1994年，香港中文大学召开的"南中国及邻近地区古文化研究会议"，其中对牙璋的讨论就是会议的焦点之一，此次盛会将牙璋研究推向了高潮；2016在郑州召开了"东亚牙璋学术研讨会"，再次掀起了牙璋研究的高潮。总的来说，目前学界对牙璋的起源地及年代的认识，尚存在一些不同意见。李学勤先生推测牙璋滥觞于良渚文化，兴起于山东龙山文化，并长期存在于南方，其后向北传播，山东出土的牙璋有可能是良渚文化影响下的产物。③杨伯达根据考古发掘推测山东龙山文化遗址出土的牙璋是牙璋的祖型。④邓聪认为牙璋起源于黄河中下游一带，然后向四方扩散。⑤邓淑苹认为牙璋来自陕北地区，提出石峁文化中的牙璋有可能是四川、河南这两区域牙璋的主要源头。⑥林向把牙璋分为南北两支，南支以成都平原的三星堆遗址出土的牙璋为代表，是南支牙璋的原产地；北支以陕北神木石峁为代表。⑦郭静云认为牙璋起源于江汉平原，在江汉及成都地区出土的屈家岭、石家河斜刃璋形状，有可能是牙璋的雏形。⑧朱乃诚研究认为牙璋是夏代、夏王朝、夏部族使用的一种特殊玉器，中原以外地区发现的二里头文化时期制作的牙璋，大多是从中原地区传播出去的，可能与夏王朝灭亡前后以及与"夏社"被铲除前后的历史有

---

① 韩建业：《齐家文化的发展演变：文化互动与欧亚背景》，《文物》2019年第7期。
② 庞小霞、王丽玲：《齐家文化与二里头文化交流探析》，《中原文物》2019年第4期。
③ 李学勤：《试论牙璋及其文化背景》，载《南中国及邻近地区古文化研究》，香港：香港中文大学出版社，1994年，第7页。
④ 杨伯达：《牙璋述要》，《故宫博物院院刊》1994年第3期。
⑤ 邓聪：《香港大湾出土商代牙璋串饰初论》，《文物》1994年第12期。
⑥ 邓淑苹：《牙璋探索——大汶口文化至二里头期》，《南方文物》2021年第1期。
⑦ 林向：《古蜀文明与中华牙璋》，《中华文化论坛》1994年第1期。
⑧ 郭静云：《牙璋起源刍议——兼谈陕北玉器之谜》，《三峡大学学报（人文社会科学版）》2014年第5期。

关。①鉴于牙璋的起源地与传播方向的异议，学界对于三星堆文化与二里头文化中出现的牙璋的探讨也有不同的观点。林向认为典型牙璋之南支以成都平原的夏商方国古蜀国的都邑所在地三星堆遗址为代表，并根据在中原二里头文化与二里岗文化区内的考古发掘显示的南支牙璋少而精的特点，认为中原的牙璋应属于传入品（贡礼品或商贸品）②，即认为二里头文化中的牙璋当由三星堆传入。也有学者持不同观点。朱乃诚根据三星堆文化中牙璋形制的发展演变，将三星堆文化中的牙璋分为三类，除了有一类独具三星堆文化特色，其他两类都与二里头文化的牙璋形制相似，如三星堆遗址中在月亮湾发现的牙璋与二里头文化四期牙璋的形制特征接近，特别是牙璋的扉棱扉牙特征相同；三星堆一号祭祀坑出土的牙璋（k1∶01牙璋）是模仿二里头文化四期的牙璋，由此提出三星堆文化继承了中原地区夏部族使用牙璋的传统，并发展成为古蜀国国家层面的祭器。③宋治民也认为三星堆出土的某一类牙璋与二里头的牙璋基本相同，三星堆牙璋是由中原地区传来或在本地仿造。④尽管学界对于牙璋的起源地和传播方向存在异议，但三星堆文化和二里头文化出现了同一类型的牙璋，则充分说明了两地存在文化交流这一不争的事实。相信随着考古学的发展、资料的日益丰富，相关问题的研究将来会更加深入，从而得出的结论也会更加科学。

（二）三星堆文化与商文化的交流内容

考古资料显示，三星堆文化与中原殷商文化有着密切的关系，二者交流频繁。学界认为三星堆与殷商文化的交流不仅体现在玉石器上，而且在青铜礼器上也有重要体现。据研究，三星堆青铜器虽在形制上具有鲜明个性，但在器形和纹饰等方面可以明显看出受殷商青铜文化的影响。与此同时，中原礼仪文化对三星堆的礼仪制度亦有较深的影响。

霍巍指出三星堆遗址出土的戈、圭、琮、璋、瑗、斧、凿、刀、剑、斤、锛等玉石器，大部分器形与中原地区商文化玉石器相似；1、2号祭祀坑出土的罍、尊、盘等青铜器器形和纹饰如饕餮纹和云雷纹，也与殷商青铜器的风格一致。⑤后又发文进一步指出三星堆文化深受中原礼仪文化的

---

① 朱乃诚：《论牙璋的年代及反映的夏史痕迹》，《考古与文物》2020年第6期。
② 林向：《古蜀文明与中华牙璋》，《中华文化论坛》1994年第1期。
③ 朱乃诚：《论牙璋的年代及反映的夏史痕迹》，《考古与文物》2020年第6期。
④ 宋治民：《试论蜀文化和夏商文化的关系》，《洛阳师范学院学报》2010年第1期。
⑤ 霍巍：《广汉三星堆青铜文化与古代西亚文明》，《四川文物》1989年第S1期"广汉三星堆遗址研究专辑"。

影响，如在祭祀坑中出土的大量作为祭祀礼器的玉璋、玉璧、玉琮等，与殷墟出土玉器几乎如出一辙①，三星堆遗址出土了大量作为礼器使用的青铜尊、青铜罍，"证明三星堆可能接受了来自中原青铜礼制的影响，和中原文化礼制系统有着密切关系"②。李伯谦也认为三星堆遗址出土的青铜器和玉器等证明了中原商王朝和三星堆古蜀王国有过接触，并进一步指出三星堆"古蜀王国不仅在青铜器铸造而且在玉器制作等工艺技术以及某些礼仪制度上确曾受到过商文化的影响"③。陈德安认为，"三星堆遗址出土的戈、璋、琮、璧、环、瑗等玉石兵器和礼器中，绝大多数器物具有明显的商文化因素"；出土的尊、瓿、盘和器盖等青铜礼器中，形制和器物的纹饰也是商文化的纹饰风格。④施劲松也认为三星堆遗址出土的青铜容器如尊，无论是器形还是主要装饰兽面纹，都和殷墟青铜尊一致，这些青铜容器表明三星堆文化受到了商文化的影响。⑤段渝认为三星堆青铜大神树树干上的"飞龙"造型，其文化渊源就在中原。⑥还有学者根据三星堆遗址出土的青铜器物，指出"三星堆器物坑中见有商文化器物遵循商礼的现象，即'商器商礼'"，"三星堆文化礼制中包含有商礼，是对商礼的部分认同与遵循"⑦。

随着学界对三星堆文化研究的深入，有关三星堆与商文化交流的研究内容也得到进一步扩展，其中最为重要的就是对象牙和海贝以及黄金制品的研究，有学者研究认为这些出土遗物反映了三星堆与中原商文化的交流。三星堆遗址出土了数量众多的象牙，这也是三星堆遗址的一大特色。据统计，三星堆1号坑出土13根；2号坑出土67根，另有象牙珠、象牙残器。在新发掘的6个坑中，除6号坑无象牙、5号坑只有象牙器外，其他4个坑都满坑铺设数十至上百根象牙，其中8号坑的象牙更是多达370余根。据文献记载，在早期文明阶段，人们把象牙视为珍品。如《诗经》记载："憬彼淮夷，来献其琛。元龟象齿，大赂南金。"可见，先秦时期象牙就已被贵族视为奢侈品，三星堆文化中也不例外，象牙被视为珍品，是财富

---

① 霍巍：《三星堆：东西方上古青铜文明的对话》，《清华大学学报（哲学社会科学版）》2022年第1期。
② 参见霍巍于2022年10月29日在"中华文化天府论坛·三星堆文化与青铜文明学术研讨会"的发言。
③ 李伯谦：《长江流域文明的进程》，《考古与文物》1997年第4期。
④ 陈德安：《三星堆遗址的发现与研究》，《中华文化论坛》1998年第2期。
⑤ 施劲松：《中国青铜时代的三星堆》，《中国社会科学》2023年第1期。
⑥ 段渝：《发现三星堆》，北京：中华书局，2021年，第186页。
⑦ 雷兴山等：《三星堆与上古中国的青铜礼制》，《中国社会科学》2023年第1期。

和权力的象征。《左传》云："国之大事，在祀与戎。"考古发现象牙在三星堆古蜀王国祭祀中占有重要地位。段渝根据三星堆遗址出土的象牙、象牙制品、象形器物，推测青铜大立人手握之物应为象牙，并提出古蜀祭祀以象牙祭祀为其主要的表现形式。① 由于今天的成都平原已经没有大象的踪迹，因此学界对三星堆拥有如此数量庞大的象牙祭祀品的原因产生了浓厚的兴趣，三星堆遗址中如此多的象牙来自何方，是产自本土，还是从贸易中获得，三星堆象牙的来源成为学界的研究重点。可以说象牙是三星堆文化与其他文化交流的一个重要内容和体现，但对其来源目前学界还存在分歧。有学者提出三星堆出土的象牙有可能来自中原商文化，是双方文化交流的产物。其理由：一是根据文献的记载，商代时期的华北盛产大象，河南简称"豫"，就和大象有关。《吕氏春秋·古乐篇》有云："商人服象，为虐于东夷。"② 二是在商代妇好墓中出土了象牙制品。但也有学者提出了不同意见，认为三星堆遗址出土的象牙皆出自古蜀本土。其理由为不少古文献中都提到了古蜀地区产象，如《山海经·中山经》载"岷山，江水出焉……其兽多犀、象"③；《山海经·海内南经》载"巴蛇食象，三岁而出其骨"④；《华阳国志·蜀志》亦载"蜀之为国，肇于人皇……其宝则有璧玉……犀、象"⑤。同时，有学者依据成都平原曾发掘出土了象的臼齿和头骨，结合文献中有产象的记载以及古环境研究成果（当时成都平原属热带、亚热带温暖气候而适宜大象生存，其后由于气候与环境的变化，再加上人地关系矛盾发展的加剧使大象减少），从而认为象牙出自成都平原及周边地区⑥，又因文献记载的商周时期中原等地区虽有大象或象牙，但与三星堆遗址的考古发现不同，三星堆遗址出土的多是整根的象牙，中原地区极少有整根象牙出土，从而认为三星堆出土象牙产自本地。还有一部分学者则认为三星堆出土象牙并非出自本地，而是来自境外，详见下文。

事实上，目前成都平原虽有发掘出土大象臼齿和头骨，但数量极为稀少，而且至今未曾发现古蜀国有大象的骨骼遗骸，同时据竺可桢的《中国近五千年来气候变迁的初步研究》一文可知，上古时期四川地区的气候与现在相比并无很明显的差别，因此并不适合大象的生存。由此可见，对于

---

① 段渝：《古蜀象牙祭祀考》，《中华文化论坛》2007年第1期。
② （战国）吕不韦著，（汉）高诱注：《吕氏春秋》，上海：上海古籍出版社，1989年，第45页。
③ 袁珂：《山海经校注》，上海：上海古籍出版社，1980年，第156页。
④ 袁珂：《山海经校注》，上海：上海古籍出版社，1980年，第281页。
⑤ （晋）常璩撰，刘琳校注：《华阳国志校注》，成都：巴蜀书社，1984年，第175页。
⑥ 周志清：《成都平原先秦时期出土象牙研究》，《中华文化论坛》2018年第7期。

三星堆象牙来源的认识，还需要依赖更多的考古发现和科技研究来进一步加深。鉴于学界对三星堆象牙来源的不同认识，更需借助现代科技的力量加以论证，目前不同的研究团队正在对三星堆出土的象牙进行锶、氧、碳同位素研究，将成都平原的象牙与其他区域的象牙进行比对，这也将为探讨象牙来源提供新的直接证据。

三星堆遗址出土了数量巨大的海贝，四川盆地地处内陆腹地，因此海贝无疑是"舶来品"。海贝是三星堆文化与其他文化交流的又一大物证，学界认为海贝是三星堆与其他地区交往的"文明密码"。据研究，三星堆出土的海贝主要有虎斑宝贝、环纹货贝等，目前学界普遍认为这些类别的海贝主要分布于印度洋和西太平洋的热带海域，而四川盆地地处内陆，三星堆遗址出土的海贝毫无疑问是与其他地区交流得来。对于三星堆海贝的来源和传播路线，目前学界存在不同的看法，其中一种观点就是海贝也是三星堆与中原商文化交流的见证。有研究者认为海贝来自中原，是与商文化交流的结果；海贝是祭品，不是货币，其理由为考古发现三星堆与中原关系密切，而且中原地区用贝殉葬、祭祀，与三星堆用贝殉葬、祭祀是一致的。[①]另一种观点认为海贝来自其他地区，如段渝根据中外文献对贝的记载，即殷墟甲骨文和一些史册中所谓产贝之地在华南，分析指出华南只是从海岛或沿海国家、地区进口海贝的集散地，而不是原产地；同时根据三星堆海贝中的环纹货贝只产于印度洋深海水域，再加上印度洋北部地区一直流行以齿贝为货币的传统，因此认为三星堆海贝不是来自华南，而是从印度洋北部地区（主要指孟加拉湾和阿拉伯海之间的地区）引入的。[②]

黄金制品是三星堆遗址出土文物的又一大特色。从古至今，黄金都是权力和财富的象征，我国是世界上最早发现和使用黄金的国家之一，在商代遗址中最为丰富。无论是从数量还是形制来看，三星堆遗址出土的金器都为国内外同期考古发掘所罕见。三星堆遗址出土的金器堪称商代南方地区金器的杰出代表，其制金工艺在中国同期文化中也最为杰出。在三星堆文化的黄金制品中最为重要的种类当数金杖、金面罩和金面具。关于三星堆的黄金制品的工艺来源，学界有不同的观点，有学者认为三星堆的黄金制品源于中原，是与中原商文化交流的产物。孙华与谢涛就认为金沙与三星堆遗址使用锤制工艺并辅以刻镂工艺加工，将黄金制成较薄的金片与金箔后通过铆接、粘贴等方法将其固定到铜和其他材质器表的方式与中原

---

① 莫洪贵：《广汉三星堆遗址海贝的研究》，《四川文物》1993年第5期。
② 段渝：《中国西南早期对外交通——先秦两汉的南方丝绸之路》，《历史研究》2009年第1期。

金器的功能接近，提出成都平原的黄金工艺很可能也是从中原地区传入，而不是通过岷江上游从西北地区直接传入。① 张天恩也认为三星堆出土的金器，除有一块金料块之外，其他器物均为金箔制品，与中原地区的黄金制品应属同一体系，但同时也指出三星堆的黄金制作工艺究竟是在中原地区工艺技术的基础上进一步发展完善的结果，还是曾受到其他文化传统的影响，目前尚不能确定，还需进一步探索。② 陈建立认为"将金子锻打成薄片，做成青铜器等器物表面的装饰或单独使用，是三星堆金器的一个特点，这种特点在河南郑州商城遗址、湖北武汉盘龙城遗址和河南安阳殷墟遗址出土的金器上也可见到"，这种使用方法实际上是以商王朝为中心以及受到商王朝影响地区的金器的主要特征之一，和北方草原地带将黄金直接用于人体装饰的做法相比，有很大区别；三星堆遗址出土的金器"基本没看到将黄金做成耳环、鼻环等直接用于人体的装饰品的情况，从黄金的使用方式上来看，三星堆并没有脱离中原系统"。③ 可见，在以上学者眼中，三星堆出土的黄金制品是三星堆与中原商文化交流的产物，而且由中原地区传入。对于这一问题，另一部分学者则认为三星堆的黄金工艺及制品可能是与外域如西亚地区文化交流的结果，这一内容将在下文做详细介绍目前学界的研究进展。综上可见，无论如何，目前学界大多数学者认为三星堆的黄金制品是三星堆文化与其他文化交流的物证，但关于文化交流的区域对象则有不同看法。

学界对于三星堆文化与中原商文化的交流模式、主次等问题也有不同的观点。一部分学者认为，三星堆与商文化之间的交流只是殷商文化的单向输出，如俞伟超先生根据对三星堆青铜器物的研究，认为"当时的蜀文化，已接受了大量商文化的影响。在青铜工艺方面，最突出的是有大量商式戈与商式罍和尊"④。饶宗颐先生认为三星堆除了在宗教信仰上如燎

---

① 孙华与谢涛针对金沙与三星堆遗址的金器指出："西北及北方地区多以黄金制成装点身体的饰件如金耳环、金臂钏、金头饰等。中原地区和西南地区多将黄金制成金箔片再与其它器相结合，这种原因是中国早期文明发展的不平衡性与多样性，也与黄金工艺传统的不同有关。"见成都市文物考古研究所等编著《金沙淘珍——成都市金沙村遗址出土文物》，北京：文物出版社，2002年，第17—18页。
② 张天恩：《初识古蜀王国的金箔工艺》，《考古与文物》2007年第5期。
③ 《专家解读三星堆金器特点：具有独特审美的同时未脱离中原系统》，《中国新闻网》（https://www.chinanews.com.cn/cul/2021/05-28/9487783.shtml）。
④ 俞伟超：《三星堆文化在我国文化总谱系中的位置、地望及其土地崇拜》，四川省文物考古研究所编《四川考古论文集》，北京：文物出版社，1996年，第61—62页。

祭可能受商文化的影响外，其青铜铸造技术也深受殷文化熏陶。[1] 也有学者认为三星堆文化与商文化是双向互动交流，如李学勤先生认为三星堆青铜器物上的饕餮纹饰说明蜀文化是与商文化平行发展的，彼此间的文化传播通道是畅通的，即蜀文化与中原文化有长期的沟通交流。[2] 段渝通过分析三星堆遗址出土大型青铜雕像群、青铜戈、瑗、尊、罍、盘等器物组合的器形与纹饰，认为青铜尊、罍、盘为殷商文化风格，是文化交流、传播或文化移入的结果；通过对三星堆遗址出土的青铜戈及其他地区出土青铜戈的演进发展研究，认为城固和商文化中所见三角形援无胡戈有可能都是从蜀文化发源的[3]，青铜无胡式三角形援蜀式戈和柳叶形剑是蜀文化赠予中原文化的礼品，反映了古蜀文化与中原文化之间互动的、交互感应的关系[4]。陈德安认为"在三星堆遗址出土的戈、璋、琮、璧、环、瑗等玉石兵器和礼器中，绝大多数器物具有明显的商文化因素；出土的相当于二里岗上层至殷墟一期（约公元前15—前14世纪）的青铜礼器中，尊、瓿、盘和器盖等容器形制种类，都是商文化这一时期常见的形制种类，器物的纹饰也是商文化的纹饰风格……殷墟妇好墓中出土的Ⅰ式玉戈和Ⅱ式玉戈的形制的玉器，在三星堆两个祭祀坑中有大量发现，相反，在中原地区这种形制的玉戈仅在殷墟妇好墓中见到"，并提出妇好墓出土的玉戈是三星堆文化的特征性器物，因此殷墟妇好墓中见到的这种器物"很有可能是受到三星堆文化影响的结果"。[5]

随着对三星堆文化研究的推进，自然科学研究者借助先进自然科技来研究三星堆与殷商的关系，跨学科研究也成为三星堆文化研究的一个重要途径和方法。金正耀等通过对三星堆遗址与殷墟出土的青铜器物中的铅同位素的测定研究，发现两者都含有高放射性铅，而且这类矿料目前只在滇东黔西地区有发现，从铜料来源方面揭示了两种青铜文明之间存在某种深层联系。[6]

综上可见，学界根据三星堆遗址与中原夏商文化遗址出土文物的对比

---

[1] 饶宗颐：《四川纵目人传说与殷代西南地名——揭开卜辞奇字䍙之谜》，《传统文化与现代化》1994年第2期。
[2] 李学勤：《三星堆饕餮纹的分析》，李绍明、林向、赵殿增主编《三星堆与巴蜀文化》，成都：巴蜀书社，1993年，第79页。
[3] 段渝：《论商代长江上游川西平原青铜文化与华北和世界文明的关系》，《东南文化》1993年第2期。
[4] 段渝：《略论古蜀与商文明的关系》，《史学月刊》2008年第5期。
[5] 陈德安：《三星堆遗址的发现与研究》，《中华文化论坛》1998年第2期。
[6] 金正耀等：《广汉三星堆遗物坑青铜器的铅同位素比值研究》，《文物》1995年第2期。

分析研究，揭示了以三星堆为代表的青铜时代的古蜀文明与中原文明有着长期不断的文化交流，都是中国青铜时代文明的重要组成部分。

二、三星堆文化与中原文化的交流方式

针对三星堆文化中出现的中原夏商文化因素，学者们从不同的角度分析探讨了这些文化因素是在什么时间、通过什么路线、以何种方式传入和影响三星堆文化的。经过学者们的努力探索、多方分析论证，取得了一些具有开创性的成果，但观点却不尽相同。

（一）三星堆文化与夏文化的交流方式

关于三星堆文化与二里头文化（夏文化）之间的交流方式，学界根据两地文化的分布区域做了大量的研究，但研究结论有不少分歧。

1. 夏族的迁徙

鉴于三星堆文化与二里头文化中的相同文化因素，一部分学者认为三星堆文化中的夏文化因素源于夏族的迁徙。杜金鹏根据三星堆遗址与二里头的碳十四测定年代的比较，认为"三星堆文化与二里头文化曾经同时并存了约四百年之久"，由于两种文化的边缘文化区比较接近，"这就为二者之间发生联系提供了时空前提条件"。他还指出在二里头文化二、三期即1700年左右前商汤灭夏，建立商王朝，由此引起了一场以桀奔南巢为代表的夏人大迁徙，相当一部分夏遗民被逐出了中原。又根据三星堆遗址一、二期的文化面貌有显著差异，认为夏遗民的一部分来到了成都平原，并提出"可能正是由于夏人的到来，引起了当地土著文化的变革"，从而认为"三星堆二期文化很可能是在夏末商初时，由迁入成都地区的夏遗民，与当地土著居民相结合所创造的一种新型文化遗存，它所包含的一些二里头文化因素，可能就是由夏遗民带来的夏文化分子"。[①] 向桃初认为"三星堆文化是夏人的一支从长江中游经三峡西迁成都平原、征服当地土著文化后形成的，同时西迁的还有鄂西川东峡区的土著民族"[②]。同样认为二里头夏文化因素是由夏商之际迁入成都地区的夏遗民所带来的。向桃初还指出三星堆文化"是以夏文化和鄂西川东峡区土著文化的联盟为主体的考古学文化"[③]。江章华也认为四川盆地的宝墩文化到三星堆文化发生了大的变异，"这一变化不仅是文化间的交流和影响所能达到的程度，应与人群

---

① 杜金鹏：《三星堆文化与二里头文化的关系及相关问题》，《四川文物》1995年第1期。
② 向桃初：《三星堆文化的形成与夏人西迁》，《江汉考古》2005年第1期。
③ 向桃初：《三星堆文化的形成与夏人西迁》，《江汉考古》2005年第1期。

的迁徙与融合有关"①。

近年来,随着四川盆地的考古新成果的不断涌现,越来越多的学者认为三星堆文化是在宝墩文化的基础上,广泛吸收中原及周边地区的文化因素,并加以融合、改造而形成的复合型文化。三星堆文化与二里头夏文化因其出土器物存在相似性,确证了二者之间文化交流的存在,但三星堆文化的主体是青铜文化,与二里头文化相去甚远,因此三星堆文化是二里头夏人西迁一支征服土著文化后形成的这一解释不太符合历史实际。段渝指出"三星堆文化中的一些二里头文化的陶器形制,只是零星地、不成组合地出现,二里头陶器组合中多数的典型器物如鼎、爵等并没有出现在三星堆文化当中。相反,三星堆文化的陶器组合是按自身的发展序列有序演进的",并进一步指出三星堆文化的"主体是大型青铜雕像群,这在二里头文化中是绝对没有的"。② 王震中把三星堆文化分为两组因素,其中一组为三星堆文化独有的文化因素,即三星堆文化中特有的大型青铜器物、金器、象牙等,在数量上是大量的,在三星堆文化中占主体地位并在其他文化中看不到;另一组文化因素则是可在中原和其他地区看到的,如玉璋、玉戈、玉琮、玉璧、铜尊、铜罍、铜牌饰、陶盉、陶鬶等,数量比例较少,呈现出三星堆与中原及其他地区之间的文化交往关系。③ 可见,在三星堆文化的发展过程中,土著文化因素始终占据主导地位,并一脉相承。三星堆文化中的二里头文化因素正说明了二者之间的交流,三星堆文化对二里头文化因素加以吸收和融汇,从而创造出独放异彩的区域文化,同时也证实了在早期中华各区域文化之间就实现了文化的交流。

2. 蜀夏同源

一些学者根据古史传说、文献记载以及考古发掘资料,认为三星堆文化中出现二里头文化(夏文化)因素,源于蜀夏同源,相同的族源使两地文化自然而然地存在相似性,不同的自然地理环境又带来了两地文化上的差异性。关于蜀夏同源,古史多有记载,对古蜀文化与黄帝和夏文化的关系,历史上的研究者认为是蜀是黄帝后裔,即其为中原文化的分支。20世纪40年代一些学者对此大加批驳,一概否定。如顾颉刚先生在论述古蜀与中原的关系时,认为"古蜀国的文化究竟是独立发展的,它的融合中原文

---

① 江章华:《从考古材料看四川盆地在中华文明形成与发展过程中的地位》,《中华文化论坛》2005年第4期。
② 段渝:《三星堆与夏文化》,成都市地方志编纂委员会办公室编《志苑集林》(第六辑),成都:四川人民出版社,2021年,第8页。
③ 王震中:《三星堆:夏商时期的古蜀文明》,《中国社会科学报》2021年8月12日。

化是战国以来的事"①。此说曾对当时的学术界产生了很大影响。随着考古学、人类学的发展，古蜀文化独立发展乃是不争的事实，但以三星堆文化为代表的古蜀文化的确与中原地区有文化上的交流，并受到中原文化的熏染。20世纪50年代，徐中舒先生虽认为上述黄帝与巴蜀的关系完全没有根据，历史文献中所关联的几个人名、地名皆是后世学者的牵强附会，但他也说"从地理和民族的分布来看，古代四川和中原的联系，肯定是存在的"②。对于蜀夏关系，蒙文通先生与顾、徐两位先生意见相左，以为蜀为黄帝后代的说法绝非无稽之谈。③ 这一看法引起学术界的高度关注。20世纪80年代末期，随着中华炎黄文化研究的兴起以及各区域文化史研究热潮的掀起，古蜀与黄帝文化、夏文化的关系再次成为学者探讨的重点。李学勤先生根据《大戴礼记·帝系》所记的先秦传说，考证了传说中黄帝后裔的二系，并联系三星堆遗址出土的陶器形制和玉器形制与中原二里头文化（夏文化）有关的物质文化因素，认为蜀国君主与中原有更多的联系，指出"传说中的世系显示，蜀和虞、夏、楚有共同的先世"，"蜀、夏同出于颛顼的传说绝不是偶然的"。④ 段渝从文献与考古综合分析的视角撰文，论证了古史所载黄帝一系与古蜀的关系绝非无稽之谈，指出蜀、夏同源，是帝颛顼之后的不同分支，因此蜀、夏在文化上有不少内在联系。⑤ 林向从古城、字符、对龙的崇拜等不同的角度证明夏禹与蜀在文化上有同源关系，提出夏与蜀本是同源的异地文化，他们在各自发展的过程中不断联系与交往。⑥ 彭邦本通过文献梳理以及考古材料分析认为蜀、夏同源并长期有密切互动。⑦ 总的看来，"夏、蜀均黄帝、颛顼后代，文化上同源异流"⑧是目前学术界较为流行的一种观点。

（二）三星堆文化与商文化的交流方式

对于三星堆文化与商文化的交流方式，许多学者根据考古资料、文献

---

① 顾颉刚：《古代巴蜀与中原的关系说及其批判》，《中国文化研究汇刊》第一卷，1941年9月。
② 徐中舒：《巴蜀文化初论》，《四川大学学报（社会科学版）》1959年第2期。
③ 蒙文通：《巴蜀史的问题》，《四川大学学报（社会科学版）》1959年第5期。
④ 李学勤：《〈帝系〉传说与蜀文化》，《四川文物》1992年第S1期。
⑤ 谭洛非、段渝：《论黄帝与巴蜀》，《社会科学研究》1994年第1期；谭洛非、段渝：《再论黄帝与巴蜀》，《中华文化论坛》1994年第1期；段渝：《黄帝、嫘祖与中国丝绸的起源时代》，《中华文化论坛》1996年第4期；段渝：《三星堆与夏文化》，成都市地方志编纂委员会办公室编《志苑集林》（第六辑），成都：四川人民出版社，2021年，第4页。
⑥ 林向：《蜀与夏——从考古新发现看蜀与夏的关系》，《中华文化论坛》1998年第4期。
⑦ 彭邦本：《先秦古蜀与华夏的交流互动与融汇初探——中华文明多元一体格局早期历程的重要个案》，《中原文化研究》2016年第1期。
⑧ 段渝：《三星堆文化与夏文化》，《中国文物报》1999年8月2日。

记载及甲骨文资料进行了探讨并取得了可喜的成果。

一些学者从三星堆古蜀王国与殷商的关系入手，探讨二者之间的文化交流方式。林向根据殷墟卜辞所载"蜀"的相关事件，如蜀需为商王朝提供"射三百"、设神主、行"御"祀等指定服役，认为蜀应该属于邦方外服的范畴，属于最外围的"四土"之一；再加上广汉三星堆遗址的发掘，认为蜀是殷商的西土外服方国，故在早蜀文化遗址中出土了数量众多的殷商文化的产物①，为宗主国与方国之间的正常交流。郑红利认为"从汤至帝太戊时"，古蜀国应臣服于殷，但同时指出"在整个蜀商交往的历史时期内，蜀商之间的关系是随着商王朝势力的兴衰而不断变化的"②。对此，段渝持不同的看法，他认为三星堆古蜀王国不是殷商的外服方国，而是一个独立的政治实体③，并根据三星堆遗址出土实物结合文献资料，推论"蜀在早商时期就已日渐强大，到商代中叶则走向强盛，与商文明比肩而立"④，认为双方是对等的主权国家关系。郭胜强也持一致的观点，认为古蜀与商虽建立了联系，双方虽互有影响，但都保持了自己的独立性。⑤

对于三星堆文化与殷商文化交流的方式，学界研究认为主要有四种：一是贸易往来。段渝根据三星堆遗址与殷墟出土的青铜出自同一矿料来源即来自云南，认为商王朝出于对青铜原料的需求，与三星堆时期的古蜀王国存在着贸易交流，共同的贸易中介物是海贝即贝类，而这种贸易正是文化交流的重要途径之一。⑥ 二是军事活动。大多数研究者认为，陕南汉中地区作为三星堆古蜀王国与殷商王朝的边界之地，成为二者军事冲突最为激烈的地区之一，再加上甲骨卜辞中也有蜀商战事的记载，因此军事活动就成为文化交流的另一途径。段渝通过研究三星堆遗址出土的青铜戈及其他地区出土青铜戈的演进发展，认为城固和商文化中所见三角形援无胡戈有可能都是从蜀文化发源的。商代华北地区零星出现的三角形援无胡戈，极有可能是通过汉中地区转输而去的，因此仍然保存了蜀戈的基本特

---

① 林向：《三星堆遗址与殷商的西土——兼释殷墟卜辞中的"蜀"的地理位置》，《四川文物》1989年第S1期"广汉三星堆遗址研究专辑"。
② 郑红利：《商蜀文化互动交流的考古学观察——兼论蜀国早期历史》，《四川文物》2003年第2期。
③ 段渝：《蜀文化考古与夏商时代的蜀王国》，《四川文物》1994年第1期。
④ 段渝：《略论古蜀与商文明的关系》，《史学月刊》2008年第5期。
⑤ 郭胜强：《蜀与殷商关系刍论——从甲骨文记载谈起》，《郑州大学学报（哲学社会科学版）》2004年第4期。
⑥ 段渝：《政治结构与文化模式——巴蜀古代文明研究》，上海：学林出版社，1999年，第405页；《发现三星堆》，北京：中华书局，2021年，第183—184页。

点，这正是文化交流或文化传播的基本特征。①林向通过对甲骨文中所载"蜀"与商的关系认为武丁时期商蜀的交往很多，但此时三星堆古蜀王国并未臣服于商，因此蜀商战争不断②，战争成为双方交流的一种方式。三是信使往来。三星堆与殷商曾互派使臣，从而带来了文化交流。林向根据甲骨文所载"蜀"事研究认为，商王武丁在征服三星堆古蜀王国之后，双方曾交好，商王室经常"至蜀""于蜀""在蜀"③。孟世凯根据甲骨文所载的蜀、商事件，认为甲骨卜辞中的"蜀"即为"以四川广汉三星堆遗址为中心的古蜀国"；同时指出"自商王武丁至武乙、文丁时期，古蜀国至少有几代的若干人在商王朝中供职，同时五代商王也派出若干官员前往蜀中办事"。④四是移民。目前，学界对三星堆文化是在宝墩文化基础上发展而来的已基本达成共识。但相较于宝墩文化，三星堆文化确实发生了"突变"，出现了高度发达的青铜文化。对于发生"突变"的原因，有学者解释为是外来移民带来了新文化的结果。罗开玉认为三星堆遗址三期文化突然出现发展程度很高的青铜文化，而在起先缺乏一个逐步发展的过渡阶段，似乎与某支民族迁此有关，推测在商代早中期之际，有外来民族入主成都平原北部并以三星堆为统治中心。关于这个外来民族，罗开玉在注释中进一步推测与殷人的某一支系有关，可能还有濮僚等民族。⑤江章华也认为四川盆地的宝墩文化到三星堆文化发生的大变异，"不仅是文化间的交流和影响所能达到"，"应与人群的迁徙与融合有关"。⑥

此外，就三星堆文化与中原夏商文化之间的文化传播关系，一些学者认为夏商文化是传播主体，三星堆文化是受体，即从中原地区流向成都平原，但也有学者认为古蜀文化的发展早于中原，夏文化的源头之一便是古蜀文化。⑦随着中国考古事业的发展，越来越多的考古发掘证明，中华文

---

① 段渝：《论商代长江上游川西平原青铜文化与华北和世界文明的关系》，《东南文化》1993年第1期。
② 林向：《三星堆遗址与殷商的西土——兼释殷墟卜辞中的"蜀"的地理位置》，《四川文物》1989年第S1期"广汉三星堆遗址研究专辑"。
③ 林向：《三星堆遗址与殷商的西土——兼释殷墟卜辞中的"蜀"的地理位置》，《四川文物》1989年第S1期"广汉三星堆遗址研究专辑"。
④ 孟世凯：《商史与商代文明》，上海：上海科学技术文献出版社，2007年，第209页。
⑤ 罗开玉：《三星堆遗址与古代西南文化关系初论》，《四川文物》1989年第S1期"广汉三星堆遗址研究专辑"。
⑥ 江章华：《从考古材料看四川盆地在中华文明形成与发展过程中的地位》，《中华文化论坛》2005年第4期。
⑦ 李炳海：《夏、楚文化同源于巴蜀考辨——兼论楚文学基本特征的由来》，《天府新论》1990年第6期。

明在起源之初就具有多元性，各区域文化的文化交流共同铸就了中华文明的多元一体格局。

三、三星堆文化与夏商文化交往的路径

三星堆文化与中原夏商文化之间存在交流为学界所认同，而双方交流的路径也成为学界研究的重点。根据考古发现，学界对三星堆文化与中原文化的交流路径进行了大量的研究，成果丰硕。总的说来，目前学界认为三星堆文化与中原夏商文化通过水路和陆路进行了直接或间接的接触与交流，而且在不同时期可能交流路径会有所不同，成果较多，但观点不一。目前，学界提出的二者之间的交流路径主要有：

一是夏商文化溯长江而上到达成都平原进入三星堆。这条线路为学界大多学者所认同，被认为是夏商文化进入四川盆地，影响三星堆文化的主要传播路线。李学勤先生根据一些古文化遗址出土青铜容器的比对研究，认为"三星堆青铜文化最接近于湖南、湖北，而且与淮河流域的安徽一隅也有联系"，从而提出"商文化先向南推进，经淮至江，越过洞庭湖，同时溯江穿入蜀地"，并认为这条途径很可能是商文化通往成都平原的一条主要途径。① 俞伟超先生曾经指出："三星堆等地的早期蜀文化，就是借此契机迅速发展而成的。三星堆早期蜀文化中大量存在的封口陶盉，最初出现于二里头文化遗存中，也应当是通过三苗的媒介而传入的。"② 三苗的活动区域主要就在长江中游一带。赵殿增也持相同观点，认为长江中游古文化进入三星堆文化的动因在于尧舜禹征"三苗"的历史事件。③ 江章华等人通过对二里头文化的分布状况，结合三星堆出土文物，推论两地文化的交流路径，认为二里头文化的传播路线是经长江中游的鄂西地区沿长江西进，然后进入成都平原。④ 方燕明通过研究二里头文化的时间与空间上的分布，认为二里头文化向南推进至长江中游的鄂西一带，随后沿长江三峡逆江而上进入四川，最终抵达成都平原。⑤ 还有较多学者持相似观点，限于篇幅，不一一列举。

---

① 李学勤：《商文化怎样传入四川》，《中国文物报》1989年7月21日。
② 俞伟超：《三星堆蜀文化与三苗文化的关系及其崇拜内容》，《文物》1997年第11期。
③ 赵殿增：《略谈三星堆文化与长江中游古文化的关系》，《江汉考古》2022年第2期。
④ 江章华、李明斌著：《古国寻踪：三星堆文化的兴起及其影响》，成都：巴蜀书社，2002年，第87页。
⑤ 方燕明：《关于二里头文化与三星堆文化的几个问题》，宋镇豪、肖先进主编《殷商文明暨纪念三星堆遗址发现七十周年国际学术研讨会论文集》，北京：社会科学文献出版社，2003年，第118页。

二是夏商文化溯汉水经陕西汉中进入四川盆地。陈亮认为商周文化入蜀的一条重要途径是从关中西部经褒斜道南下达汉中再至四川盆地。① 敖天照认为栈道是古蜀与其他地区交往的要道，指出"经广元沿'石牛道''褒斜道'等栈道是到达关中与中原交往的古道"。② 李伯谦根据三星堆遗址二期时在鄂西、川东和长江三峡出土的商文化因素文物逐步减少，而在汉水上游存有具有典型商文化因素的器物，推测"商文化是以汉水上游地区的同期文化为中介间接对三星堆文化分布的中心地区产生影响的"。③ 张玉石根据周族曾为商的方国，而周兴起于汉水，故作为方国会得到包括青铜器在内的商王的赏赐；同时商王室内乱严重导致商贵族携器而逃，则可能到达汉水地区；再加上征服者对战败方的掳掠或战利品的分配，故商王朝青铜器在汉水流域大量出现，据此认为"由关中平原经过周南下，越秦岭经汉中、城固到川西平原，是当时一条商文化入川的重要线路"。④ 孙岩认为"从二里冈上层至殷墟一二期，三星堆与商文化的交流似乎更多通过陕南汉水上游地区"⑤。江章华根据在城固地区出土的商式铜器较多，而鄂西地区商文化遗物较少的考古文化事实，认为"三星堆的商式铜器从陕西城固一带传入的可能性更大"。⑥ 还有较多学者持类似意见，限于篇幅，不逐一列举。

三是长江流域和汉水流域都是三星堆文化与中原夏商文化交流的路径。由于三星堆与江汉、汉中、淮上和商王国中心区的青铜器具有相似性，有学者认为三星堆与殷商文化的交流存在两条路线，而且在不同的时期，三星堆文化与中原夏商文化交流的主要路径也有一些差别。李学勤先生曾指出，商文化进入四川的一条主要途径是沿长江西上进入四川盆地，同时又根据城固出土的二里冈期青铜器，指出商文化"由汉中入川的路线，其价值也不容低估"。⑦ 孙华指出中原二里头文化先进的青铜冶铸工艺及其艺术风格，连同一些具有礼仪意义的器物类型和做法都通过鄂西地区、三峡地区进入四川盆地中心的成都平原，此后的二里冈期商文化也是通过这样的传播路线与三星堆文化发生联系；到了殷墟时期，商文化与四

---

① 陈亮：《商周文化入蜀时间及途径初探》，《四川文物》1990年第6期。
② 敖天照：《三星堆海贝来源初探》，《四川文物》1993年第5期。
③ 李伯谦：《对三星堆文化若干问题的认识》，北京大学考古系编《考古学研究》（三），北京：科学出版社，1997年，第90—91页。
④ 张玉石：《川西平原的蜀文化与商文化入川路线》，《华夏考古》1995年第1期。
⑤ 孙岩：《三星堆出土青铜尊罍的艺术风格和文化含义》，《四川文物》2004年第3期。
⑥ 江章华：《三星堆系青铜容器产地问题》，《四川文物》2006年第6期。
⑦ 李学勤：《商文化怎样传入四川》，《中国文物报》1989年7月21日。

川盆地联系的途径为溯汉水而上进入陕南安康盆地和汉中盆地，而后再进入四川盆地，并指出这条路线似比通过三峡进入四川盆地这条路线更加重要。① 林向认为三星堆文化"在江汉地区与南传的二里头文化相遇，在陕南与商文化相遇"。② 段渝认为汉中和长江三峡鄂西地区均为三星堆文化与中原文化的边际交流地带。③持此类观点的还有张永山④等学者，限于篇幅，不逐一列举。

四是夏商文化通过陇西经陇南山地传播到川西地区。张天恩通过对甘肃天水市出土的一件绿松石镶嵌的兽面纹青铜牌饰的研究，认为天水牌饰"属于二里头文化第四期"，提出"夏代中原地区与西北地区可能已存在着文化交流、传播等方面的联系"，"天水地区可能是连接中原与四川地区文化交流的纽带"，即"二里头文化与齐家文化的交流，使其影响达到陇山以西，然后经陇南山地再传播到川西地区"。⑤ 朱乃诚根据三星堆遗址与二里头遗址出土的牙璋，提出中原地区二里头文化流传至成都平原三星堆遗址的途径，可能是取道陇西，并通过陇南至川西北的岷江上游的文化通道到达成都平原。⑥

此外，还有学者指出，三星堆文化与中原夏商文化的交流同时存在几条路径，宋治民认为中原夏商文化对蜀文化的影响，其通道可能有五条：一是通过汉水至汉中地区，然后南下成都平原；二是通过长江中游地区，再溯江而上至成都平原；三是通过关中东部在西安以南经子午谷至陕南城固、洋县一带，西至汉中，南下成都平原；四是通过斜水和褒河河谷，即褒斜道；五是嘉陵江河谷通道。⑦

综上可见，学界对三星堆与中原地区的文化交流十分关注，研究者从二者交流的内容、方式、路径等多角度进行研究，成果十分丰硕。研究表明，三星堆文化与中原夏商文化的交流在内容、方式和路径上，在不同时

---

① 孙华：《四川盆地青铜文化初论》，《四川盆地的青铜时代》，北京：科学出版社，2000年，第39—40页。
② 林向：《三星堆遗址与殷商的西土——兼释殷墟卜辞中的"蜀"的地理位置》，《四川文物》1989年第S1期"广汉三星堆遗址研究专辑"。
③ 屈小强、李殿元、段渝主编：《三星堆文化》，成都：四川人民出版社，1993年，第609页。
④ 张永山：《蜀与夏商的交往》，宋镇豪、肖先进主编《殷商文明暨纪念三星堆遗址发现七十周年国际学术研讨会论文集》，北京：社会科学文献出版社，2003年，第129—135页。
⑤ 张天恩：《天水出土的兽面铜牌饰及有关问题》，《中原文物》2002年第1期。
⑥ 朱乃诚：《三星堆祭祀坑出土"祭祀图"牙璋考》，《四川文物》2017年第6期。
⑦ 宋治民：《试论蜀文化和夏商文化的关系》，《洛阳师范学院学报》2010年第1期。

期可能会有所不同。其实，由于三星堆文化是一支发达的青铜文化，在其繁盛时期辐射范围相当广泛，因此与中原文化交流的路径也存在着多条线路同时进行，可能在不同的发展阶段，文化交流线路所发挥的作用不一样的情况。当前，对一些问题如三星堆古蜀王国与中原夏商的关系问题、三星堆文化与中原文化交流的方式与路径、文化的传播方向以及主次等，学界仍存在着一定的分歧，但相信随着考古资料的日益丰富，这些学术问题将会得到更为科学合理的阐释。

第二节 三星堆与周邻地区的文化交流

考古资料显示，三星堆与长江流域的重庆、鄂西、陕西南部汉中、甘肃南部、云南东部、贵州西部和北部等地区的古文化有着交流互动关系。正如学者研究的那样，三星堆文化的繁盛期，其文化也随即向四周辐射，向北已越过嘉陵江翻越米仓山进入汉中地区；向南已达大渡河中游的石棉、汉源等地；向东已覆盖长江三峡地区，其辐射的范围更远。[①]

总的说来，学界在此领域的研究也取得了相当成果，但较于三星堆文化与中原夏商文化的交流研究成果来看，则明显不足，而且在三星堆与周邻地区文化交流的路径与方向上也存在诸多争议。

一、三星堆文化与长江流域古文化间的交流

地处成都平原的三星堆位于长江上游，不可避免地会与中、下游地区的古文化发生直接或间接的文化交流。据《广汉三星堆遗址二号祭祀坑发掘简报》称："两祭祀坑出土的罍、尊等礼器，器形虽与中原殷商文化地区所出接近，说明当时蜀和中原有一定的经济、文化交往，但也存在一定的差异，而更接近陕南城固、川东巫山、湖南岳阳以及湖北枣阳、沙市等地出土的同类器，表明这些地区商代晚期文化的共性。"[②] 由此可见，三星堆与长江流域的川东（今指渝东地区）、湖南、湖北等地的商代文化存在交流。

（一）三星堆与渝东鄂西地区的交流

学界对三星堆与长江流域的文化交流做了较为深入的研究。考古发现，渝东鄂西地区的文化遗存中都有三星堆文化因素。段渝认为长江上游

---

① 江章华：《三星堆系青铜容器产地问题》，《四川文物》2006年第6期。
② 四川省文物管理委员会，四川省文物考古研究所，广汉市文化局、文管所：《广汉三星堆遗址二号祭祀坑发掘简报》，《文物》1989年第5期。

从新石器时代晚期到青铜时代初期的古代文化遗址，是三星堆文明沿江辐射传播的结果，而文化传播的主要方式为蜀人的东向迁徙。① 夏微、于孟洲通过对中坝子文化遗存的分析，认为中坝子遗存完全可以被视为三星堆文化某些因素与当地文化及其他文化因素融合协调的结果，并认为三星堆文化时期的峡江地区作为文化交流的通道始终是畅通的。② 事实上，新的考古成果也证明了三星堆与渝东地区的文化交流。2022年，重庆市江津区梧桐土遗址的发掘显示该地有着丰富的三星堆文化遗存，这为进一步研究三星堆文化的东扩提供了素材。

有学者对鄂西峡江沿岸及清江流域夏商时期的数十处文化遗存（以罐釜文化为代表）与川东地区以及包括三星堆在内的川西平原的同期文化遗存进行比较研究，提出鄂西地区夏商时期的文化应属早期巴蜀文化系统，认为三星堆文化东扩，使峡江地区的一些遗址如鄂西的朝天嘴遗址出现了三星堆文化影响下的遗存。林春通过对鄂西地区的出土的陶器的分析，认为夏商时代江汉平原的若干文化因素来源于成都平原的蜀文化。③ 段渝认为西陵峡地区的三星堆文化因素集结，是古蜀人中的一支直接沿江东进迁徙、拓展扩张的结果，属于迁徙传播一类的文化现象。④ 于孟洲根据具有三星堆文化因素的成组陶器东向分布趋势，认为整个峡江地区都受到了三星堆文化的强烈影响。⑤

综上可见，学界对于两地区文化交流的方式，比较一致地认为主要是通过族群的迁徙来实现文化的交流与传播；而对于两地文化传播的方向则认为主要是三星堆文化对其他地区输出文化成果。

（二）三星堆文化对石家河、良渚文化的吸纳

一些学者研究认为，三星堆文化对来自长江流域的古文化因素也有吸收，特别是石家河文化和良渚文化。陈德安根据考古发掘资料，认为"至迟在二里头时期，长江下游的良渚文化、中游的石家河文化以及中原地区夏文化的某些因素都先后进入成都平原"⑥。敖士京、陈震《三星堆青铜

---

① 屈小强、李殿元、段渝主编：《三星堆文化》，成都：四川人民出版社，1993年，第591页。
② 夏微、于孟洲：《重庆地区三星堆文化时期遗存的再认识》，《西南大学学报（社会科学版）》2008年第2期。
③ 林春：《鄂西地区三代时期文化谱系分析》，《南方文物》1994年第2期。
④ 段渝：《论"早期巴文化"——长江三峡的古蜀文化因素与"早期巴文化"》，中国先秦史学会等编《巴渝文化》（第三辑），重庆：西南师范大学出版社，1994年。
⑤ 于孟洲：《三星堆文化东向扩张的原因分析》，《边疆考古研究》2018年第2期。
⑥ 陈德安：《古蜀文明与周边各文明的关系》，《中华文化论坛》2007年第4期。

头像和石家河玉面人像——从三星堆青铜头像看三星堆文化的来源》一文中对肖家屋脊文化即后期石家河文化的玉面人像与三星堆青铜头像作了详细对比,指出二者有多处相似点:一是功能相同,都是用于祭祀时的法器;二是其特征有"极其相似之处",如共有蒜头鼻、眼角上翘、阔耳、耳有孔等,头顶上的装饰也极其相似;三是两者的纹饰都是回形纹。与此同时,该文将石家河的玉面像分为有獠牙与没有獠牙两种,将三星堆的青铜头像也分为一般青铜头像(没有獠牙)和"夔龙兽面"像(有獠牙)两种,并认为"夔龙兽面"像为了突出獠牙而嘴角处皆有明显的向下刻画,其目的只是表示把獠牙隐藏在嘴中,简化青铜头像塑造的难度,这种形式也见于石家河玉面像,作者由此推测,"两者对于嘴角处的细部刻画,都蕴含着人面有獠牙的意思,其雕刻技法是一脉相承的"。该文还根据两者人头像的相同之处,提出"三星堆的青铜头像的来源很可能是从石家河文化的玉面人像中演化而来,只是雕塑的对象、质地材料不同而已","石家河文化是三星堆文化的重要来源之一"①,以此说明三星堆文化中的一些文化因子源于石家河文化。方勤通过将石家河文化和"后石家河文化(肖家屋脊文化)"中发现的一大批"玉雕神人头像"如谭家岭9号瓮棺出土的神人头像等,与三星堆文化中出现的青铜人头像进行比对,认为二者的装束和神态极其相似,进而推测它们很可能就是三星堆青铜神像造型和内涵的一个重要源头和依据。② 赵殿增认为江汉地区的石家河文化和"后石家河文化(肖家屋脊文化)"对"'三星堆—十二桥文化'的形成和影响有可能要更多一些,更大一些",提出其不仅是三星堆的人物青铜造像,还是三星堆文化中快速出现的浓烈的原始宗教信仰和祭祀习俗的一个重要的源头。③ 施劲松根据在石家河遗址的多个地点发现的小件铜器和与生产有关的遗物,认为石家河文化可能已生产铜器,加之三星堆的青铜容器与长江中下游的联系,认为三星堆铜器制作技术有被东方影响的可能性。④ 此外,还有学者从牙璋的角度分析认为三星堆与鄂西江汉平原存在文化交流。郭静云认为鄂西、川东及石家河是牙璋的起源地,广汉地区的牙璋文

---

① 裘士京、陈震:《三星堆青铜头像和石家河玉面人像——从三星堆青铜头像看三星堆文化的来源》,《成都大学学报(社科版)》2011年第1期。
② 参看中央电视台科教频道2021年2月16日"考古公开课",方勤主讲之"寻找古老的中国(三) 石家河"。
③ 赵殿增:《略谈三星堆文化与长江中游古文化的关系》,《江汉考古》2022年第2期。
④ 施劲松:《中国青铜时代的三星堆》,《中国社会科学》2023年第1期。

化与鄂西石家河有传承关系。①

对于三星堆文化与良渚文化的交流，学界主要从两地遗址出土的玉器以及精神信仰等方面进行了探讨。王方从玉石器、城墙筑造技术等方面，认为长江中下游的良渚文化、石家河文化给三星堆遗址带来了文化影响。② 该作者又在其《试析古蜀玉器中的良渚文化因素》一文中，通过分析三星堆出土玉器与良渚文化玉器的形制，如玉锥器、玉璧、玉箍形器、玉镯、玉环等的形制，认为三星堆"有一部分玉器就明显继承与保留了一些良渚文化因素"③。赵殿增根据三星堆遗址出土的铜跪坐人像和铜虎形器，分析认为二者可合二为一，这与良渚文化的"神徽"在形态上有不少相同之处，"表明它们可能是有同一来源或同一性质的人像与神像，反映出三星堆遗址与远在长江下游杭嘉湖平原上的良渚文化，可能有某种内在的文化联系"④。

（三）三星堆与湘赣地区的古文化的交流

学界根据三星堆遗址出土的青铜器与湘、鄂、赣地区的青铜器的相似因素，确认了三星堆文化与长江中下游古文化存在交流。张玉石通过比对，发现三星堆出土的尊和罍与湖南、湖北的相似，认为"至少在商代晚期，川西平原和湘、鄂地区的联系加强。商代蜀文化除继续通过汉中、秦岭一线和商文化交流外，还顺江而下，穿过三峡，越过洞庭湖与湘、鄂地区的商方国文化互为交流"。⑤ 江章华也认为三星堆出土的青铜容器，尤其是尊、罍与湖南、湖北、安徽、重庆等地出土的同类器物有惊人的相似之处，并通过分析这些青铜容器的异同，提出"不排除长江中游地区出土的青铜容器为三星堆铸造的可能性"⑥，肯定了三星堆文化与上述地区的文化交流，并进一步指出了文化交流的方向，即三星堆文化向上述地区进行文化输出的可能性。

学界经过对三星堆出土文物的研究，还发现三星堆与江西地区古文化存在交流。考古工作者在三星堆遗址四号祭祀坑出土"铜扭头跪坐人像"

---

① 郭静云：《牙璋起源刍议——兼谈陕北玉器之谜》，《三峡大学学报（人文社会科学版）》2014年第5期。
② 王方：《从石家河玉器看长江中游玉文化对古蜀青铜文明的影响》，《江汉考古》2022年第4期。
③ 王方：《试析古蜀玉器中的良渚文化因素》，成都文物考古研究所编《成都考古研究（二）》，北京：科学出版社，2013年。
④ 赵殿增：《骑虎铜人像与玉琮线刻人像——兼谈三星堆、金沙与良渚文化的关系》，《中华文化论坛》2006年第3期。
⑤ 张玉石：《川西平原的蜀文化与商文化入川路线》，《华夏考古》1995年第1期。
⑥ 江章华：《三星堆系青铜容器产地问题》，《四川文物》2006年第6期。

上首次发现燕尾纹，燕尾纹多见于长江中下游地区同时期的铜器上，是新干大洋洲出土的铜器上最具特色的一种纹饰，再加上新干大洋洲铜器群的年代在二里岗上层与殷墟一期之间，不晚于殷墟中期最早段①，略早于三星堆K4的年代②。有学者提出"铜扭头跪坐人像上燕尾纹的出现不排除受到以新干铜器群为代表的吴城文化的影响"③。

此外，学界研究认为三星堆文化与长江流域的古文化交流不仅体现在器物造型及制作技术上，还体现在宗教崇拜上。赵殿增认为"三星堆时期狂热的宗教祭祀习俗，或许有很多就是从江汉地区传入的，因而带有石家河文化和'后石家河文化（肖家屋脊文化）'深厚的祭祀文化遗风"，认为长江中游古文化进入"三星堆文化"的动因是历史上的"三苗"事件，史载尧舜禹时期三苗被中原所败，不得不迁徙，其中的很大一部分人可能经由三峡地区，进入了成都平原的三星堆，并把自己比较成熟的信仰观念和祭祀形式也引入了三星堆原有的祭祀文化之中。④由于三星堆遗址出土了太阳形器，青铜神树以及其他青铜器上也有大量的太阳纹、鸟纹、鸟羽纹、眼睛纹等，因此学界认为对太阳的崇拜是三星堆人的一个重要信仰。其实在人类社会早期，太阳带来光和热，人类离不开太阳，自然会对太阳产生依赖、敬畏、崇拜，因此世界上很多地区都有太阳崇拜的信仰。有学者从此角度提出了三星堆与良渚文化存在一定的联系。施劲松研究认为三星堆—金沙文化的太阳崇拜，"很可能也来自其他区域，这就包括长江中下游"⑤，其理由就是三星堆文化发展的基础宝墩文化中似乎不存在太阳崇拜，而长江下游的河姆渡文化与良渚文化、长江中游的大溪文化中有反映太阳崇拜的图案⑥，如河姆渡遗址出土骨器和象牙器刻有双鸟负日；在距今约8500—7800年的峡江地区的城背溪文化中有象征太阳神的石刻和表现太阳的陶器，在三峡地区商时期的遗存中，有太阳图案和形象、夸张的鸟眼纹，表达的也是"金乌负日"⑦。

---

① 孙华：《关于新干大洋洲大墓的几个问题》，《文物》1993年第7期。
② 四川省文物考古研究院、国家文物局考古研究中心与北京大学考古文博学院考古年代学联合实验室：《四川广汉三星堆遗址四号祭祀坑的碳十四年代研究》，《四川文物》2021年第2期。
③ 四川省文物考古研究院：《三星堆遗址四号祭祀坑出土铜扭头跪坐人像》，《四川文物》2021年第4期。
④ 赵殿增：《略谈三星堆文化与长江中游古文化的关系》，《江汉考古》2022年第2期。
⑤ 施劲松：《中国青铜时代的三星堆》，《中国社会科学》2023年第1期。
⑥ 牟永抗：《东方史前时期太阳崇拜的考古学观察》，《故宫学术季刊》第12卷第4期，1995年。
⑦ 武仙竹、马江波：《三峡地区太阳崇拜文化的源流与传播》，《四川文物》2019年第2期。

有学者还从长江流域的青铜文化的铜料来源说明了三星堆文化与长江流域各文化之间的交流。如金正耀等通过对三星堆遗址、江西新干遗址出土器物的铅同位素的测定研究，发现其都具有高放射性铅，而这类矿料目前只在滇东黔西地区发现，据此认为两地青铜文明之间存在某种深层联系。[①]

关于三星堆文化与长江流域文化交流的路径，学界已达成共识，主要就是峡江通道。

二、三星堆文化与西北地区的文化交流

随着国内考古事业的蓬勃开展，在西北地区考古发现了大量的古文化遗址。根据考古发掘，学界研究认为三星堆文化与西北地区的古文化存在着交流。当然，由于三星堆与西北地区的一些古文化存在着时空差距，因此一些文化交流是单向地输入吸收。

（一）三星堆与甘青地区古文化的交流

根据考古发现，三星堆文化与甘肃地区的古文化存在文化上的间接交流，如马家窑文化和齐家文化等就对三星堆文化产生了一定的影响。三星堆遗址3号坑出土的神树纹玉琮是三星堆祭祀区发掘中的重要发现之一。学界有研究者认为神树纹玉琮是三星堆文化与甘青地区文化交流的实物见证。朱乃诚认为"三星堆遗址中，月亮湾燕家院子出土的玉琮、玉璧和一号祭祀坑出土的玉琮，都是齐家文化的作品"[②]。雷雨等人也赞同此观点，认为"齐家文化玉琮中确有不少与神树纹玉琮形制相似的例证。这些齐家文化玉琮无论在整体形态，还是射部等细节的处理方式上，均与K3发现的神树纹玉琮高度一致"，并由此推断，"即使神树纹玉琮并非齐家文化的产品，也是深受以齐家文化为代表的甘青地区文化影响的产物"。另一方面，研究者还指出神树纹玉琮是"经过流传、磨损后的素面玉琮上加刻纹饰而来的产物"，且从最初制作到被施以纹饰应有一段时间间隔，这"增加了此件器物最初由齐家文化先民制作的可能性"。[③] 彭燕凝认为齐家玉文化对三星堆文化有影响，"它们之间的关系应是有源有序、一脉相

---

① 金正耀等：《广汉三星堆遗物坑青铜器的铅同位素比值研究》，《文物》1995年第2期。
② 朱乃诚：《茂县及岷江上游地区在古蜀文明形成中的重要作用与地位》，《四川文物》2020年第1期。
③ 四川省文物考古研究院等：《三星堆遗址祭祀区三号坑出土神树纹玉琮》，《四川文物》2023年第1期。

承的"。① 至于文化传播的路线，大多学者认为齐家文化是通过岷江上游进入成都平原的三星堆的。此外，张天恩根据甘肃天水市出土的绿松石镶嵌兽面纹青铜牌饰，与二里头遗址出土的二里头文化铜牌饰的形制、风格、纹饰等均非常相似，认为天水牌饰"属于二里头文化第四期"。同时根据甘肃东部其他与二里头陶器相似器物的分析，认为"夏代中原地区与西北地区可能已存在着文化交流、传播等方面的联系"。再结合二里头遗址出土的铜牌饰与三星堆遗址出土的铜牌饰的相似性，提出"天水地区可能是连接中原与四川地区文化交流的纽带"，即二里头文化与齐家文化的交流，使其影响达到陇山以西，然后经陇南（甘肃东南部）山地再传播到川西地区。② 此条文化通道的存在，也反映三星堆与陇南地区文化交流通道的畅通。

近年，施劲松又从三星堆的青铜制作技术和出土的铜牌饰、绿松石器、玛瑙等来考察了三星堆与西北地区的文化交流。施劲松认为三星堆遗址出土的大型的独具特色的青铜器应是当地制作的，但根据成都平原的新石器文化中没有生产青铜器的发现，认为三星堆青铜器的制作技术最可能的来源是我国的西北地区，亦即三星堆早期铜牌饰的来源地③，理由是近年考古工作者认为甘肃西城驿遗址可能就是河西走廊的一个冶金中心，至迟在距今4100年前后河西走廊已有比较发达的冶金业④。从青铜器的制作工艺来探究三星堆文化与西北地区的文化交流，这无疑是一种新的研究思路。此外，施劲松还根据三星堆遗址曾出土嵌绿松石的铜牌饰、绿松石器、玛瑙等，认为三星堆文化"显示出与我国西北地区的关联"。⑤

（二）三星堆与陕西地区古文化的交流

自20世纪50年代以来，在陕南城固、洋县一带出土的商代青铜器引起了学术界的广泛关注。目前，学界对于三星堆与陕南地区存在着文化交流的认识已基本达成一致，如赵丛苍认为城、洋铜器群和川西一带青铜器之联系是最密切的，有较多的铜器种类和器形暗示出了面貌上的一致性以及传承关系，因此城、洋地区的夏、商等考古遗存属于早期巴蜀文化类型之

---

① 彭燕凝：《齐家文化玉器与三星堆文化的关系》，《深圳大学学报（人文社会科学版）》2008年第4期。
② 张天恩：《天水出土的兽面铜牌饰及有关问题》，《中原文物》2002年第1期。
③ 施劲松：《中国青铜时代的三星堆》，《中国社会科学》2023年第1期。
④ 甘肃省文物考古研究所等：《甘肃张掖市西城驿遗址》，《考古》2014年第7期；《甘肃张掖市西城驿遗址2010年发掘简报》，《考古》2015年第10期。
⑤ 施劲松：《中国青铜时代的三星堆》，《中国社会科学》2023年第1期。

一。① 印群认为"城固铜器群与早期蜀文化之间的相似性并非仅体现于个别因素上,而实际上是这两种文化性质方面的一致性相当大"②。

但在文化交流上的输入与输出问题、文化交流的路径上,学界还存在分歧。对三星堆与城固宝山出现的相同文化因素,三星堆到底是输出还是输入,学界有不同的看法。有学者认为三星堆与城固地区的相同文化因素来自城固地区的传入。李伯谦根据青铜戈在汉中城固有大量发现,提出商文化和蜀文化中的三角形援戈均来源于城固,早期蜀文化的诸多因素源自城固铜器群中,城固铜器群所代表的文化至少是早期蜀文化的一个源头,可能是该文化之更早阶段。③卢连成认为城固地区、四川地区和宝鸡茹家庄、竹园沟墓地几处不同地区出土的青铜兵器群之间具有共同性,城固出土的一些青铜戈可能为中原地区蜀戈的祖型,因此青铜戈源于城固地区。④ 印群也持类似观点。⑤对此,有学者也提出了相反的观点,如段渝根据考古发掘的城固铜戈的特点及其发展分布、蜀戈的起源发展,结合甲骨文中关于古蜀的地望,文献中关于古蜀疆域的记载,认为汉中城固一带是蜀的北方军事屏障,殷卜辞中所载与商王朝屡战不宁的"蜀",正在其地,提出城固和商文化中所见三角形援无胡戈有可能都是从蜀文化发源的。⑥ 苟保平通过对城固出土青铜礼器特点的分析,再结合三星堆文化的强势扩张,认为城固青铜器受到巴蜀礼器的影响,开始仿制巴蜀重要的礼器罍和尊等,而且宝山遗址出土的尊,其首部铸造的小鸟、飞棱等与三星堆出土的尊有很多相似之处,城固出土的面具与四川三星堆出土的大型青铜像无论在面部的表情还是眼睛、嘴的形状都有很多相似之处,从而并推测城固出土面具很可能是受到三星堆类似青铜像的启示而铸造出来的。⑦豆海峰根据陕西城固宝山的发掘资料,认为陕南城固宝山商时期遗存受三星堆文化的影响,三星堆文化末期部分因素流向汉中地区,推进了宝山遗存的创生,宝山一期偏早阶段的细高柄豆等明显继承了三星堆文化因素。⑧ 曹玮认为汉中盆地的宝山文化有来自四川盆地的三星堆文化因素,

---

① 赵丛苍:《城固洋县铜器群综合研究》,《文博》1996年4期。
② 印群:《商周之际三角援青铜戈与蜀人随武王伐纣》,《齐鲁学刊》2008年第6期。
③ 李伯谦:《城固铜器群与早期蜀文化》,《考古与文物》1983年第2期。
④ 卢连成:《宝鸡茹家庄、竹园沟墓地出土兵器的初步研究——兼论蜀式兵器的渊源和发展》,《考古与文物》1983年第5期。
⑤ 印群:《商周之际三角援青铜戈与蜀人随武王伐纣》,《齐鲁学刊》2008年第6期。
⑥ 段渝:《论商代长江上游川西平原青铜文化与华北和世界文明的关系》,《东南文化》1993年第2期。
⑦ 苟保平:《论陕西城固出土商殷青铜器的特点及与周边关系》,《史前研究》2006年。
⑧ 豆海峰:《城固宝山商时期遗存相关问题的探讨》,《考古与文物》2010年第4期。

如铜礼仪用器、兵器等，该因素并成为宝山文化显著的文化构成要素。①总的看来，目前大多数学者认为陕南城固、洋县一带的青铜文化受三星堆文化的影响较大。考古资料也再次证实了这一学术观点，2021年三星堆遗址4号祭祀坑出土铜扭头跪坐人像，有研究者认为与该铜人像有密切关系的是在陕西宝鸡弫国墓地发现的两件铜半身立像，铜人像皆双手呈环状，似手中有握物品。雷雨等人认为它们双手比例均较大，不排除受到三星堆青铜文化的影响。②

关于三星堆文化与陕南城固、洋县地区的文化交流的路径，学界也有不同的看法。段渝根据两地的考古材料再结合甲骨卜辞及古文献的记载，认为汉中城固一带是古蜀的北方军事屏障，属于三星堆文化的直接扩张之地。③有学者持不同看法，如豆海峰认为豆形器并非直接由三星堆文化传入陕南地区，而是在三星堆文化早期传入鄂西地区，在鄂西地区经过多样化的发展之后，才传入陕南汉中盆地。④其实，根据夏商时期三星堆古蜀的文化交流路线可知，汉中是一条重要通道，同时学界也有不少学者认为城洋地区夏、商等考古遗存属于早期巴蜀文化类型，再加上甲骨卜辞中关于蜀地地望的记载即汉中地区乃是三星堆古蜀与殷商的北部边界，而且到了秦汉时期汉中仍属蜀地，因此三星堆文化直接影响陕南城固地区的说法更具有合理性。

另外，还有学者根据三星堆遗址与陕北神木石峁遗址出土的牙璋，分析认为二者存在文化交流。邓淑苹通过分析石峁牙璋与三星堆遗址出土牙璋的色泽、形制，认为石峁遗址出土的一类刃端向上、刃线作V形的牙璋与三星堆文化牙璋的主要特征相似；"月亮湾文化牙璋与石峁文化牙璋玉质的色泽特征甚相似"，石峁与燕家院子的"牙璋均为偏锋刃，从刃部、本体、扉牙到柄部，甚至沁色都很相似，扉牙下端向左右斜向伸出兽首，是典型'兽首式扉牙'"，从而提出石峁文化与月亮湾文化间有密切关系。⑤

（三）三星堆与新疆地区古文化的交流

目前已有学者注意到三星堆文化与西北新疆地区的古文化存在交流。

---

① 西北大学文博学院编著：《城固宝山 1998年发掘报告》，北京：文物出版社，2002年；曹玮主编：《汉中出土商代青铜器》（三卷），成都：巴蜀书社，2006年。
② 四川省文物考古研究院：《三星堆遗址四号祭祀坑出土铜扭头跪坐人像》，《四川文物》2021年第4期。
③ 段渝：《论商代长江上游川西平原青铜文化与华北和世界文明的关系》，《东南文化》1993年第2期。
④ 豆海峰：《城固宝山商时期遗存相关问题的探讨》，《考古与文物》2010年第4期。
⑤ 邓淑苹：《牙璋探索——大汶口文化至二里头期》，《南方文物》2021年第1期。

研究者主要通过两地出土的铜牌饰来考察二者之间的文化交流，如陈小三根据国内现有发掘出土的镶嵌绿松石牌饰，提出"镶嵌绿松石牌饰起源于河西走廊地区"，指出"从年代上来讲，（新疆哈密）天山北路墓地第一期遗存和四川盆地同时期的遗存，甚至二里头文化二、三期有时间交叉，存在交流的可能性"，并从牌饰形态、穿系方式等方面考察研究认为"真武仓包包发现的3件牌饰和哈密地区所见牌饰的联系是无法忽视的。它能说明四川盆地牌饰的产生和新疆哈密地区的牌饰有密切的联系"，同时指出了"四川盆地若和哈密地区发生联系，交流的路线应在河西走廊，经川东北地区而传入四川盆地的"，河西走廊与川东北地区的文化交通线，即"岷江流域以及嘉陵江上游的白龙江流域是沟通川东北和河西走廊地区重要的两条交通路线"。①

三、三星堆文化对滇黔地区古文化的影响

四川与滇黔在地域上紧邻，三星堆古蜀文明是西南地区的"文化高地"，势必辐射至滇黔地区，从而对其文化产生一定的影响。

（一）三星堆对滇文化的影响

滇文化是古代云南地区一支灿烂的青铜文化。根据考古材料，滇文化约存于公元前5世纪—公元前1世纪，三星堆文化（主指二、三期）在时间上为距今4000—3200年，因此两地文化虽各具特色，但由于三星堆文化发生的年代比滇文化更加古远，连续发展的时间也比滇文化长久，总的说来三星堆文化较早较多地影响了滇文化。关于三星堆文化对滇文化的影响，学界虽有很多问题还在探讨过程中，但现阶段仍取得了不少成果。

20世纪70年代，就有学者开始研究蜀、滇之间的文化交流，初步提出了先秦时期蜀、滇之间存在文化交流的观点。巴蜀文化中最具代表性的器物之一——柳叶形青铜剑，是考察蜀滇文化交流的一大物证。童恩正先生曾指出巴蜀地区和滇池地区考古出土的战国时期柳叶形青铜剑属于同一风格，两者柳叶形青铜剑的相似，可能与两地间的经济文化交流有关。②1986年，在广汉三星堆遗址曾分别出土1件柳叶形青铜剑③和1件柳叶形玉剑④。根据考古材料，不少专家学者认为三星堆遗址出土的玉剑是

---

① 陈小三：《试论镶嵌绿松石牌饰的起源》，《考古与文物》2013年第5期。
② 童恩正：《我国西南地区青铜剑的研究》，《考古学报》1977年第2期。
③ 林向：《"三星伴月"话蜀都——三星堆考古发掘琐记》，《文物天地》1987年第5期。
④ 四川省文物管理委员会等：《广汉三星堆遗址一号祭祀坑发掘简报》，《文物》1987年第10期。

柳叶剑的鼻祖,此后柳叶剑在此基础上不断发展,进而对湖北、陕西、云南、贵州以及中原地区产生了较大影响。江章华指出柳叶形铜剑最早应起源于蜀地,并得到独立发展,其他地区仅是受其影响。① 段渝提出柳叶形青铜剑发源于安那托利亚文明,稍后在近东文明以及中亚文明中大量出现,到公元前三千纪中期传入印度,后通过南方丝绸之路传入中国西南地区。商代晚期,柳叶形青铜剑主要集中分布在成都平原,在商周时代,柳叶形青铜剑向北发展,延伸到陕西南部;春秋战国至西汉早期,柳叶形青铜剑向四川盆地东部地区以及川西南地区和云南、贵州等西南夷地区辐射,成为西南地区最主要的青铜剑剑型②,明确指出三星堆文化对滇文化的影响。此外,霍巍等指出川西平原的三角形援无胡蜀戈也对滇文化的青铜戈产生了明显影响。③ 黄剑华从民族走廊与文化传播相结合的角度对两地的文化交流进行探讨,认为从古蜀国青铜铸造技术的南传可以看到三星堆青铜文化对滇国青铜文化产生了重要影响。④

此外,近年来的考古发掘显示,滇文化在青铜人物雕像、动物雕像、用杖制度等方面对三星堆文化有着明显的吸收借鉴。段渝研究认为,古蜀因与南中毗邻而居,两地完全有文化交流传播的可能,再加上古蜀的强大,从商代中叶三星堆文化开始,古蜀对南中就有军事控临关系⑤,因此滇文化从蜀文化中采借了一些文化因素,并不是没有可能⑥。在《巴蜀古代文明与南方丝绸之路》一文中,段渝根据在晋宁石寨山、江川李家山墓群中的考古发现,认为两地出土遗物"有较为明显的成都平原早、中期青铜文化的某些因素",即晋宁石寨山"出土的大量青铜器上铸有若干人物和动物的立雕像,……与三星堆青铜文化有着惊人的相似之处,造型艺术也较接近",青铜雕像人物中的椎髻、辫发、穿耳等各种形式,与三星堆青铜雕像人物也存在一些共同之点。此外,段渝还认为蜀文化中的用杖习俗向南传播到了滇文化中,古蜀三星堆与滇文化都是用杖来象征国家政权系统,"广汉三星堆商代蜀文化的金杖和滇文化出土的大量杖首,形制虽然并不完全相同,但以杖来标志至高无上的权力,其文化内涵却完全一

---

① 江章华:《巴蜀柳叶形剑研究》,《考古》1996年第9期。
② 段渝:《商代中国西南青铜剑的来源》,《社会科学研究》2009年第2期。
③ 霍巍、黄伟:《试论无胡蜀式戈的几个问题》,《考古》1989年第3期。
④ 黄剑华:《古蜀青铜文化对滇文化的影响》,《藏羌彝走廊研究》2018年第2期。
⑤ 段渝:《政治结构与文化模式——巴蜀古代文明研究》,上海:学林出版社,1999年,第457页。
⑥ 段渝:《论商代长江上游川西平原青铜文化与华北和世界文明的关系》,《东南文化》1993年第2期。

致"。① 刘弘也持相同的观点，认为西南夷地区的三角形援铜戈以及用青铜铸造人物、动物雕像都是受蜀文化南传的影响，蜀文化的南传路线是沿着川西南和滇西北向滇中地区传播；三星堆古蜀国与古滇国的存在时间前后相距五百年，但是在宗教上却有一定的相似性与可比性；两地巫师的造型具有相似性；古蜀是西南地区用杖习俗的源头，西南夷地区受三星堆古蜀文明用杖习俗的影响。② 范小平也认为滇文化墓葬出土的单个青铜人像及部分青铜器（贮贝器等）上比较小的人物、动植物雕像，其文化风格、形态、内涵等，与三星堆的极其相似。③

同时，有学者还根据川滇地区出土的相同考古遗物，提出两者之间保持了长期的交流交往。根据考古发现，云南古代曾大量使用贝币，特别是在以滇池为中心的古滇文化区域发现了大量海贝，据有关专家统计多达十万枚以上。这些海贝并非云南本地产物，有学者认为是来自印度洋和西太平洋水域。在广汉三星堆祭祀坑也出土的大量白色海贝，背部穿孔，为齿贝，也来源于印度洋，因此，有学者认为三星堆的海贝来自印度并经由南中地区④。此外，学者们逐步将自然科学的研究方法引入对三星堆文化的研究，并取得了可喜的成绩。金正耀等在《广汉三星堆遗物坑青铜器的铅同位素比值研究》一文中，通过实验分析认为三星堆青铜器所含之铅属一种十分罕见的高放射性成因铅类型，并指出中国境内含有高放射性成因铅的矿山都在滇东黔西地区⑤，从三星堆文化青铜原料的来源来探讨了三星堆与滇黔之间的文化交流。云南的铜矿、锡矿是古蜀王国青铜原料的最大来源，因此段渝认为滇文化对巴蜀青铜文化的发展曾经作出重要贡献。⑥

---

① 段渝：《巴蜀古代文明与南方丝绸之路》，《"丝绸之路与文明的对话"学术讨论会论文集》，2006年。
② 刘弘：《蜀巫与滇巫》，《中华文化论坛》2001年第2期；《论蜀式戈的南传——西南地区青铜戈的再研究》，《四川文物》2007第5期；《巴蜀文化在西南地区的辐射与影响》，段渝主编《南方丝绸之路研究论集》，成都：巴蜀书社，2008年；刘弘、王楠：《古代西南地区"杖"制考》，《四川文物》2009年第2期。
③ 范小平：《三星堆青铜人像群的社会内容和艺术形式初探——兼与中东地区上古雕塑艺术之比较》，成都：巴蜀书社，1993年，第128页。
④ 段渝：《巴蜀古代文明与南方丝绸之路》，《"丝绸之路与文明的对话"学术讨论会论文集》，2006年。
⑤ 金正耀等：《广汉三星堆遗物坑青铜器的铅同位素比值研究》，《文物》1995年第2期。
⑥ 段渝：《巴蜀古代文明与南方丝绸之路》，《"丝绸之路与文明的对话"学术讨论会论文集》，2006年。

（二）三星堆对黔西地区古文化的影响

考古资料显示，约在商代晚期至周代初期，贵州一些地区也进入了青铜时代，春秋至西汉早期，该地区青铜文化较为发达。三星堆古蜀王国与贵州毗邻，古蜀青铜文化自产生以来一直都是我国西南地区青铜文化的"文化高地"，所以贵州特别是黔西地区受到三星堆文化的影响较大。三星堆文化对黔西的文化影响多体现在出土文物上，特别是青铜兵器，即巴蜀地区柳叶形青铜剑、青铜戈（蜀戈）对黔西地区青铜兵器产生了强烈影响。童恩正先生在《我国西南地区青铜戈的研究》一文中，指出贵州威宁出土的青铜戈是蜀文化影响下的产物。① 杨勇认为可乐遗址从第一期就能见到巴蜀地区典型的柳叶形青铜剑，其可能是通过贸易所得，表明黔西北地区与巴蜀地区的贸易活动和交流通道早已存在。②

随着三星堆文化对滇黔文化影响等研究课题的推进，三星堆文化的传播路径也成为学界关注的焦点。大多学者认为，三星堆文化对滇黔文化的传播主要通过南方丝绸之路进行。段渝认为商代中晚期，以成都为起点的南方丝绸之路已经开通，通过南方丝绸之路，众多三星堆文化因素不同程度地向南传播，并在很大程度上影响了西南地区诸青铜文化的发展。③ 刘弘也认为南方丝绸之路是巴蜀文化南传的主要通道，巴蜀文化通过"西南夷"地区众多的文化地理单元向南传播。④ 肖明华认为，三星堆用青铜塑造人像的方法在蜀青铜文化发展的历史长河中消失了五六百年后，在南方丝绸之路上的云南昆明的滇池畔又出现了，并指出三星堆青铜文化的很多因素是通过南方丝绸之路从蜀传入的。⑤

综上所述，目前学界对三星堆文化与周邻地区文化交流的研究重点放在与长江流域的重庆及鄂西地区、陕西汉中地区，以及云南东部和贵州西部地区的古代文化的交流上，此领域研究虽在多方面已开展了工作，取得了不俗的成果，但囿于年代久远、文献记载的相对阙如以及考古发掘的影响，出现了研究成果不平衡的状态，成果较多地集中在长江沿线的重庆及鄂西地区、陕南汉中地区以及滇东地区，贵州地区的研究成果相对较少。同时，学界对于三星堆与其他区域之间的文化交流传播的主次和方向等问

---

① 童恩正：《我国西南地区青铜戈的研究》，《考古学报》1979年第4期。
② 杨勇：《试论可乐文化》，《考古》2010年第9期。
③ 段渝、刘弘：《论三星堆与南方丝绸之路青铜文化的关系》，《学术探索》2011年第4期。
④ 刘弘：《巴蜀文化在西南地区的辐射与影响》，段渝主编《南方丝绸之路研究论集》，巴蜀书社，2008年。
⑤ 肖明华：《南丝路上的云南青铜文化》，凉山州博物馆等编《三星堆研究》，北京：文物出版社，2007年。

题，还存在不同认识，如三星堆文化与鄂西和汉中地区在文化交流上的输入与输出的分歧。但对于三星堆文化对滇黔地区古文化所产生的重要影响，学界取得了较为一致的意见，那就是三星堆青铜文化由于产生的时间较早，更多地影响了滇黔两地古文化的发展。

结 语

总的来说，目前学界对三星堆文化的交流研究主要从文化交流的内容、方式、路径等多角度进行，并取得了不菲的成绩。这些研究成果再次确认了三星堆文化吸收融合了中原等其他区域文化因素，但又保留了自身的独特性和地域性，进一步论证了三星堆文化为代表的古蜀文明是中华文明多元一体的重要组成部分。同时，学界对三星堆文化的交流研究上，不仅以历史学、考古学的理论方法和材料，而且以文化人类学、文化传播学等的理论方法和材料来进行综合研究，拓展了三星堆文化交流研究的广度和深度，在学术研究上具有承上启下的意义。同时，学界在一些问题上还存在分歧，较为缺乏有效的对比材料，三星堆所反映的一些文化内涵至今尚未破解；其次由于不同学者、不同学科的研究方法和立场不同，故在研究中设定的前提、比较研究时选取的材料以及对文献资料的利用等各不相同，难免产生不一致的认识。

基于当前三星堆文化的交流研究成果，展望未来，我们认为在以下两个方向上有待深入，且可望取得重要进展。

一是持续深入三星堆文化与中原及周邻文化的互动交流研究。三星堆文化作为中华文明多元一体的重要组成部分，与中原及周邻地区的文化交流研究特别重要。其中，三星堆文化与中原文化关系的研究历来是学界关注和研究的重点，亦仍是今后研究的重点方向之一。当前，古蜀文明的文化发展演进序列已初步建立，然而在这个序列中，古蜀与中原地区的文化发展演变的关系如何，尚须进一步探索。

二是三星堆文化与周邻文化关系的研究成果稍显不足，今后仍应加强对三星堆文化与长江沿线的重庆、鄂西地区、陕南汉中地区以及滇东黔西地区等古代文化的关系等问题的研究，主要通过梳理考古资料，并结合相关文献和民族学材料，以探明其间文化交流传播的基本轨迹，进而阐明以三星堆文化为表征的古蜀文明对其他区域文化发展所产生的影响，例证中华大地各区域文化之间的交流互融。

当前，随着三星堆遗址的再次发掘，为推进三星堆文化交流研究的深度与广度提供了新的实物素材。承前启后,继往开来!我们相信,未来三星堆文化的交流研究必将获得更加丰硕的成果。

第四章
古蜀历史传说研究述评

向野

引 言

迄今为止，我们对于古蜀国历史的认识，仍然十分有限。

从材料上说，我们所掌握的传统史料实际只有《蜀王本纪》和《华阳国志》堪称系统。这两部书，前者今天只剩下清人辑佚而成的残本；而后者除了先秦部分，还记载了大量秦汉魏晋的史实，真正留给古蜀国的篇幅其实并不很多。更为关键的是，两部书的成书时间都在秦汉以后。前者相传为西汉扬雄所作——关于这一点，史学界其实并非没有争议①——这里我们姑且遵循前人的轨辙，假定此书确实出自扬雄的手笔，那么这部书的写作，距离公元前316秦灭巴蜀，也有近300年的时间。而蜀国肇建，假设那是新石器时代末期的事（具体时间由于文献不足，难有定论②），则其距离《蜀王本纪》的成书，早已相隔2000年之久。而从《蜀王本纪》到《华阳国志》，中间又经历了300年的漫长岁月。在这几百数千年中，无论是王朝更替，还是社会形态的发展，都与古蜀国早期的历史如隔云泥。因此，我们如何保证书中所记之事完全真实可信呢？

当然，除了《蜀王本纪》和《华阳国志》，我们还有一些其他史料可资参考，例如《尚书》《逸周书》以及《竹书纪年》等。这些材料，就年代而论，至晚都是先秦时的作品，相比《蜀王本纪》和《华阳国志》当然要早得多了。但其内容却并非站在古蜀国的立场，而是以中原国家为中心，根据记述的需要而对"蜀"偶一提及而已，其系统性自然远逊上述二书。从中，我们固难窥测当时古蜀国的实情。至于《战国策》中的《秦策》（司马迁将其改写收入《史记》当中），所载虽然稍详，但所记的已是秦人并吞巴蜀的消息。古蜀国的历史，至此便已完全终结，更不能为我

---

① 例如徐中舒就认为，今本《蜀王本纪》的主要部分，当成于蜀汉时期的谯周之手。见徐中舒《论〈蜀王本纪〉成书年代及其作者》，《社会科学研究》1979年第1期。
② 有关这一问题，以后将作专门探讨。

们提供多少有用的讯息了。

此外还有一些材料，虽不是严格的史著，但仍保存了一些古蜀国的历史传说。如《说文》中就有望帝化鹃的故事。这则故事也收在《禽经》里，不过叙述更加详密。后世志怪类的著作，如《述异记》《茅亭客话》《古今列仙通纪》《三教搜神大全》等，也多有这一类的传说，足以供后人采择。此外，其他零星记述还散见于各类地理方志之书，如《蜀记》《益州记》《十三州志》《水经注》《括地志》《太平寰宇记》《方舆胜览》等中，就收有不少。这些书有的或已亡佚。但从保存的片段来看，其内容大体是对古蜀历史的一些追述，借叙述山川形势之便，或于表彰风土名胜之时，信笔托出，故多有不成条理之病。且总的来说，这些材料不仅年代甚晚，其内容也多与《华阳国志》等书相重复。其或不重复者，究竟来源何处，我们往往又不得而知，所以运用起来，总不能不抱以审慎的态度。这就使本来稀缺的材料，更难派上用场。因此，纵然学者对于古蜀国的历史抱有极深的兴趣，而撰写一部有关古蜀历史的书，并非一件容易的事。

第一节 古蜀历史的文献研究

一、传统史学与疑古运动的兴起

中国向来以对历史的翔实记述而著称。何独一说起古蜀国的历史，竟让人兴起史料缺乏的感叹呢？这当然不是因为古人对于四川的历史不够重视。相反，历朝文人为巴蜀地区编史修志的活动，可以说是历久不衰。据《华阳国志》记载，自两汉以来，先后就有司马相如、严君平、扬子云、阳成子玄、郑伯邑、尹彭城、谯常侍、任给事，"各集传记，以作《本纪》"[①]。此即常璩所亲见的八家《蜀王本纪》。如此集中地为某一地区撰史，这在中国其他区域已是相当罕见了。何况除此八家外，以巴蜀为对象，属于历史类的著作尚有来敏的《本蜀论》，李充的《蜀记》，陈寿、王崇的《蜀书》，以及常宽、杜袭的《蜀后志》等；属于地理类的著作尚有谯周的《三巴记》、黄容的《梁州巴记》等；属于人物志的著作，有赵

---

① （晋）常璩：《华阳国志·序志》。

宁的《乡俗记》及五家《巴蜀耆旧传》、两家《益部耆旧传》等①。就其规模来看，可谓相当惊人。

常璩的《华阳国志》成书相对最晚，自然有机会博采众长，将历史地理和人物汇为一编，从而为后世方志的撰述打下基础。自此以后，巴蜀史志之作，终成一时之盛。其中较著名的有南朝李膺的《益州记》，唐张周封的《华阳风俗录》，卢求、白敏中的两种《成都记》，宋赵抃的《成都古今记》以及几种续记②，此外如袁说友的《庆元成都志》、张唐英的《蜀梼杌》、元费著的《至正成都志》，也都是顺着这一脉发展的产物。我们单看这些书名，已经可以想见蜀中方志撰述的兴盛了。而到了明以后，杨慎的《全蜀艺文志》及曹学佺的《蜀中广记》，更是旁收博采，将蜀中各地的风土民情、文献掌故、历史沿革，一一加以网罗，以至《四库全书总目》认为，凡谈论蜀中掌故者，终当以此二书"为取材之渊薮也"③。

按理说，有这些书籍作底子，总该能产生一部信实可靠的古蜀历史著作了吧。然而令人遗憾的是，并没有这样一部著作写出来。实际上，前文列举的那些书，到了明代大部分都已亡佚了。清朝乾嘉年间的学者，费了不少力气，将它们从前人征引的片段中辑出来。就这些零星引文来看，其中固然保存了不少先秦时期古蜀历史的材料（如卢求的《成都记》中就有关于李冰的记载），不过考虑到这些著作的成书年代普遍较晚，其作为史料的价值也必然不会太高。何况方志一类的书，本不是以钩沉索隐为目的的。古蜀国的历史，早在唐朝李白时就有"开国何茫然"之叹；后世编写方志，对此也是无可如何，只能重近世而轻往古。因此有清一代编纂方志的活动虽然达于高潮，但其所修成的《四川通志》，就其论古史的部分来看，内容依旧十分单薄。④

---

① 《华阳国志·陈寿传》云："益部自建武后，蜀郡郑伯邑、太尉赵彦信及汉中陈申伯、祝元灵、广汉王文表，皆以博学洽闻，作巴蜀《耆旧传》。寿以为不足经远，乃并巴、汉撰为《益部耆旧传》十篇。"其中，郑、赵、王之书，当名《蜀耆旧传》；陈、祝之书，当名《汉中耆旧传》。兹依常璩文，合称为《巴蜀耆旧传》。此外尚有陈术的《益部耆旧传》，为常璩所未及。
② 如王刚中的《续成都古今记》、范成大的《成都古今丙记》、胡元质的《成都古今丁记》等。
③ （清）永瑢等：《四库全书总目》卷七〇，《蜀中广记》条，北京：中华书局，1965年，第627页。
④ 例如雍正所修《四川通志》，其《建置沿革》一章，正文由上古叙至秦灭巴蜀，尚不足一百字。见黄廷桂等《四川通志》卷二，清雍正十一年（1733）刻本，《景印文渊阁四库全书》第559册，台湾商务印书馆，1986年。

除了材料稀缺，传统史志的另一大弊病还在其疏于别择。这于古人原是十分自然的事——有关古蜀历史的材料既已如此缺乏，因此只要找到一点，便应尽量让其发挥作用。于是，我们看到像《路史》那样的著作，总是竭其所能，将各种材料拉杂拼凑在一起，强作疏通。例如《春秋命历序》说自开辟至获麟，一共经历了二百二十七万六千岁，分为十纪，每一纪为二十六万七千年。罗泌就根据这一记载，结合《丹壶书》等书所列的世次，而把蜀国的建立安排在第八纪的因提纪，比黄帝所在的疏仡纪早了整整两纪（差不多五十万年！）。[①] 罗泌是载籍极博的学者，他在撰写《路史》时下了极大的功夫搜集和整理资料，真正做到了"无一字无来历"。然而，像这样苦心孤诣写出来的历史，究竟能有几分可信呢？

正是由于上述局限，传统史学对于上古历史的探索逐渐陷入困境，以至丧失了生机。于是到了近代，史学界在西方思潮的影响下，从两个方向对旧史学掀起了一场革命。他们一方面要求对史料实行严格的批判，一方面又要求打破旧史料的限制，充分运用新眼光，以拓宽史料的边界。从学术发展的进程看，这两个方面原本表现为学术史上前后继起、相互影响的两个阶段，但在具体的研究过程中，则又往往交相为用、彼此促进，从而产生出重要的学术成果。古蜀历史的重建，就其性质而言，既是整个中国古史重建运动的一部分，当然不能自外于这一学术进程而独立。因此，将其置于近代学术发展的背景下来加以考察，就是十分必要的了。

我们知道，清朝是我国史学发展上的高峰期。尤其是乾嘉以来，承平日久，社会富庶，一般人得书较易，从事考订、校勘、整理的工作也便于着手，于是各种考校、笺疏之作得以喷涌而出，造就了一个"古学昌明"的时代。但是，随着新思潮进入中国，人们对于历史的观念也在发生变化。乾嘉之学虽以实证著称，但学术上夸富斗艳的风气也同样盛行。学者著书，为考一个字的是非，动辄盈百累千地罗列资料。见之于史学领域，则其追求系统完整的倾向也极为明显。像马骕的《绎史》，号称"取三代以来之书，汇集周秦以上事"，对于典籍中有关先秦的记述，可谓搜括无遗。我们看它征引的书中，除了经、传、子、史等最可靠的材料外，还有"传疑而文极高古者""真赝杂错者""附托全伪者"，以及"汉、魏以还，称述古事"者、"全书阙轶，其名仅见"者，甚而至于谶纬之书、笺

[①] （宋）罗泌：《路史·前纪四》。

注之言、类萃之帙，也都一并广搜博采。① 对于这些资料，马骕本着"互见叠出，不敢偏废，所谓疑则存疑，广见闻也"的态度，而对其尽量予以容纳。尽管并非全无别择，但整部书考订不精、失之芜杂的毛病，也是其显明的特点。②

按理说，以博取胜，本应是史学者追求的目标之一；而系统完整，更是衡量一部史书优劣的重要标准。但我们也要意识到，史学是受史料的性质所制约的。而上古的历史，一方面存在文献不足的缺憾，一方面又存在真伪难辨的问题。这就决定了研究上古史，史料的处理必然是个关键。一位优秀的史家，不会为了夸示博学，或刻意追求全面，而随便采用那些未经审查的史料。反之，他会审慎地对史料加以甄别，分析其时代，探究其性质与来源，从而判定其可信的程度，对于查无实据的材料则毋宁存疑。

以这样的眼光审视传统史学，则其对于史料的审理，自然令人难以满意。关于这一点，我们只消看马骕的书中，既已删去《路史》中荒谬的十纪，而犹采皇甫谧书中许多古帝王之名加以排比，便能对此有所领略。而这一类的问题，在清人中又绝不限于马骕一家而已，实为极普遍的一种现象。③ 其流风所及，甚至延续到民国时期。据冯友兰回忆，当时北大哲学门的陈黻宸讲授中国哲学史，即从三皇五帝讲起，讲了半年才讲到周公④；其时同在北大读书的顾颉刚，自述其听陈汉章讲中国哲学史，也是由伏羲讲起，一年下来只讲到《洪范》⑤。讲学而至如此地步，固然博则博矣，但于史实究竟探得几分，不免是个疑问。

正因为有了上述背景，我们才能了解，何以胡适的《中国哲学史大纲》一经问世，即能造成巨大的轰动。该书丢开唐、虞、夏、商，直从周宣王以后讲起，堪称"截断众流"的一大创举。⑥ 此外，胡适标举大胆的

---

① （清）马骕撰，王利器整理：《绎史·徵言》，北京：中华书局，2002年。平心而论，马骕的《绎史》在清人的著述中，已经称得上是十分优秀的杰作了。他在书中对史料所作的考订，虽然现在来看问题很多，但这多半是因时代局限所致，不足为之深病。
② （清）马骕撰，王利器整理：《绎史》，北京：中华书局，2002年。
③ 按：清人著书，取材虽称宏富，而见解终不免于固陋浅狭。实际上，胡适就曾指出，清人重功力而轻理解，因此三百年中，"几乎只有经师，而无思想家；只有校史者，而无史家；只有校注，而无著作"。此论虽不免苛刻，但也颇能道出实情。见胡适《〈国学季刊〉发刊宣言》，《胡适文集》第3册，北京：北京大学出版社，1998年，第8页。
④ 冯友兰：《"五四"前的北大和"五四"后的清华》，《文史资料选辑》第34辑，北京：文史资料出版社，1963年。
⑤ 顾颉刚：《古史辨》第一册《自序》，上海：上海古籍出版社，1982年，第36页。
⑥ 胡适：《中国哲学史大纲》卷上，蔡元培序，《胡适文集》第6册，北京：北京大学出版社，1998年，第156页。参见余英时《中国近代思想史上的胡适》，台北：联经出版事业公司，1984年，第38—40页。

怀疑精神，主张"先把古史缩短二三千年"，以至"宁疑古而失之，不可信古而失之"①。这些观点无疑是对旧史学的一场革命。从此，任何学者只要研究古史，便不能再像传统史学那样好奇骛博，盲从轻信，而是负有一种要为古史提供证明的责任。就此而言，无论疑古派在其研究中的成绩如何，其对于史学本身的意义，的确十分重要。

位于中国西南的四川，其感受疑古的风气或许要晚一点，但却绝不可能长期隔离于这一风气之外。于是到了20世纪40年代，随着抗战中学者的大批内迁，四川地方的上古史逐渐成为史家注目的焦点，而古史辨的影响也随之进入四川历史的研究之中。

顾颉刚本人是于1939年下半年迁居成都的，在不到两年的时间内，他游览了郫县的望帝丛帝陵、温江的鱼凫城、双流的蚕丛祠和瞿上乡，怀着对古蜀国历史的重重幻想，写成了《古代巴蜀与中原的关系说及其批判》。在这篇多达4万字的鸿文里，顾先生针对历朝学者花费大力气建立起来的古史系统，从材料是否真实、推论是否合理两方面进行了严格的审查。

按照前人的见解，巴蜀和中原是从开天辟地以来便紧密相连的，这在传统文献中有着明确的记载。而顾先生正是从这些文献入手，逐条批驳，一一否定，从而提出"古蜀国的文化究竟是独立发展的"，主张"它的融合中原文化是战国以来的事"②。这就把几千年来人们信奉不贰的学说，一下子予以摧陷廓清，彻底扫除。从此，巴蜀与黄帝等有无关系、中原文化从何时起进入四川，遂成学术上的绝大问题，吸引后来者的竞相探索。顾颉刚倡言的"没有彻底的破坏，何来合理的建设"，的确出了果实。

二、从文献史料回应疑古派的挑战

但怀疑是一回事，要证明一段历史又是另一回事。③ 有关古蜀历史的研究，固然不是由顾先生开头的，但的确是从顾先生开始，才让人起了

---

① 胡适：《自述古史观书》，《古史辨》第一册，上海：上海古籍出版社，第23页。按：胡适1921年在东南大学演讲《"研究国故"的方法》，已提出"宁可疑而错，不可信而错"，并说："东周以前的历史，是没有一个字可信的"。见胡适《胡适文集》第12册，北京：北京大学出版社，1998年，第92—93页。
② 顾颉刚：《古代巴蜀与中原的关系说及其批判》，《中国文化研究汇刊》第一卷，1941年9月。
③ 顾颉刚本人就说："我们要否认伪史，是可以比较各书而判定的；但要承认真史，便没有实际的证明了。"见《与钱玄同论古史书》，《古史辨》第一册，上海：上海古籍出版社，第59页。

"山河变色"之感。可以说，顾先生的大胆怀疑为四川古史的研究开启了一个新纪元。但怀疑之余，如何重建四川的古史，成了人们亟须解决的一大问题。而任何回答此一问题的人，都必须面对疑古思潮所带来的挑战，对其加以回应。

在古史辨运动中，最受怀疑的，是上古帝王的世系。而关于古蜀先王与黄帝的关系，今存《蜀王本纪》残本固然语焉不详，常璩的《华阳国志》也只是简略地说到黄帝为其子昌意娶蜀山氏女，生子帝喾（按：当作颛顼），并言其支庶即受封于蜀，世为侯伯[①]。言下之意，即后来我们所知的蜀王，实出于帝喾（颛顼）一族的支系。但对于这个说法究竟有何来历，常璩并没有明白地予以说明。因此，顾颉刚先生在前引《古代巴蜀与中原的关系说及其批判》一文中，也就对此深致怀疑，指出这些传说大抵为战国以来蜀地接受中原文化的影响，而加以拉拢攀附的结果，并不足以采信。[②]

面对顾先生的怀疑，坚持传统看法，认为蜀王确是出于黄帝一系的学者，自然要对这一问题予以回应。而顾先生既是由史料入手，以展开其怀疑的，于是为传统辩护者，自然也要对史料加以分析，以指出其所以可信的原因。蒙文通先生正是较早对此加以尝试的学者。他在《巴蜀史的问题》中，引《三代世表》褚少孙说，指出当时蜀王后裔"常来朝降，输献于汉"[③]，而为褚少孙亲眼所见；那么，蜀王为黄帝后世的说法，也必定是由这些"输献于汉"的使臣亲口所述，而为褚少孙所知。这可证古蜀王为黄帝子孙之说，早在西汉元、成年间便已流传，绝非后人所能凭空杜撰。[④] 至于今本《蜀王本纪》中没有昌意娶蜀山氏的说法，蒙文通先生认为，这是由于今本《蜀王本纪》只是一个残本，而清代洪、严诸家辑本又正好遗漏了这一条，所以造成了这一缺失，而并非原本中没有这一记载。[⑤] 此外，蒙文通先生还特别指出，有关上古蜀王的世系，《史记》等书所采取的史料，与中原历来传述的正统说法有所不同，足见这些记载实际自成一个系统，而有其独立的来源，是不能轻易加以否定的。[⑥]

---

① （晋）常璩：《华阳国志·蜀志》。
② 顾颉刚：《古代巴蜀与中原的关系说及其批判》，《中国文化研究汇刊》第一卷，1949年9月。按：顾先生此文取证繁密，论述详明；此处所述，仅略示其要旨而已，读者还宜参看原书。又见顾颉刚《论巴蜀与中原的关系》，成都：四川人民出版社，1981年。
③ （汉）司马迁：《史记·三代世表》。
④ 蒙文通：《巴蜀史的问题》，《古族甄微》，成都：巴蜀书社，1993年，第204—205页。
⑤ 蒙文通：《巴蜀史的问题》，《古族甄微》，成都：巴蜀书社，1993年，第206—208页。
⑥ 蒙文通：《巴蜀史的问题》，《古族甄微》，成都：巴蜀书社，1993年，第208—209页。

蒙先生的主张十分雄辩，尤其是对古蜀王世系的史料来源，论析极为透彻。后人在此一问题上，延续蒙先生的思路，而又有所发挥。李学勤先生对《帝系》的分析，就是一个典型。他根据《帝系》的记载，对黄帝后裔的玄嚣一系与昌意一系分别作了考察，指出前者多活动于中原与北方，而后者差不多都与南方有关。这一现象当然不是后人所能伪造的。而蜀王一支，正好出自南方的昌意一系。李先生认为，蜀原本应有独立的起源，自昌意娶蜀山氏女，二者始建立起联系。其后，颛顼封其支庶于蜀，进一步把中原文化的影响带到了蜀的民间。我们由此可知，蜀与中原绝不像前人所认为的那样隔绝；二者在传说中有着共同的先世，也并不是什么偶尔的事情。①

李先生的分析，虽然也举出了不少史料为证，但重点还是立足于对《帝系》的分析之上。真正对文献史料的来源加以明显区分的，是谭洛非和段渝二人。他们将反映古蜀与黄帝关系的史料分成了中原文化和巴蜀文化两大系统。其中前者又可细分为北方所传古史系统和南方所传古史系统，这两个系统对于黄帝、颛顼与蜀的关系，记载完全相同。至于巴蜀文化系统，其史料主要取材于先秦载籍与蜀王旧史，并有巴蜀民间的口传材料世代相承，其中一些内容虽然经过了改易，但最基本的史料还是得以保存下来，且与中原文献所记大体相符。这种多元而一致的特性，决定了其所记述的内容应属事实，而绝非出于伪造。②

当然，受怀疑的绝不只黄帝与古蜀的关系，大禹的出身也是一个问题。按照中原中心的正统史观，禹作为夏王朝的开创者，自然当是华夏文明的代表人物。然而《蜀王本纪》中提到禹的出身，却说他"生于石纽"，为"汶山郡广柔县人"，即是在今岷江上游一带，与历来所见的说法截然不同，因而自然引起人们的怀疑。

对于这种差异，应当如何加以解释呢？蒙文通认为《蜀王本纪》的说法，以夏朝和蜀王为昌意后代，又同在蜀，这和《世本》《史记》所说"昌意降居若水"的记载是吻合的。若水在蜀，就是后来的雅砻江。这一系列的说法，虽不免矛盾可疑之处，但因其自成一个系统，而又为中原史书所采用，"可见蜀和中原的史料分合同异之间，有共同的传说，而又有各别的传说"，所以更觉其可贵，而不应加以忽视。③

---

① 李学勤：《〈帝系〉传说与蜀文化》，《四川文物》1992年第S1期。
② 谭洛非、段渝：《论黄帝与巴蜀》，《社会科学研究》1994年第1期。对有关史料更详密的分析，见段渝《四川通史》（卷一先秦），成都：四川人民出版社，2010年，第47—48页。
③ 蒙文通：《巴蜀史的问题》，《古族甄微》，成都：巴蜀书社，1993年，第208页。

相比蒙先生的说法，邓少琴更进一步指出了这别一系统史料的来源，认为这是出于羌人的传说。禹生西羌，是为羌人，氐羌之族最初源出河湟，徙晋北，与匈奴为邻，后入中原，是为夏殷周三代中的夏后氏之王。其支族由河湟南下，各自为种，有牦牛种、白马种、参狼种等，而"禹生石纽"之说，则是大禹支系有生于羌者，南下至汶川石纽地区所传颂的说法。①

关于大禹和羌人的关系，邓少琴先生当然不是第一个提出来的。早在20世纪40年代陈志良发表《禹生石纽考》时，就已指出，夏禹传说的出发点是羌民居住地域，羌民是夏民族之后，而禹为羌民所崇拜的图腾。② 后来主张此说者，又有任乃强先生。据任先生考证，蚕丛氏据有岷江上游的时间，与中原尧舜禹之世相当。而大禹虽非蚕丛氏之族，实生于蚕丛氏之地。当其时，蜀族的农业文化有了突出的飞跃，能与中原相当，而又相互往来，所以鲧禹会到这一地区来，生活一段时间，又到中原去做唐虞两代的重要人物。这是由地理条件所决定的，并没有什么可疑之处。③

李学勤也相信禹生石纽的传说，但他并不是从羌人的角度立论，反而很正确地指出，羌人到石纽一带是很晚的事，在禹的时期，这一地区还没有羌人。然则，禹生石纽的说法又是怎么来的呢？李先生提出三种可能：要么它是蜀人的传说，要么它是羌人带来的，要么它是夏人自己的说法。哪个答案正确，李先生很审慎地并没有作答，而是寄希望于未来的研究。但他很确信一点，就是昌意到颛顼这一系出于四川，见于《帝系》《山海经》《纪年》《世本》《史记》《帝王世纪》《水经注》等书的记载，并非蜀人独有的说法，而是"古代公认的传说"。李先生主张，禹生石纽之说，也要放在这一背景下，方能得以领会。④

至于如何领会呢？那就要对传说的细节加以具体的分析了。对此，段渝的看法值得重视。他指出，禹生石纽之说，是一种典型的出生神话。历史文献屡见禹生于石的记载，而禹子夏启的出生也与石有关。而这两种传说，在全中国范围内，只在岷江上游和河南嵩山两地有所流传。这是因为禹作为夏王朝的开创者，从古蜀东进中原，均在帝颛顼后代的各分支间活动，这些地域同属上古时代的"西戎"之地，具有共同的"文化底层"，

---

① 邓少琴：《蜀故新诠》，《巴蜀史迹探索》，成都：四川人民出版社，1983年，第125—129页。
② 陈志良：《禹生石纽考》，《说文月刊》第1卷，1940年。
③ 任乃强：《四川上古史新探》，成都：四川人民出版社，1986年，第57—60页。
④ 李学勤：《禹生石纽说的历史背景》，《大禹及夏文化研究》，成都：巴蜀书社，1993年。

所以相同的传说才在中国西部这一大片地域间得以长期保存和流传。①

以上，我们考察了黄帝传说和大禹传说与蜀地的关系。从中可以看到，在面对疑古派的质疑时，学者是如何为传统文献辩护的。他们指出，同一个传说，由不同的文献加以记录，其来源也各不相同，而内容却大体一致，说明这一传说并非没有根由，而应当是有所依据的。至于其中矛盾抵牾的地方，有可能是出于传闻异辞，也可能是不同系统的史料取舍不同——而无论哪一者，都证明了它的真实可信（试问刻意造假的东西，又怎可能出现矛盾抵牾呢？）。甚至就连其中不易索解之处，细究起来也都刻意找到合理的解释。这更可见史料的形成绝非偶然，而是有其历史的背景在后面支撑着。

当然，仅仅指出史料的可信，还不算尽了史家的能事。古蜀历史的重建，一方面固然要求对旧史料的价值重新加以肯定，另一方面还要更进一步，充分挖掘新史料，以扩充我们的认识，使我们知道从前所不得而知的历史（在这方面，史语所的贡献不容忽视）。

例如对于"蜀"字的解释，即是很好的一例。因为传统的史家，似乎很少想到要进行一番解释的。而到了朱希祖先生，情况便不同了。他根据《说文》对"蜀"字的解释，结合音韵学、训诂学的知识，提出蜀和蚕"声同义同，惟字形则有异"，进而推论古蜀国为蚕国，蜀王蚕丛为"古之始育蚕者"，"故后世奉之以为蚕神耳"②。朱希祖的观点，立论新颖，在当时的条件下，当然不可能找到考古学上的证明。但他利用《说文》的材料，又引据《诗·东山》《尔雅》《韩非子·内储说》《淮南子·说林训》等，认为其中的"蠋"字，即是由"蜀"字孳乳而来，可谓相当敏锐的观察。以上种种材料，古人虽非不知，但向来没有人联系到蜀国之"蜀"。而朱希祖先生不仅从文字学的角度入手，对其加以考察，还结合地志与笔记材料，指出蜀郡古有蚕陵，而民间到了宋代，犹奉蚕丛以为蚕神。有了这些材料作支撑，于是古蜀国为蚕国的说法，遂成为一种有力的假设。这是单凭传统史料所难以提出来的。

受朱希祖的影响，后人对于蜀人养蚕之说，多持肯定看法。例如任乃强先生，就引扬雄《方言》及《尔雅》中蜀字训独（獨）之例，认为野蚕性孤独，各据一叶，以保证食叶充足。而蚕丛"始聚野蚕于一器而采桑饲

---

① 段渝：《大禹史传的西部底层》，《四川大学学报（哲学社会科学版）》2004年第5期。
② 朱希祖：《古蜀国为蚕国说》，《时事新报·学灯》1939年第44期。该文后又转载于《新四川月刊》1939年第2期。

养之"，故得名为蚕丛氏（丛者，聚也）。① 这也是一种有意思的解释。实际上，利用语言文字材料以推论古人生产生活的真实情况，原本就是民国以来学界盛行的一大传统。以徐中舒为例，他在其20世纪40年代所作《井田制度探原》中，自言其入川以来，"每欲于文字初形初义以及其引申递嬗之故，有所论究。……益知我国文字蕴藏古代社会史料，至为丰赜。不但可补古史之缺佚，更可为社会学家拓一园地"②。运用这种方法，史料的范围当然大大扩展。从前所视而不见的史料，到这时也开始逐步受到重视了。

当然，"蜀"字与"蚕"，是否即是同一个字，这个问题还可以继续讨论。其实，正如不少学者指出的，在《韩非子》与《淮南子》等书中，分明说到"蠋"之与"蚕"，"状相类，而爱憎相反"。就此而言，蠋（蜀）与蚕似乎应是两种不同的虫类。对此，朱希祖自己解释说，蜀为通名，包括一切蚕类，而蚕则专指食桑叶丝之虫。后来的学者更进一步对二者进行了区分。例如段渝就认为蜀是家蚕的前身，"家蚕是从桑蚕而不是其他野蚕驯化而来的"，"蜀就是桑蚕，它与其他野蚕有着很大的区别"。因此，从蜀山氏到蚕丛氏，经历了由驯养桑蚕到饲养家蚕，并以家蚕丝为原料缫丝织帛的过程。二者名称的变化，正反映了蜀山氏与蚕丛氏前后相继、次第相接的演变关系，包含并体现了深刻的历史内容，而不仅仅是名称的交替而已。③

我们由此可以看出，在对史料的运用上，往往包含着一种解释的需要。同时，被解释了的史料又反过来帮助我们了解历史。在这过程中，一些原本不合用的史料，由于史家具备了新的眼光，而发挥了全然意想不到的妙用。就这点而论，《山海经》可以说是个典型。本来在古代，《山海经》一书是以"荒诞不经"而著称的。自王国维先生从卜辞中拈出王亥一名，并以《山海经》《竹书纪年》乃至《世本》《帝系》《天问》等篇，加以疏通贯串，从而证明王亥原为殷之先公，在历史上一度赫赫有名④；于是《山海经》在史料方面的价值，开始得到极大的重视。不少学者试图从

---

① 任乃强：《四川上古史新探》，成都：四川人民出版社，1986年，第50—51页。
② 徐中舒：《井田制度探原》，《徐中舒历史论文选辑》，北京：中华书局，1998年，第758页。
③ 段渝：《政治结构与文化模式——巴蜀古代文明研究》，上海：学林出版社，1999年，第354—357页。
④ 王国维：《殷卜辞中所见先公先王考》，《观堂集林》，北京：中华书局，1959年，第415—422页。

中发掘出潜藏的史料，以弥补经史传记的匮乏①。而将之运用于古蜀历史的研究，是蒙文通先生的一大贡献。

蒙先生通过对《山海经》中的地理资料进行分析，发现全书三个部分所说的"天下之中"，是以巴、蜀和荆楚之地为中心的，有的甚至只属于巴、蜀地区。蒙文通据此推断，《山海经》的作者可能与巴蜀有关。具体来说，《海内经》当为古蜀人所作，《大荒经》当为古巴人所作，《五藏山经》和《海外经》则是接受了巴蜀影响的楚人所作。其中《海内经》成书于西周中期以前，《大荒经》成书于西周晚期以前，而《五藏山经》和《海外经》则成书于公元前602—前360年之间。②

与蒙先生同时，尚有吕子方氏，作《读〈山海经〉札记》，而与蒙文通先生提出极相似的主张。吕先生认为《山海经》一书，以《大荒经》《海内经》成书最早，篇中所叙述的十四个国家中有十个都在西南，足见其为西南地方的人所记录。其中《大荒经》当为古巴人作品，大约成书于殷代或殷代以前；而《海内经》则是古蜀人作品，为长期陆续记录的产物。这两部书后来流传到其他地区，当地人吸取了其中的精华，而又补充了新的材料，整理加工成《五藏山经》和《海外经》。可见在吕先生看来，《山海经》的成书，是有其漫长的过程的。③

吕先生的《札记》，知者甚少，其影响也不及蒙文通来得广大。然而无论如何，两位先生的到底给人以很大的启发。后来的不少学者，正是受了两位先生的影响，而就《山海经》与巴蜀的关系问题继续加以探讨。例如金荣权便在他的研究中提出五点理由，以支持蒙、吕两先生的主张。我们撇去与蒙先生重复的来看，觉得其中最重要的一条，是指出《山海经》作者把上古部族的主要始祖，如炎帝、帝俊、伏羲、颛顼、夏启等，与西南地区联系起来，而以巴蜀为后世主要文化集团的发源地。④ 实际上，《山

---

① 实际上，早在晚清时期，《山海经》便已引起一些学者的注意，例如刘师培就曾撰有《〈山海经〉不可疑》一文，以为《山海经》辩解，参见罗志田《〈山海经〉与近代中国史学》，《中国社会科学》2001年第1期。其实，王国维之前，清人梁玉绳就已考出《山海经》中的王亥，即为《史记》等书所载的殷人先公。可见学者对于《山海经》的重视，实承清代乾嘉之风而来。见梁玉绳《人表考》，《史记汉书诸表订补十种》，北京：中华书局，1982年，第618—619页。郝懿行作《山海经笺疏》，也是此一风气的产物。
② 蒙文通：《略论〈山海经〉的写作时代及其产生地域》，《中华文史论丛》第1辑，北京：中华书局，1962年。
③ 吕子方：《读〈山海经〉杂记》，《中国科学技术史论文集》下册，成都：四川科学技术出版社，1984年。尤其是其中的第五、第二十四、第二十五条，考定《大荒经》和《海内经》为古代巴人与蜀人的作品，论证较详，可与蒙先生的研究相对照。
④ 金荣权：《〈山海经〉作者应为巴蜀人》，《贵州社会科学》2004年第6期。

海经》对于我们的研究之所以重要，正是由于该书多记上古帝王的传说和世系，而为古蜀历史的重建提供了史料上的支撑。这在先秦典籍中是十分难得的一个现象。

当然，讨论这一现象，必须首先了解《山海经》的具体形成过程。关于这一问题，吕子方已进行了初步的探索，而唐世贵则在其基础上继续推进。他提出一种惊人的假说，认为《山海经》产生于西周以前，最初是以口语的形式在蜀地流传的，其后才由当地人用巴蜀古文字写成。到了战国中期以后，移居巴蜀的楚人后裔始用华夏文字将其翻译过来，并在书中加入楚地的神话，从而形成了今本的《山海经》。[①] 如此大胆的一种假说，当然不可能找到什么强有力的证据。但它的确代表了一些学者力图调和《山海经》中不同文化元素的尝试（至于成功与否，读者当可自行判断）。

现在且让我们假设《山海经》确实与古代巴蜀有关。我们来看看从中可以得出什么有趣的结论。

举例来说，《山海经》中对于颛顼、鲧禹的传说，记载尤详。吕子方认为，这是由于上古时代，人们受制于地理区隔，视野狭窄，加以取材不易，所以本地人往往只能写本地的历史。而据吕先生考定，《山海经》中的《海内经》，其地域的中心位于昆仑附近的六条河之间，即今四川的西北方向。吕先生由此推论认为颛顼一族最早即应居住在四川西北、青海南部的崇山峻岭之中，其后逐步向东南方发展，而分化出楚、夏等部族。[②]

吕先生这一系列假说还有一个旁证。他指出，《南山经》之首的招摇山，即今汶山，原本是在颛顼一族居地的南方；而当《南山经》成书时，颛顼的后裔早已向东南方迁徙，这时的招摇山成了西北方向的高山，而《南山经》仍将其编入南方之首，又说其临于西海之上。这一中心视角的变化，即反映出古代民族迁徙发展的历史过程。[③]

吕先生的这一考证，姑不论其恰切与否，至少思路是非常清晰的。与之相似，徐南洲也是以《山海经》中的地理为据，来讨论古蜀人的地

---

① 唐世贵：《〈山海经〉成书时地及作者新探》，《成都理工大学学报（社会科学版）》2006年第1期。
② 吕子方：《读〈山海经〉杂记》，《中国科学技术史论文集》下册，成都：四川科学技术出版社，1984年，第81—98页。
③ 吕子方：《读〈山海经〉杂记》，《中国科学技术史论文集》下册，成都：四川科学技术出版社，1984年，第97—98页。

望与族源的。他指出《禹贡》中的南海,并非两广以南的大海,而是今若尔盖沼泽的前身,亦即《山海经》中《海内西经》的"渤海"。此渤海,原为一口巨大的古湖,古湖退缩后,形成三口较大的湖泽。这三口湖泽,即《大荒西经》中的三泽水,又称"三淖"。此三淖之"淖",依训诂可以称为"浊"(濁),而浊又可通作"蜀"。因此,古蜀人之所以得名为"蜀",就是因为他们原本居住在这块沼泽地的旁边。[1]

徐南洲的主张尚不止此。他根据《海内经》"流沙之东,黑水之下,……黄帝妻雷祖"的记载,指出这条经文所涉及的地区应在洮湟之间,旁及四川、青海、甘肃三省之交,认为黄帝一族活动在洮河(黑水)流域,而雷祖居于若尔盖西北的河湟地区,二者毗邻,于是产生了黄帝妻雷祖的传说。实际,昌意、韩流、颛顼都出于雷祖一系,为《后汉书》"赐支羌"的先民。韩流娶淖子,生颛顼。淖子的"淖",即蜀山氏之"蜀"。而帝颛顼生自若水,正是后世古蜀人的先代之一。[2]

这里,正如大多数学者所指出的,颛顼似乎是连接古蜀与中原的关键人物,值得专门加以研究。而《山海经》又为我们提供了罕见的资料。其见于《大荒西经》者,有一段说:"有鱼偏枯,名曰鱼妇。颛顼死即复苏。风道北来,天乃大水泉,蛇乃化为鱼,是为鱼妇,颛顼死即复苏。"这一段材料,内容神奇怪诞,向来不为人们所理解。而据段渝指出,这里的"鱼妇"应即古蜀王鱼凫。"凫""妇"一声之转。经文谓颛顼死即复苏,化为鱼妇,即暗示鱼凫为颛顼后代。[3]此后,贾雯鹤又从音韵的角度,进一步论证了段渝的观点。她提出"凫"与"妇",一在之部并纽,侯之旁转,古音相近。并指出鱼凫的得名,当与鱼有关,而与鸟(凫)没有关系。而《山海经》中,颛顼所葬的务隅之山,一作附禺之山,又可写作鲋禺之山,三者均为鱼凫之倒称,因而推测山之得名即因鱼凫族兴起于此。[4]这样一来,颛顼也就和鱼凫建立了联系,从而证明二者间确实存在

---

[1] 以上观点,分别见于徐南洲《〈禹贡〉黑水及其相关诸地考》,《中国历史地理论丛》1994年第1期;《〈海内西经〉的"渤海"在今若尔盖沼泽地说》,都江堰市文物局编《都江堰与李冰》,成都:巴蜀书社,1994年;《古代蜀人是怎样得名的》,《社会科学研究》1994年第6期。
[2] 徐南洲:《古代蜀人是怎样得名的》,《社会科学研究》1994年第6期;《颛顼生于若水考》,《中华文化论坛》1994年第3期。徐南洲有一些很奇怪的观点,例如他认为韩流又称高阳,为女性,见《女娲考》,《古巴蜀与〈山海经〉》,成都:四川人民出版社,2004年。
[3] 段渝:《玉垒浮云变古今——古代的蜀国》,成都:四川人民出版社,2001年,第60页。参见《四川通史》(卷一先秦),成都:四川人民出版社,第81页。
[4] 文鹤:《鱼凫考》,《社会科学研究》2009年第5期。

着承继的关系。

不仅如此，颛顼和蜀王杜宇也有关联。《山海经》中有一段说："有国名曰淑士，颛顼之子。"徐南洲认为，这里的淑士，其居地即《汉书·地理志》越巂郡的苏示县，为今安宁河畔的礼州。安宁河古称孙水，为帝颛顼出生地若水的支流。淑士之族后来由"栗广之野"迁到云南昭通，又称其聚居地为朱提。"朱提"与"淑士"，音同字异，而杜宇正是朱提部族的成员。此族后来东迁至宜宾以南，再溯岷江北上进入成都平原，成为古蜀国的统治者。①

至于古蜀国的开明王朝，表面来看，似乎并未见于《山海经》的记载，然而经过仔细研究，也仍旧可以发现一些线索。例如蒙文通先生根据《大荒北经》"若木生昆仑山西"，及《海内经》"黑水青水之间，有木名若木，若水出焉"，指出若水既为雅砻江，则若水之东的昆仑，自非岷山莫属。而昆仑上的开明兽，从名称和地域上看，自然应与蜀王开明氏有关。② 这样的看法，当然不限于蒙先生一人所有。实际上，童恩正先生在其所作《古代的巴蜀》中，就也把开明兽同蜀王联系起来。他引述《海内西经》的材料，认为蜀王之所以自称"开明氏"，可能是为了比附传说中的神兽，以巩固其王朝的统治。③ 而童先生的这一见解，又得到了学者刘弘的进一步发挥。他引《山海经·西次三经》，以为"西南四百里曰昆仑之丘，是实帝之下都，神陆吾司之"，说的就是《海内经》《大荒经》中的开明兽。据刘弘解释，神陆吾的"陆"，意为高山，即指昆仑；而陆吾的"吾"，实系楚语"於菟"二字合音，於菟即虎，亦与开明兽形象相符。因此"陆吾"一名，即指昆仑山上的虎，也就是开明兽。而蜀王以楚语称开明兽，这与开明氏始祖鳖灵为"荆人"的这一身份正相符合。④ 就算这是凑巧，也足以暗示我们，《山海经》中可能隐藏着丰富的材料，只要善于联想，就能发现其与古蜀国存在关联。

除了考证古史传说外，《山海经》中还包含一些其他史料，能够帮助我们了解蜀地的生产状况。前面已经说过，最能体现《山海经》为古蜀人所作的，是书中有关天地之中的记述。例如《海内经》中有一段说："西

---

① 徐南洲：《蜀王杜宇来自何方》，《古巴蜀与〈山海经〉》，成都：四川人民出版社，2004年。
② 蒙文通：《再论昆仑为天下之中》，《古地甄微》，成都：巴蜀书社，1998年。按：邓少琴亦主岷山为昆仑之说，与此可以并参。见邓少琴《蜀故新诠》，《巴蜀史迹探索》，成都：四川人民出版社，1983年，第116—120页。
③ 童恩正：《古代的巴蜀》，成都：四川人民出版社，1979年，第127页。
④ 刘弘：《巴虎与开明兽》，《四川文物》1988年第4期。

南黑水之间，有都广之野，后稷葬焉。"据郭璞注："其城方三百里，盖天下之中。"可见都广是位于天下之中的一座大城，而关于此城的地点，《海内经》本文并没有明确的表述。明人杨慎首先指出，这里的"都广"原本应作"广都"，并下结论说："黑水广都，今之成都也。"① 杨慎的说法得到了晚近神话学者袁珂的支持。袁氏在其《山海经校注》中引王念孙说，认为《山海经》的古本原有两个系统，分别写作"都广"与"广都"②。而所谓"广都"，据曹学佺《蜀中名胜记》，即在今成都双流境，与杨慎所说大体相合。照此看来，以《山海经》为成都平原上的蜀人所作，似乎并非穿凿之说。更重要的是，《海内经》在叙述了都广为后稷的葬地之后，又于下文中继续说道："爰有膏菽、膏稻、膏黍、膏稷，百谷自生，冬夏播琴。"这就表明，成都平原作为西南地方的农业中心，其地位早在先秦时期便已确立。联系到《蜀王本纪》中，蜀王"本治广都樊乡，徙居成都"的记载，蒙默等人认为，《海内经》所描述的繁茂景象，可能正是杜宇在成都平原大力发展农业的实况③。段渝则进一步指出，"膏菽、膏稻、膏黍、膏稷"为当时主要农作物，"膏"指粮食细腻润滑，如膏一般，说明成都平原所产的菽、稻、黍、稷大多品种优良；而"冬夏播琴"一语，更表明当时已实行双季种植农业。④ 至此，我们从《山海经》中，不仅找出了古史传说的记载，还利用经文中的零星片语，还原出古代农业生产的发展状况。这不能不说是史料扩充所产生的巨大成果。

三、文献研究评析

以上，我们简要介绍了学者对于文献所作的研究。现在似乎应当费点笔墨，以评析一下上述诸说。

首先必须公正地指出，我们所引述的各家学者，无论其观点正确与否，都以极大的热忱投身于古史重建的工作之中，这种精神无疑是值得我们敬佩的。而他们采取的方法，或是对文献的来历重新加以考察，或是对于传统史料另辟新的解释，亦都足以昭示后学，启迪来者。这里，我们为避烦冗，不可能对其提出的每一主张进行详细的审查，而只能将目光暂时

---

① （明）杨慎：《山海经补注》，清光绪元年（1875）湖北崇文书局刻本。
② 袁珂：《山海经校注》，上海：上海古籍出版社，1980年，第445页。
③ 蒙默等：《四川古代史稿》，成都：四川人民出版社，1989年，第22页。
④ 段渝：《四川通史》（卷一先秦），成都：四川人民出版社，2010年，第196页。段渝还援引李昆声的看法，认为亚洲水稻栽培发端于云南。而杜宇系正是由朱提入蜀，朱提即今云南昭通，因此蜀地的水稻种植可能是由杜宇从云南带过来的。见前引书，第195页。这也是一个有趣的见解，而有待于将来的验证。

限定在他们采用的方法上,看看这些方法是否成功回应了疑古派学者所带来的挑战。

先说文献史料的来源。经过晚近学者的研究,我们已经可以肯定,有关蜀王先代的世系材料,确是分属多个系统,有着不同来源的。但这是否保证了这些材料所记的内容就是真实可信的呢?假若我们认为,一条史料的不真实,是由于撰写史料的人有意作伪,那么,不同来源的史料全部指向同一记载,似乎最大限度地排除了作伪的可能。但这只是事实的一个方面。而从另一方面来看,一条史料倘若未能真实地反映历史,倒未必是有人刻意作伪,而更可能出于古人认知的某种局限。

我们知道,东周以来,随着列国间战争的发展,中国开始出现统一的趋势。与之相应的,是对列国先代世系的整理,即把不同来源的各国先祖,通通归并到以黄帝为首的一个谱系中,使其相互间具备或远或近的亲缘关系,以为统一造势。在此过程中,很多国家原有的世系被分拆、重组,最后整合进一个共同的世系中。① 这并不是说,整个世系的每一部分都是假造的,而是说,在整合这一世系的过程中,很多真实的材料遭到了省并或改写,以至丧失了原貌。例如很多资料说到青阳降居若水,昌意降居若水,证明青阳与昌意,可能确与巴蜀有关②,而被当时中原的学者所采纳,最终整合进了以黄帝为首的大一统谱系中。而这一进程反过来,又影响到巴蜀本地的学者,在撰述巴蜀历史时,把糅杂了当地传说的材料汇入黄帝大一统的叙述中,成为秦汉以来各地学者所遵循的"共识"。这一过程中没有任何人"造伪",无非是共同的观念促使一段不尽真实的谱系逐渐形成而已。也正因如此,顾颉刚先生才要极力打破"民族出于一元"的观念。可惜的是,对于这一问题,考察史料来源的学者只是一再重复旧有的说辞,并没有给出有效的回应。

下面再看他们审查史料的结果。前已指出,不少学者主张《山海经》为巴蜀人所作,理由是《山海经》以巴蜀为"天下之中"。按蒙文通先生

---

① 这一整合难免造成抵牾矛盾的现象。例如有虞氏的先祖,本来是包含了"虞幕"在内的一个完整世系,但在整合进黄帝谱系的时候,这一世系遭到了删削或改写。于是,我们在《世本》与《史记》中,就再也看不到虞幕的踪影了。此外,舜、禹二人同在尧廷,而前者为黄帝八世孙,后者为黄帝四世孙。这一矛盾也是由世系拼合所造成的。我们对此将另外加以讨论。
② 顾颉刚考察青阳、昌意的传说,就说:"青阳、昌意诸名恐都先由蜀中发生,后人替他们上边拉拢黄帝,下边拉拢颛顼",因而认定它们虽然不是"真史实",却不能不信为"真传说"。见顾颉刚《古代巴蜀与中原的关系说及其批判》,《中国文化研究汇刊》第一卷,1949年9月。

的说法，"原始民族不知天地之广、世界之大，多妄谓已族所居即天下之中央"①，而《山海经》既是以巴、蜀为中心的著作，则其作者显然就该是巴蜀人了。

然而这样的推论原是很危险的。因为一部书的作者既可以把自己所在之地当成天下之中，也可以根据自己掌握的地理知识，把其他任何地方当成天下之中，至于《山海经》的情况，则很可能属于后一种。这一点只要看《吕氏春秋》和《淮南子》的记载就可以明白。这两部书都把建木所在，当成天下之中。原因是建木之下"日中无影"，古人认为这是由于建木在太阳的正下方，所以日正当中之时，太阳光从正上方直射而下，不会造成阴影，由此推知建木所在即应为"天下之中"。这与两部书的作者的所在之地全无任何关系。而《山海经》的作者，由于具备同样的知识，所以就把建木所在的都广，认定为天地之中，这并不是什么奇怪的事。② 相反，我们甚至可以推论说，《山海经》的成书，正是战国秦汉之际，人们的视野随着国家的统一而扩展所造成的一大结果（换言之，此书的写作时代，当与《吕氏春秋》和《淮南子》相去不远）。而这就从方法上动摇了前文所述以《山海经》为根据的各家学说。

这里可以顺便谈谈都广。我们前面说到，各家以"都广"为"广都"的倒文，而广都就在成都双流境内，从而坐实了天下之中即在成都平原的说法。但这一考证实际是很可疑的。按刘向《九叹·思古》有"绝都广以直指兮，历祝融于朱冥"之句，王逸注："都广，野名也。《山海经》曰：都广在西南。……言己行乃横绝于都广之野，过祝融之神于朱冥之野也。"据此可见，西汉刘向所见之本，仍作都广，并不写作广都。且"都广"一名，实与"少广""栗广"为配。《庄子·大宗师》："西王母得之，坐乎少广，莫知其始，莫知其终。"而《大荒西经》则云："有神十人，名曰女娲之肠，化为神，处栗广之野，横道而处。"是都广之与少广、栗广，同为神话中之地名。而蜀郡的广都县，据《华阳国志》所载，乃武帝元朔二年

---

① 蒙文通：《再论昆仑为天下之中》，《古地甄微》，成都：巴蜀书社，1998年，第170—172页。
② 按《山海经》一书，各篇情形并不相同。蒙文通谓其全书以巴、蜀、荆楚为天下之中，至少就《五藏山经》而论，乃是不正确的。实际该篇只有《中次九经》所记为巴蜀山川，此外八、十、十一、十二经均属战国楚地，其余七经则在周、秦、韩、魏之地。又该篇所涉及的地域，大抵西起新疆东南，东抵山东半岛东端，北至内蒙古阴山以北，南达广东南海。就其范围来看，此书撰写的时代当在秦统一六国后、完全征服南越前。见谭其骧《论五藏山经的地域范围》，《长水集续编》，北京：人民出版社，1994年。《五藏山经》外，《海内经》《海外经》及《大荒经》，其地域范围均难详考。各家所认为"中心"者，未必就真是其中心。

（前127）所置。当《山海经》成书时，蜀中犹无此地名，安得谓都广即广都也？

由此可见，考据一部古书中的人名地名，每每带有极强的主观性。我们在上文论及都广与少广、栗广的关系，固未必对；而学者以都广为广都之误，也未必即错。然则其中的是非究当从何而定呢？我们对此并没有什么好的答案。盖学者各从己见出发，广征典籍以自证其说，只要没有明显的矛盾抵牾，均足以自成一说。其结论之正确与否，既难加以证实，又不便遽然加以证伪。何况古书中所见的名词本甚繁多，而中国文字中引申、通假的现象又极为常见，学者只要利用双声叠韵或对转旁转的关系，便能任意加以牵合；若再假借文字形体的讹变，以及不同材料中所见之异文，以为勾连贯串之资，则必为驰骋想象大开方便之门。

我们试举几个有关古蜀的例子，对此加以说明。譬如闻一多在其《天问疏证》中，即根据鲧入羽渊，化为黄熊的记载，认为这里的黄熊即《释文》中所说的三足鳖，由此联系到蜀王鳖灵，以为鳖灵与鲧既都有治水的传说，则可见二者即是一人。[①] 我们对于这种考据，虽不能断其必误，但总不免怀疑其有比附之嫌。与此类似的，丁山在他的神话学研究中也曾提出一种看法，认为杜宇"教民务农，一号杜主"一句中，"杜主"二字当为"社主"之别写，而社主就是《左传》《国语》中"烈山氏之子柱"，柱"能殖百谷百蔬"，与杜宇"教民务农"相同。此外，杜宇之"宇"又即大禹之"禹"，据《淮南子》说："禹劳天下而死为社"，这与杜宇一号"杜主"（即社主）之说正相吻合（烈山氏子柱，也是死后祀为社神）。而古史传说又言禹生石纽，并谓其娶于涂山氏，石纽、涂山均与巴蜀有关，丁山因此认定，蜀王杜宇的故事，即由禹平水土之传说演变而来。[②] 这一连串考证，首尾照应，固然也能自圆其说。但我们除了佩服作者联想力的丰富外，实在很难认同作者得出的这些结论。坦率地说，如此这般的研究，放在当年，确有别开生面之功，但若是以今天的眼光衡量，则终未免

---

① 闻一多：《天问疏证》，《闻一多全集》第5册，武汉：湖北人民出版社，1993年，第544页。
② 丁山：《禹平水土本事考》及《后土后稷神农蓐收考》，两文并见《古代神话与民族》，北京：商务印书馆，2005年（尤其参见第201—203页、第268—270页）。按：丁山还进一步主张，禹之子启，即蜀王开明氏——开明与启，名义正好相应（汉人避景帝讳，以"夏后启"为"夏后开"）。说见前引文。

于穿凿附会之嫌。① 对此，我们采取存疑的态度即可，似无必要对其再加辩驳。

第二节 古文字中的古蜀历史研究

一、古蜀历史研究中的"二重证据法"

上文中，我们从文献的角度，对前人所作的研究进行了一番考察。大体说来，无论持何种立场的学者，都主张对于文献加以充分的运用。在这一点上，其实无分疑古与"重建"，大家都是基于不同的理解，来对文献加以运用。我们绝不能说，哪一种运用就比另一种运用更加正确，因为这种判断，本身就已基于各自的立场，而对文献所能指明的方向，预先作出了安排。②

当然，重建古史依赖于史料的扩充。而扩充史料，除了尽量运用书本上的文献材料对其加以贯串解释而外，还可以求之于地下出土的古文字资料，以与书本上的材料相印合。在这方面，王国维先生可谓开创了一个新的典范，他以甲骨文考证商代的先公先王，从而确认了《史记》中有关殷代世系的记载大部分乃是真实可靠的。这对于研究古史传说的学者自然产生了深远的重要影响。古蜀历史号称长远，然而除了几部文献，一直苦无实证。学者若能仿效王国维先生，从甲骨文中找出"蜀"字，则不仅古蜀国的历史有了地下材料做保证，而且还会由于史料的扩充而产生新的视角，为古蜀历史的探索打开局面。

于是，这个字果然由学者找出来了。其字作罒形，王襄将其收入《簠室殷契类纂》中，以为"古蜀字"。③ 商承祚也于《殷虚文字类编》中收录此字，并引《说文》解释此字形体。④ 其实，此字最早系由孙诒让释

---

① 我并非主张这一类的研究全都毫无价值。实际上，近人考据丹朱即驩兜，就是成功运用这一方法的绝佳典范。见童书业《丹朱与驩兜》，《浙江省立图书馆馆刊》第4卷第5期，1935年10月。
② 换句话说，疑古并不等于否定文献，而是否定传统对于文献所作的解释，进而主张一种新解释。这种解释当然包括对文献的年代重新作出判断。关于这一点，我们将另作专门讨论。
③ 王襄：《簠室殷契类纂》正编卷十三，天津博物院石印本，1920年，第58页下。
④ 商承祚：《殷虚文字类编》卷十三，"决定不移"轩自刻本，1923年，第3页，台北艺文印书馆翻印，1971年。

出①，而后又由叶玉森等人继续讨论②，最后经李孝定详加论定③，而终于为一般学者所逐渐接受的④。

至于"蜀"字的意义，《甲骨文编》已指出其为"地名"⑤，而未具体指明何地；叶玉森以为"国名"，亦未详其所在⑥。到了唐兰先生那里，始将此字与今天的四川关联起来。其《天壤阁甲骨文存考释》收有"敦缶于蜀"一条（第68片），唐兰先生以为是伐蜀之辞，并主张商人在武丁时的兵力即已"西连巴蜀"⑦。董作宾先生相对要审慎些，他在《殷代的羌与蜀》中，首先考出缶的地望在今陕西中部或南部，"为殷西土的一国"，然后根据缶与蜀的关系（商王"敦缶于蜀"），推测蜀的地望"约当在今陕南或者四川境了"。⑧ 这是首次以地名的关系，对蜀地所在进行考证。此后凡是考证蜀地者，都不能不对缶的地望予以特别关注。例如主张蜀在晋南的，必同时主张缶亦在晋南；而主张蜀在山东的，亦必同时主张缶在山东。⑨ 这在如今，几乎已成为一个通例，从中我们不难看出董先生的影响。

这里为简便起见，仅介绍一下有关"蜀在四川"的各种说法。其他有关问题，我们会在日后的研究中进行讨论。这里要说的是缶字的读法。一般学者无论主张缶在山东还是晋南，都将此字读成"陶"；唯独四川的学者，对此似乎别有所见。他们主张这里的缶，实际应读作"褒"，即陕南汉中之褒城。例如，邓少琴先生就曾指出"缶应即褒，缶之南是为蜀国"，并谓"周显王之世，汉中之境为蜀所有"，由成都北出汉中，再由汉中经褒谷斜谷以出陕西之郿县，此蔡泽所谓"栈道千里，通于蜀汉"，《货殖列传》所称"褒斜绾毂其口"是也——邓先生认为此即"古代陇蜀交通可寻之迹"⑩。而段渝更明确根据褒之所在，提出不仅褒在陕南，就连蜀

---

① 孙诒让：《契文举例》下，蟫隐庐石印本，1927年，第9页。按：孙氏此书一直以手稿存世，直到1927年，才由罗振玉在上海将其印行，故学者见之者绝少。
② 叶玉森：《殷虚书契前编集释》卷一，北平富晋书社影印本，1929年，第140页。
③ 李孝定：《甲骨文字集释》，"中研院"历史语言研究所，1965年，第3912页。
④ 此后出版的几种甲骨文字汇，如孙海波《甲骨文编》（1965）、高明《古文字类编》（1980）、徐中舒《甲骨文字典》（1989），即都将此字的各种形体附于"蜀"字条下。
⑤ 孙海波：《甲骨文编》，哈佛燕京学社石印本，1934年，第509页。
⑥ 叶玉森：《殷虚书契前编集释》卷一，北平富晋书社影印本，第140页。
⑦ 唐兰：《天壤阁甲骨文存考释》，辅仁大学影印本，1939年，第55页。
⑧ 董作宾：《殷代的羌与蜀》，《说文月刊》第3卷第7期"巴蜀文化专号"，1942年。
⑨ 按缶，古字或作匋，而匋又与陶通，而山东、晋南都有带"陶"字的地名。
⑩ 邓少琴：《蜀故新诠》，《巴蜀史迹探索》，成都：四川人民出版社，1983年，第156页。其《巴蜀史稿》亦谓："缶即褒，声音相近，……南郑是褒之属邑，与蜀接邻。"见《邓少琴西南民族史地论集》，成都：巴蜀书社，2001年，第209页。

也应当就在陕南；但他同时又认为"陕南之蜀并非独立方国"，而是"成都平原蜀国的北疆重镇，是蜀地的一部分"，进而主张古蜀国在商代中叶就已形成强盛国家，其疆域甚至北及汉中。①

不过真正从卜辞本身入手，根据内在证据推断蜀地所在的，还是考古学者林向。林向分析了卜辞中商王行进的路程，得出结论认为，由商至蜀为十旬至十三旬的距离，进而认为两地相距3000—3900里。林向据此指出，卜辞中的蜀"当在今陕南或其附近地方"，并认为这里是蜀与商接壤的边界——"就蜀而言陕南乃其北境，就商而言陕南则为其西土也"②。经此一考，学者对于蜀之地望，虽仍不免疑信参半，但蜀在四川的观点，到底成功确立起来了。

当然，蜀与陕南的关系还不止于此。据《华阳国志》所载，东周时，开明氏的卢帝一度攻秦至雍，"生保子帝"。段渝认为，这里的"保"应作"褒"，亦即上文所引卜辞中的"缶"。保子帝以"褒"为名，足证汉中盆地已全部入于蜀的版图。③这无疑是个大胆的解读。关于保子帝得名之由，饶宗颐认为可能与新津宝墩故城有关。但他同时又引保子帝攻青衣的记载，以为"蜀地原自有保"，即今雅安青衣江之上游，"此即蜀地之保"④。不免让人感到难于索解。

实际上，饶宗颐早年对于卜辞中的"蜀"字，是持怀疑态度的。他在《殷代贞卜人物通考》中提及陈梦家的说法，说陈把这个字读作"旬"，是正确的读法。⑤然而到了晚年，饶宗颐却又自悔其说，写了一部《西南文化创世纪》，把晚商时期陇蜀与西南的部族一一加以详考。其中最重要的，是根据卜辞中"向""蜀"连称之例，指出向即巴蜀史上传说之廪君，从而证明卜辞所见之蜀必为巴蜀之蜀，亦即所谓"蜀山氏"。⑥

该书还有许多惊人结论，例如书中谓丛帝之丛，即《庄子·齐物论》"尧伐宗、脍、胥敖"之宗，其字应读为賨，即阆中宕渠之賨国，而丛

---

① 段渝：《略论古蜀与商文明的关系》，《史学月刊》2008年第5期。
② 林向：《三星堆遗址与殷商的西土——兼释殷墟卜辞中的"蜀"的地理位置》，《四川文物》1989年第S1期"广汉三星堆遗址研究专辑"。
③ 段渝：《先秦蜀国的都城和疆域》，《中国史研究》2012年第1期。
④ 饶宗颐：《西南文化创世纪——殷代陇蜀部族地理与三星堆、金沙文化》，上海：上海古籍出版社，2010年，第219—220页。另参同书第226—227页。
⑤ 饶宗颐：《殷代贞卜人物通考》，香港：香港大学出版社，1956年，第189页。
⑥ 饶宗颐：《西南文化创世纪——殷代陇蜀部族地理与三星堆、金沙文化》，上海：上海古籍出版社，2010年，第216—218页。

帝实即賨帝云云①。又说蚕丛之丛，实亦得名于丛帝之丛，即尧伐宗、脍之宗；而蚕丛之蚕（蠶），其字从虫晉声，可读为"沱潜既导"的潜（潛），亦即广汉出土瓻瓬之瓬，且与黄帝之妃嫘祖不无关联之处。②这些都是很惊人的见解。最奇怪的是，饶宗颐主张卜辞所见卢方，即开明氏卢帝的先世。其族广布于泾水流域，并及于蜀境，今青衣江芦山县犹存其名。③而这就与前面所说保子帝攻青衣的传说联系了起来！总之，文献中所见的几个开明氏蜀王，不论丛帝、卢帝，还是保子帝，在饶宗颐看来，似乎都不是某个具体的蜀王，而是蜀地一系列传说的汇聚，可以通过卜辞与文献将其勾连起来。

就卜辞以考地理而能得出新见解的，邓少琴先生也是其一。邓先生在与温少峰合作的一篇论文中，费了相当长的篇幅，论证帝乙时征讨"人方"，既非用兵淮上，也非用兵渭水，而应当是用兵江汉。据邓先生考定，人方可能位于汉水中游，为当时南方的一个大国。④帝乙征人方，即自攸（鄾）渡汉水而后，沿汉水南下经夷水、旧水、漳水，以至于江水人方辽阔之地，亦即"古代巴蜀部族活动场所"⑤。更令人震惊的是，从邓先生此文，还延伸出一个很有趣的观点。据邓先生说，帝乙征讨的人方，原来竟是比黄帝还要古老的人皇。邓先生指出，人皇的部族原本于新石器时代生活在青海的湟水流域，其后经渭水流域，由汉中褒斜之谷口迁往蜀汉徼外蛮夷之地，而被殷人称为"人方"。《华阳国志》上说："蜀之为国，肇于人皇"——这一段记载，向来被学者认为不足凭信，然而经邓先生一考，居然也从甲骨文中找出了它的依据，真可谓成绩斐然。

当然，以卜辞研究古蜀国的历史，其问题绝不限于地理考证之一端。例如林向在前引文中，便不仅讨论了古蜀国的地理范围，还进一步探究了蜀人与商王朝的关系，认为武丁平服蜀地后，蜀人既要为商王服兵役，还要为商王行御祭，足证蜀应属于商王朝"方邦外服"的范畴，是其最外围

---

① 饶宗颐：《西南文化创世纪——殷代陇蜀部族地理与三星堆、金沙文化》，上海：上海古籍出版社，2010年，第166—167页。
② 饶宗颐：《西南文化创世纪——殷代陇蜀部族地理与三星堆、金沙文化》，上海：上海古籍出版社，2010年，第235页。
③ 邓少琴、温少峰：《论帝乙征"人方"是用兵江汉》，《社会科学研究》1982年第3、4期。
④ 邓少琴：《巴蜀史稿》，《邓少琴西南民族史地论集》，成都：巴蜀书社，2001年，第155—159页。
⑤ 邓少琴：《巴蜀史迹探索》，成都：四川人民出版社，1983年，第130—135页。另参邓少琴：《巴蜀之先旧称人皇为氏族部落之君》，《邓少琴西南民族史地论集》，成都：巴蜀书社，2001年。

的"四土"之一。① 这倒是一种很平实的研究，虽然结论可靠与否，也还有待于检验。

古文字中的蜀，当然不限于殷墟出土的甲骨文。传世铜器班簋中也发现了"蜀"字，这对于我们探讨蜀人与周的关系也有很大帮助。该器为清宫收藏的旧物，见于《西清古鉴》所著录，而为庚子之变中所散出，其后长期下落不明，至20世纪70年代始由北京市物资回收公司于废铜中拣出，并加以修复。郭沫若为作《班簋的再发现》，以记其事。文中对于铭文作了考释，指出"作四方望，秉繁蜀巢"一句，是"以四国表示四方"，其中"蜀即西蜀，在今四川"，而与秉、繁等国同为西周时的四方之"望"（表率）。② 嗣后，李学勤先生又对该器作了重新考释，指出铭文中"秉繁蜀巢命"当作一句读。秉命，意谓"掌其政事"。这就是说，由于繁、蜀、巢都是边远方国，隶属王朝，所以周王乃命毛公管理其事务。③ 这样，我们就得以通过金文的记载，了解到蜀与西周王朝的关系，从而证明早在西周时，蜀与中原便已有了往还。

不过，围绕班簋也并非没有争论。前人为之聚讼不休的，是此器的年代问题。编纂《西清古鉴》的梁诗正等人，以铭文中的毛公为成王时人，以铭文记叙的"伐东国"为成王东征淮夷徐戎之事，遂将此器定为成王时器。④ 而晚清的金石学家刘心源则根据《竹书纪年》的记载，将此器的作器者"班"，定为穆王时的"毛公班"，从而将此器的时代由成王改为穆王时。⑤ 于是此后，学者遂围绕这两种见解，形成相互对立的两大主张。郭沫若、陈梦家等人赞成前一说，以为该器从形制、花纹及时代背景上都符合成王时的情况⑥；而以于省吾、杨树达、唐兰等人为代表的阵营，则坚决支持后一说，认为器铭中的"毛伯""毛公"，与作器者班同即《穆天

---

① 林向：《三星堆遗址与殷商的西土——兼释殷墟卜辞中的"蜀"的地理位置》，《四川文物》1989年第S1期"广汉三星堆遗址研究专辑"。
② 郭沫若：《班簋的再发现》，《文物》1972年第9期。
③ 李学勤：《班簋续考》，《古文字研究》第13辑，北京：中华书局，1986年。
④ 梁诗正等：《西清古鉴》卷一三，《摛藻堂景印四库全书荟要》第157册，台北：世界书局，1985年，第360页。
⑤ 刘心源：《古文审》卷五，光绪十七年（1891）嘉鱼刘氏龙江楼写刻本。
⑥ 郭沫若：《班簋的再发现》，《文物》1972年第9期；另参郭沫若《两周金文辞大系图录考释》，北京：科学出版社，1957年，第408—409页。陈梦家说，见《西周铜器断代》，北京：中华书局，2004年，第25—27页。

子传》中的毛公班，足见其当为穆王时的人物①。这两说自产生以来，彼此争论不已，至今未有定论。而从这两说中，又逐渐滋生出周公说与昭王说，诚可谓"歧中有歧"。②

我在这里详述班簋的年代，是因为这件铜器的铭文既谈到了"蜀"，又把"蜀"作为统治四方、绥服边地的一大表率（所谓四方之"望"也）。而这就涉及蜀人与周的关系是从何时开始建立的——究竟成王时便已如此，还是要晚到昭王甚至穆王时，周人才得以控制其西南边疆（这种可能性，详见后文分析）。而对此问题的回答，无疑又影响到学者对于文献时代的判断。据《逸周书·王会篇》记载，成周之会，蜀人献文翰（即今之锦鸡）。照此分析，蜀人在成王时似乎就已服属于周，所以要以"文翰"为贡物了。若班簋的时代确在成王时，则无疑为其提供地下资料之佐证矣。

此外，讨论这一问题，同时还牵涉周原出土的卜辞。1977年，学者在岐山凤雏村的西周遗址中发现两个窖穴，从中清理出17000余枚占卜用的甲骨，其中有字者292片，而涉及周人与蜀的关系者仅有两片，分别提到了"伐蜀"和"克蜀"。这就令人感到十分惊讶，因为按照文献的记载，蜀人是参与了武王伐商的战役的，似乎二者的关系并不应当十分紧张。

对此，早期的学者多认为这批甲骨是文王时的，例如徐锡台就根据庙祭甲骨的时代，而把整批材料判定为先周之物，从而认为伐蜀应为文王之事③。与之相似的是，严一萍也认为伐蜀当在文王时——这样，到武王之时，蜀人便久已臣服于周了，如此便和文献没有什么抵牾。④ 同样，陈全方也认为，周原甲骨中的"伐蜀"，是文王时周人向四方拓展之记载，所

---

① 于省吾：《毛伯班簋考释》，《辛巳文录初集》，文奎堂书庄，1941年；另参于省吾《穆天子传新证》，《考古社刊》1937年第6期。杨树达说，见《毛伯班簋跋》，《积微居金文说》（增订本）卷四，北京：科学出版社，1959年，第221页。唐兰说，见《西周铜器断代中的"康宫"问题》，《考古学报》1962年第1期；另参见唐兰《西周青铜器铭文分代史征》，北京：中华书局，1986年，第346—355页。李学勤认为，该字体近于庄白丰器，因而将其定为穆王时器。见《西周中期青铜器的重要标尺——周原庄白、强加两处青铜器窖藏的综合研究》，《中国历史博物馆馆刊》1979年第1期；另参见李学勤《班簋续考》，《古文字研究》第13辑，北京：中华书局，1986年。
② 周公说，见何幼琦《〈宜侯夨簋〉的年代问题》，《西周年代学论丛》，北京：人民出版社，1989年；昭王说，见黄盛璋《班簋的年代、地理与历史问题》，《考古与文物》1981年第1期。按，黄盛璋后来又改主穆王说，见《西周征伐东夷、东国的铜器年代地理及其相关问题综考》，《河洛文明论文集》，郑州：中州古籍出版社，1993年。
③ 徐锡台：《周原出土的甲骨文所见人名、官名、方国、地名浅释》，《古文字研究》第1辑，北京：中华书局，1979年。
④ 严一萍：《周原甲骨》，《中国文字》新1期，艺文印书馆，1980年。

以后来蜀成为武王灭商的重要盟国。① 当然，对于这一问题，阐发最为详密的还是缪文远。据他指出，周原甲骨中有伐蜀的记事，可见文王确实继承了太王的遗绪，经营江汉，使蜀国附属于周。蜀的归属和夺取中原关系极大，周人先"伐蜀"后克商，与战国时秦人先灭蜀而后取东方六国，先后同符，似出一辙。而蜀既与秦地相接，则武王伐纣时它能出兵参与，当然也并非难事。②

但另一方面，也有一些学者认为，周原甲骨的年代未易遽定，其内容应结合班簋予以考察。例如林向就认为，周原甲骨的"蜀"，字形与班簋相同，衡以班簋的年代，则"伐蜀"一事，应定在西周之初至西周中期为宜。③ 稍晚于林向，张亚初也提出类似观点。他指出周原甲骨中不独有"伐蜀"，还有"征巢"的记载，而这正与班簋"秉繁蜀巢"所载史实相合，应为昭王或穆王时期的事，他并且断定这里的繁、蜀、巢都是南淮夷中的方国名。④ 李学勤则进一步找出金文中"翦繁"的记录，指出繁、蜀、巢三者都是时叛时服的蛮邦，因而周初都遭到翦伐，而到了周穆王，"即班簋的时候，则已归属于周"。此外，李学勤还特别指出，这里的繁并非繁阳的繁，而是蜀郡的繁县；并且据他推测，当时的繁应当只是蜀的一部分，而不是一个独立的方国。⑤ 于是这就引来一个问题，即，何以班簋中要将蜀的一部分与蜀并列起来，而称之为四方之"望"呢？对此，李学勤未能予以回答。倒是陈絜提出一种新的观点，在此值得略作介绍。

陈絜指出，古代地名中并非只有唯一的"繁"。他根据繁伯我君鬲，考证东方另有一处繁地，可能就在山东邹城附近。由此，他进一步指出，班簋中的繁、蜀、巢三地，应当就团簇在"东域"一个较小的范围内。他推测蜀即泰安、莱芜一带的蜀，而巢或许就是今泰安界的巢丘。而班簋铭文所记载的，就是周王命令毛班之父毛公掌管柴汶附近的繁、蜀、巢三

---

① 陈全方：《陕西岐山凤雏村西周甲骨文概论》，《古文字研究论文集》（《四川大学学报丛刊》第10辑），1982年。
② 缪文远：《周原甲骨所见诸方国考略》，《古文字研究论文集》（《四川大学学报丛刊》第10辑），1982年。
③ 林向：《周原卜辞中的"蜀"——兼论"早期蜀文化"与岷江上游石棺葬的族属之二》，《考古与文物》1985年第6期。林向并且提出，所谓的"蜀"本非一族一国，而是有先后并立的多个蜀国。周原卜辞中所伐的蜀，当位于岷江上游的山地中，与殷墟甲骨中的蜀不同。
④ 张亚初：《论商周王朝与古蜀国的关系》，《文博》1988年第4期。
⑤ 李学勤：《论繁蜀巢与西周早期的南方经营》，《三星堆文明·巴蜀文化研究动态》2007年第5期。

地，以达击溃猃狁、稳定东土的目的。[①] 应该说，这是一个相当有意思的看法，把我们对于古蜀历史的研究引上了另一条道路。尽管陈絜对于地名的考释未必正确，但他的看法毕竟提示我们，对于地下材料的运用，实际存在着多种不同的解读。一件器物出土就能证明一段古史传说的看法太过简单。事实上，前面我们已经提到，对于甲骨文中的"蜀"字，古文字学家中还有着另外的主张（对此，我们将在以后的研究中进行详细讨论）。这种解读上的多样性表明，所谓"二重证据法"，并不具有很多学者所想象的"一举定乾坤"的作用。

二、重审古史"二重证据法"

至此，我们围绕古文字中的"蜀"字，已经列举了数量众多的相关说法。这些说法是否正确，并非这里所能讨论的问题。此处所要指出的仅仅是，关于古文字中的"蜀"，争论仍在进行中。过去，人们对于"二重证据法"，往往抱有一种不切实际的想法。认为纸上材料，一经地下出土资料的验证，便能立即得到证明，进而重焕生机。因此，像王国维这样的大家，就期待于地下文字的发现，能够证明"古书某部分全为实录"，甚至百家不雅驯之言，也能由此得到一方面之佐证。但这样的期待，实际是对地下材料性质的一种误解。

事实上，任何一种史料，不论其为传世的还是地下出土的，都必须经过史学家的分析判断，然后方能加以运用。而分析判断的过程，首先就包含了主观意识的渗入。这对于疑古或信古的双方原是一样的，并不因为主张"重建"的学者能够运用地下出土的材料，就比"专用文献"的疑古学者更为客观一点。区别仅在于，双方选取史料、分析史料，所指向的方向不同，因而对于史料的判断也就不同。同一史料，甲认为反映了某一事实，而乙认为反映了另一事实，这在史学研究的过程中，乃是极平常的现象，而与史料之为文献抑或地下出土资料并无必然联系。

况且，用什么样的材料，本身并不足以区分疑古或信古，因为充分占有一切资料，本来就是史学研究所当致力的工作之一。疑古学者假若有其看不到的什么材料，这是时代与学力的局限所致。但若对于同样一则材料，疑古的学者与非疑古的学者作了不同的分析，或者得出截然相反的判断，这并非因为两者在方法上有什么本质区别，而是双方学术观点与思考角度的不同所造成的。

---

① 陈絜：《两周金文中的繁地与西周早期的东土经略》，《中原文物》2020年第1期。

主张重建的学者，步王国维之后，取地下材料与传世文献相对照，借以证明其真伪，所贡献于学术界者，固然甚大。但这样的做法，其背后实含有一种假设，即认为我们对于材料，只能采取一种特定的解释（而且往往就是传统的解释），而我们所以运用地下材料，目的只在证明这种解释而已。换言之，这是以典籍记载的内容为"真"，而另外寻求证据以证明其为"真"的思路。

我们的看法则与此不同。我们认为，典籍的记载是对历史的"真"的一种描述，其中包含了古人对于历史之"真"的一种理解。而所谓的历史研究，无非是借助古人的这种理解而去认识历史之"真"。在这里，出土材料与典籍材料都是我们认识"真"的一种凭借。其中，剥开古人的理解，而另外寻求新的理解，即是疑。疑，不是抹杀古人留下的材料，而是从这些材料中，剥离出古人的理解，而以新的理解取代之。因此，疑之本身又是一种"释"。疑和释，在此原为一体之两面，绝非疑则不能释，或释则不能疑。①主张对其两分者，实际所分的并非疑和释，而是所疑或所释的内容而已。②至于学者在这两方面的成绩如何，则视乎其所能运用的材料及其技艺而定，绝非可以用疑或释而一言予以论定者。③

明白了以上所述，就可以很容易理解，为什么我们把文献和古文字资料看作两种性质相近的材料，而不对其加以特别的区分。这是因为，无论采用何种史料，我们都要按照某种既有的观念（即我们自己对于历史的认识），将这些史料与其他史料贯串起来，加以比较分析，以决定其去取，

---

① 按：古史辨对于传说之古史系统的怀疑，本身即是对战国时民族混同之趋向的一种诠释；其对于鲧禹的研究，又是对早期华夷民族分化的一种诠释；而其对于古代地理疆界的讨论，更是对东周以来中国地域扩张的一种诠释。以上研究，就其消极方面而言固可谓之"疑"；但若从积极方面看，则仍不失为一种"释"。只是其所"释"未必能让一些学者满意而已。
② 就此而言，冯友兰将疑古和释古看作将来古史研究的两个趋势，或两个阶段，而以分工合作相期许，其实是不妥的。事实上，任何人的"疑"，假定它是合理的，其背后都必有一种观念作背景。正是在这观念的映照下，一些不合逻辑的东西才会成为可疑。而疏通其矛盾抵牾，使之符合逻辑与理性的要求，则必为一种诠释的工作。冯友兰认为，疑古的作用只在"审查史料"。试问，假若不以某一观念为基础，我们又拿什么来对史料作审查呢？……
③ 遗憾的是，疑古派对于自身理论的阐述，也有不少未尽人意之处。例如顾颉刚提出的"古史层累"说，据顾氏本人概括，可以表述为传说"发生的次序和排列的系统恰是一个反背"。这当然不是"层累说"的全部内涵，而只是其应用上的一个特例。至于顾先生自己，有时也把疑古看成审查史料的工作，而产生出"下学"与"上达"的区分，即把审查史料当成"下学"，而将解释史实作为"上达"，认为二者系相互割裂的两个阶段，见《古史辨》第四册《顾序》，上海：上海古籍出版社，1982年，第22—23页。关于这一问题，我们打算在其他著作中作详细探讨。

并对我们所要说明的问题进行论证。这并不是鼓励学者们先入为主地裁剪史料，而是从逻辑上说，无论你开始的时候如何没有先入之见，到你正式下笔时，也一定要形成某种见解，并按这种见解来对材料加以组织。而这对于文献资料和古文字资料乃是一体适用的，两者间并没有本质的区别。

于是，我们这部分对于古文字研究的检讨，也就可以合并到前面有关文献的讨论中。也就是说，假如既往的研究存在什么问题的话，这问题也和研究文献可能遇到的问题并没有两样。既然我们对于文献可以有不同的理解，那么我们在解读古文字的材料时，自然也可以各执一词，以至相互争辩。这在上文考证"蜀"地所在的时候，已经充分展示过了。

然则，如何确保我们对古文字的释读能够经得起检验，而不至沦为附会之谈呢？这方面的典范要数王国维先生和胡厚宣先生。因此，我们不妨看看两位先生是如何进行研究的。

先看王国维先生如何考证卜辞中的先王。王先生首先从《殷墟书契后编》检出一片合祭甲骨，其中依次提到商代的五位先祖，其辞如下：

> 甲辰卜，贞：王宾，求祖乙、祖丁、祖甲、康祖丁、武乙衣，亡尤。（《后》上20.5，《合集》编号为35803）

王先生将这里的五人与《史记》对照，指出他们分别对应《殷本纪》中的小乙、武丁、祖甲、庚丁、武乙。这五位先祖并非连续在位的五位商王，而是从前后相继的五个世代中选出来的：其中小乙是第一代，武丁是第二代，祖甲是第三代，庚丁（康丁）是第四代，武乙是第五代。而根据《史记》，这里每一代所祭祀的商王，恰好就是下一代商王的生父。①

同样的规律还见于另一片残缺的卜辞，王先王依行款对此残片进行了补充。我们将补足后的文辞抄录于下：

> 〔……大丁〕、大甲、大庚、〔大戊、中〕丁、祖乙、祖〔辛、祖丁〕一羊一豰，南（？）〔庚、羌[象]甲〕……（《后》上5.1，见《合集》1474）

这里明确列出的先王有四位，其庙号分别为甲、庚、丁、乙。依行

---

① 王国维：《殷卜辞中所见先公先王考》，《观堂集林》，北京：中华书局，1959年，第432—433页；又《续考》，见同书，第445页。

款，庚、丁之间尚缺一位，王先生定其庙号为戊。我们将这五位的庙号与《史记》加以比勘，可知其所对应的正好就是太甲、太庚、太戊、仲丁、祖乙。和前面的例子相同，这里所列举的也是从前后相继的世代中各取一位"所自出"的先王，以组成合祭的序列。根据这一原则，我们可以将残片剩下的部分补全，于是就得到了从太丁到阳甲连续十代先王的直系名单。①（这里唯一的例外是祖乙。按《史记》，祖乙原为河亶甲之子，而非仲丁之子。但此处河亶甲并不在祀典之中，在祀典中的倒是仲丁。王先生据此认为《史记》有误。这一判断应当是正确的。）

由此可见，商人实行合祭时，所祭祀的先祖往往限于其所自出的若干世，其他先祖虽在位而非所自出，则不与于祭；其祭祀的顺序，也是按每一世的先后依次排列，而绝不加以颠倒。我们将这种祭祀制度与《史记·殷本纪》中所载的世系加以比对，可以发现二者在名号和顺序方面存在高度一致的关系。这种对应，保证了卜辞所见先公先王和《史记》世系的相符，绝非偶然暗合，而是具有内在的同一性。

了解了这一原则，我们不仅可以用卜辞佐证《史记》中的世系，还能通过比勘二者的差异，来对《史记》中的错误加以修正。例如王国维就利用卜辞中所见上甲之后六位先公的祀典，重新确定了报乙、报丙、报丁等先公继位的顺序。②

同样，胡厚宣先生针对四方风名所做的考证也是如此。他从一块牛肩胛骨和一片龟板中，考证出早已失传的四方之名与四方风名，并将这些名称与《山海经》《尧典》中的文字加以对勘，证明前书所见"某方曰某，来风曰某"，与后书所见"宅某方曰某，厥民某，鸟兽某某"，均承袭自甲骨卜辞的四方之名及其风名。例如《山海经·大荒东经》说："〔有人〕名曰折丹，东方曰折，来风曰俊，处东极以出入风"，这段文字向来无人理解，而胡厚宣先生把它同《尧典》中分命羲仲，"宅嵎夷，曰旸谷……厥民析，鸟兽孳尾"一段联系起来。旸谷正在东方，而《尧典》所谓"厥民析"，也就是《山海经》中的"有人名曰折丹"（民、人同义，"折"为

---

① 王国维：《殷卜辞中所见先公先王续考》，《观堂集林》，北京：中华书局，1959年，第445—447页。今天，我们可以举出另一片更完整的卜辞，证明王国维先生依辞例所作的补充完全无误，该辞如下：求自上甲、大乙、大丁、大甲、大庚、〔大戊〕、中丁、祖乙、祖辛、祖丁十示率牡（见《合集》32385.1）。这里于大甲之前多出了上甲、大乙、大丁，而祖乙之后多出了祖辛、祖丁；中间残一太戊，可据同版另一辞补足（《合集》32385.2）。该版所反映的合祭制度也与王国维推定的吻合。

② 王国维：《殷卜辞中所见先公先王续考》，《观堂集林》，北京：中华书局，1959年。

"析"字之误）①，两者均演变自卜辞中的"东方曰析"。至于甲骨文的"风曰劦"，虽与《山海经》"来风曰俊"不同，但"劦风"本身亦见于《北山经》"其风如飇"，实则也与《山海经》中的风名相合。②最有趣的是，甲骨文说"风曰劦"，这里的"风"字写作"凤鸟"的"凤"，而《尧典》的作者则把它理解为"鸟兽"之泛称；又因"劦风"之"劦"有"阴阳化生""成育万物"之义，于是附会出"鸟兽孳尾"的说法。③

胡厚宣先生的考证，立论精湛，故一经提出即引起学界极大反响。关于此一问题，后续研究多围绕四方风的名称及其含义加以探讨，对于胡先生的考释也提出不少修正。④但胡先生的结论始终不曾动摇，其中最关键的一点就是胡先生的考据并非建立在一两个字的具体释读之上，而是着眼于四方名与风名的全套系统，将甲骨文与《尧典》《山海经》中的文字整个对应了起来。正是这种对应，限制了任意解读的空间，从而最大限度地排除了附会的可能。也就是说，一旦我们肯定了甲骨文中的东西南北，对应《尧典》《山海经》中的相同方位，那么这些材料中的方位与该方位所在的风名就应该也是对应的。只要这一点得到确认，我们就认为胡先生的假说是能够成立的。

更进一步而言，胡先生的考据固然建立在甲骨文释读的基础上，但与通常所谓的二重证据法不同，甲骨文在这里并没有起到证明文献内容的作用。实际上，《山海经》中的四方之神，现在可以确知其来自商朝人的信仰，但任何人都不会因此肯定这里的四方之神是真实存在的。而《尧典》就更不用说了，正是得益于甲骨文的发现，我们得以了解，古人在编纂这部经典时，是怎样误读了前代流传的史料，从而对神话进行了歪曲的理解。这里，甲骨文的真正作用，是为我们理解文献记载提供材料上的帮助。凭借甲骨文，我们第一次认识到，《尧典》与《山海经》里的记载，

---

① 按：《大荒东经》中原无"有人"二字，此据《西经》《北经》所补；《南经》作"有神"，其实东、西、北三经的"人"，亦即主管当地"出入风"的神。称"人"称"神"，只是用字不同而已。
② 胡厚宣先生原文举《周语》所记春耕籍田之礼，称"瞽告有协风至"。协（協）风即劦风，亦与甲骨文相符。见《甲骨文四方风名考证》，《甲骨学商史论丛初集》第二册，成都齐鲁大学国学研究所石印本，1944年。下同。
③ 按《国语·郑语》："虞幕能听协风，以成乐物生者也。"韦昭注："协，和也。言能听知和风，因时顺气，以成育万物，使之乐生。"又《尔雅·释天》，李巡注亦云："言阴阳化生，万物和合。协，和也。"可知"协风"确与繁衍、生育有关。
④ 例如甲骨文中的南方名，胡厚宣释为"夹"，而裘锡圭则根据三体石经和金文，将其改释为"因"。按"因"字正与《尧典》《大荒南经》用字相同，故知这一释读当较胡厚宣之说更为准确。见裘锡圭《释南方名》，《古文字论集》，北京：中华书局，1992年。

原来竟是相互关联的；也因此而明白，《尧典》中羲和兄弟的传说，原来竟是古人附会的产物。一旦认识及此，可以说甲骨文不仅没有证明文献的真实性，反而推翻了《尧典》的记载，提醒我们怀疑的确是必要的。

这里涉及二重证据法的性质问题，值得加以讨论。学界普遍的看法是，文献历经传承，免不了失真与作伪的可能，而古文字出自地下，其内容必然是真实可信的；因此，以古文字印证文献，便可保证文献的内容也是真实可信的。而这实在是对文献与古文字材料的双重误解。

事实上，古文字为我们提供的，与其说是证据，还不如说是参考的资料。也就是说，经由甲骨文的启发，我们才读懂了《尧典》《山海经》中的文字，明白"羲和四宅"的传说不过是从四方之风的神话演变而来。甲骨文为我们提供了这一神话产生的源头，并帮助我们理解这一神话。这当然是很重要的。然而《尧典》作为这一神话演进的结果，其本身却独立于甲骨文，也无须甲骨文作为佐证。我们从《尧典》中获知，到了东周时期（也就是《尧典》成书的年代），古人已无法理解甲骨文中的神话，反而对于这一神话作出了歪曲的解读——这是《尧典》本身所能证明的，而甲骨文对此反而无法提供任何证明（这一点甚为显明，因为甲骨文乃是商代史料，无法证明东周以后的历史）。

因此，假若我们确实遵循二重证据法的原则，想要证明《尧典》可信，那么，我们所要做的，乃是寻找东周时的地下出土材料，且其内容与《尧典》相近，或是等同。但事实却并非如此。《尧典》因为商代史料的出土而被我们所理解，因此反过来证明了自身。这里，我们的"理解"才是最重要的。相信"羲和四宅"是一种理解，而相信"四宅"的传说是从神话演变而来又是另一种理解。两种不同的理解，决定了我们怎样看待文献，从而决定了我们在选用文献时如何确定其史料价值。

这就提示我们，当代所谓疑古与反疑古的争论，其分歧并不在文献是否可信，而在于应当如何阐释文献。疑古派认为"民族出于一元"，"地域向来一统"，这种观念是在历史演进的过程中逐渐形成的。因此，反映这种观念的文献，就应该是民族行将合并、地域走向统一的时代所产生的。这是对文献形成背景的一种阐释，也足以说明那些更早的文献，何以与东周以后产生的史料，在观念上存在差异。而反疑古的学者，大半并不赞同这种主张。他们认为，诸如《尧典》之类的典籍，其观念乃是自古传承、高度延续的；就算与更早的史料存在差异，这差异也必定微不足道，甚或只是传闻异辞，并不足以撼动传统史观的地位。

明白这一点，也就可以解释，为何疑古派与信古派，在其他问题上差异极大，却都赞同王国维先生对于商史的研究。按理说，信古派赞同王国维的研究，这是无足为奇的，因为王国维的研究本来就是针对疑古派而发。那么，疑古派为什么也赞同王国维的研究，还将其视为科学考据的典范呢？

为说明这个问题，我们不妨看看王国维是如何考证王亥的。众所周知，这是王先生的卜辞研究中最令人称道的部分。王先生首先从卜辞中考得"王亥"一名，指出此人即《史记》中的"振"，于《世本》中写作"核"，于《汉书》中写作"垓"，实则均为"王亥"一名所讹变①；继又从《山海经》《竹书纪年》中考出王亥遭有易拘杀，上甲微为之复仇之事；从而使《天问》中向来不得其解之句，至此得一正确解读。其影响之深，绝非一般考据文章所能比拟，无疑具有典范的意义。

但我们也要注意到，关于王亥的考证实际并不始于王国维。早在甲骨文发现之前，清代已有不少学者针对王亥进行过考察，并且得出了与王先生相似的结论。例如清人徐文靖，即已根据《汉书·古今人表》，指出《天问》中"该秉季德"一句之"该"，即《山海经》《竹书纪年》之王亥②；刘梦鹏更进一步提出，拘辱王亥的"有扈"实为"有易"之误，王亥困于有易而见杀，上甲微征师于河伯为之复仇③。此外，朱右曾、梁玉绳也都意识到，《山海经》《竹书纪年》中的"王亥"即《史记》中的"振"、《世本》中的"核"、《汉书》中的"垓"。④ 而这一系列考证全是在未见卜辞的情况下作出的。这提示我们，有关王亥的研究，并不单单是对二重证据法的运用而已。事实上，即便是王国维，在考证王亥之时，也主要是从文献入手，钩稽互证，左右贯通。所取资于卜辞的地方，亦仅限于利用卜辞以证实王亥的存在，其他能从卜辞获取的信息其实并不甚多。如果说二重证据法意味着以地下材料佐证文献记载，那么《山海经》《竹书纪年》与《天问》中有关王亥的记载，几乎没有什么得到了甲骨文的证明；我们知道王亥托身有易，最终被杀，靠的依然还是文献——对此，甲骨文中全无一语道及，更谈不上为文献提供佐证了。然而我们仍然感到王国维的考证的确是可靠的，其原因究竟何在呢？

---

① 王国维：《殷卜辞中所见先公先王考》，《观堂集林》，北京：中华书局，1959年。
② 徐文靖：《楚辞集注》二，《管城硕记》卷十六，清乾隆九年（1744）志宁堂刻本；另参徐氏《竹书纪年统笺》卷四，清光绪三年（1877）浙江书局校刻本。
③ 刘梦鹏：《屈子章句》卷四，清乾隆五十四年（1789）藜青堂刊本。按：刘氏误以王亥为上甲微之子，诚可谓失之毫厘，谬以千里。
④ 朱右曾：《汲冢纪年存真》上，清道光二十六年（1846）归砚斋刻本；梁玉绳：《汉书人表考》卷四，清光绪十四年（1888）广雅书局本。

答案就在资料的连锁性上。《山海经》和《竹书纪年》都提到了"有易",而《天问》提到了"有扈"。"有扈"与"有易",在古文字中的写法十分相近。与前者联系在一起的,是"王亥"与"殷王子亥",与后者联系在一起的则是"该"。而该与亥,原本当为同一个字。此外,《世本》谈到"胲作服牛",《吕氏春秋》说:"王冰作服牛。"篆文冰与亥字相似,而《山海经》说"王亥托于有易河伯仆牛,有易杀王亥,取仆牛",《天问》也说王亥"终弊于有扈(有易),牧夫牛羊"。可见,王亥在文献中虽有不同写法,但每一次都与有易(有扈)以及驯养牛羊之事相关联。这就保证了"王亥""殷王子亥"与"该""胲""王冰"之间的联系,绝不会是任意的比附。另外,我们还注意到《竹书纪年》称王亥为"殷王"子亥,这又可以与《世本》中的"核"以及《古今人表》中的"垓"联系起来,二者均为殷之先世,并且都以"亥"字为其声符。而《世本》的"核",对应的正是《史记·殷本纪》中的"振",所以王国维说"振"是"亥"字的传写之误,也并不是什么牵强的说法。

这里,我们完全没有提及一片甲骨,单凭文献就已经重建了整个考据的过程。因此,假如我们感到这一结论是可信的,这并非因为甲骨文提供佐证,而是由于不同文献之间内在的关联性保证了这里提到的所有王亥,无论字面写作什么,都是同一个人,其经历的也是完全相同的事。就此一例而言,即便没有甲骨文的出土,也依旧无损于这一考证的精彩。

我举这个例子是想说明,我并不否认甲骨文的重要性,但是有的时候,即便没有甲骨文,我们也同样无法抹杀文献史料的独特价值。上面关于王亥的考证就是一个绝佳例证。事实上,向来以怀疑著称的顾颉刚先生,在读过王国维先生的精彩考证之后,立刻写了《周易卦爻辞中的故事》,指出《周易》中的大壮和旅卦,其爻辞"丧羊于易"与"丧牛于易",说的就是王亥的故事。① 这里,我们要注意,卜辞中虽有王亥,但绝对不曾出现"易"和"丧牛"一类的记载。因此可以说,顾先生是在缺乏二重证据的情况下肯定了《周易》的价值。为什么如此呢?因为在顾先生看来,《周易》所反映的古史观不同于东周以后的人文化的古史观。《易传》中,从伏羲,到神农,再到黄帝、尧、舜的谱系已经建立起来②;而《周易》本身则并不见这一传说的影子。这正好反映了《周易》经、传在时代上的差异。据顾先生考察,《周易》卦爻辞中的故事多半发生在商周

---

① 顾颉刚:《周易卦爻辞中的故事》,《古史辨》第三册,上海:上海古籍出版社,1982年。
② 《周易·系辞下》。参见顾颉刚《论易系辞传中观象制器的故事》,《古史辨》第三册,上海:上海古籍出版社,1982年。

之际，因此，其成书年代必在商末周初，与《系辞》所谓"易之兴也，其于中古乎"，正相符合。这一结论，说是信古也绝不为过，何况其并没有卜辞作支撑，然而顾先生仍然持之甚坚。这就可见，疑古派之所以怀疑古史，并非由于文献得不到地下材料的佐证，而是因为不同文献在古史观念上存在差异，而疑古派对此给出的解释是，这些文献产生于不同时代，有着不同的思想背景，所以呈现出对古史的不同理解。

我们已经说了，有时候，一个绝妙的考证，即便没有地下材料为佐证，单靠文献提供的关联性证据，也是可以采信的。反之，在古史研究的过程中，假如引用了地下材料作支撑，其结论就一定可信吗？

这里不妨看看王国维对于商代其他先公的考证，例如高祖夔的研究。王先生认为，卜辞中的"夔"应即"夋"字；而据皇甫谧说，帝喾之名为夋，因此高祖夔应当就是《史记》中的帝喾。为了证明这一观点，王先生又援引《山海经》作为补充，认为其所言"帝俊"其实就是帝喾。而帝俊的"俊"与卜辞中的"夋"字，字形上也有明显的继承关系。王先生由此断定，卜辞中的高祖夔也就是传说中殷人的始祖帝喾了。①

王国维的这一番考据，究竟能有多少说服力呢？《山海经》中的帝俊，与《史记》等书的帝喾，二者具有不少相同的特性，因此极有可能是从同一传说分化而来。这一点即便不足以成为定论，也绝对是相当有力的一个假说。②但这里的问题与"王亥"有所不同。"王亥"在卜辞中并非什么僻字，并且"王亥"二字连文，也和《山海经》上的称谓相同，不存在误读的可能。而把卜辞中的"夔"释读为"夋"，则只是王国维的一家之说，于卜辞和文献上都找不到坚强的依据。换言之，即便我们承认了帝俊就是帝喾，也仍要论证卜辞中的"夔"，其实就是《山海经》中的帝俊，从而也就是《史记》中的帝喾。这一步才是二重证据法的关键，同时也是王国维的考证中最为薄弱的一环。③

王国维对相土的考证也有同样的问题。卜辞常有殷人祭祷于土的记载，王先生认为，这里的"土"就是《史记》中殷人的先祖相土。④但我们知道，古文字中的"土"也可以读作"社稷"的"社"。因此，所谓祭祷于土，到底是祭祷于先祖相土呢，还是祭祷于土地之神——"社"，并非

---

① 王国维：《殷卜辞中所见先公先王考》，《观堂集林》，北京：中华书局，1959年。
② 以帝俊为即帝喾，清人郝懿行实已先有此说，见《山海经笺疏》。王国维之后，近人郭沫若、杨宽等先生也有相同主张。
③ 除了王国维，还有不少学者对"高祖夔"的问题也进行了研究，兹不赘述。
④ 王国维：《殷卜辞中所见先公先王考》，《观堂集林》，北京：中华书局，1959年。

一个简单的问题，而是关系到《殷本纪》中的相土是否存在的问题。王先生对此没有进行专门的论证，而单单是说："今观卜辞中殷之先公有季、有王亥、有王恒，又自上甲至于主癸，无一不见于卜辞，则此'土'亦当为相土，而非社矣。"① 这是相当草率的。其实，就卜辞祭奠先王的辞例看，所谓"土"倒更像是自然神，而不是祖先神。这里，王先生的考据显然缺乏说服力。

从上面这些例子，可以看出甲骨文在古史研究中的实际作用。很显然，只要文献之间相互连锁，而我们对于这些材料又能作出恰当解释的时候，即便没有甲骨文，我们也同样能够肯定这些文献的真实性。反之，当材料彼此间缺乏固定关联，只有个别文字相互重合，而这些文字所反映的古史观又不符合我们对于历史的整体认知时，哪怕有了甲骨文，我们也会怀疑人们对于这些材料的解释是否合理。这里，问题的关键从来都是人们如何去解释，而不是材料的真假本身，因为真假往往只是解释的结果，即：相互矛盾的材料，或与整体认知不能融合的材料，会有一部分被学者判定为假。这种情况下，哪怕提供了地下材料作为佐证，也存在如何解释这些材料的问题，而不是简单地证明这些材料为真或假。因此，疑古与信古，本质上不是对材料的两种观点，而是对历史解释的巨大分歧。

说明了这一点，再回头看古蜀历史的研究，就会发现，我们对于古文字材料的解读，决定了我们如何解释传说中的古蜀历史。现有体系的怀疑者，并非因为传世文献得不到地下材料的佐证而产生其怀疑的；更重要的是，怀疑者希望探索一种新的解释方式，这种解释不同于古人对于历史的理解，而是力图开辟一条新路，因而势必要求打破传统的古史体系。

主张重建古史者，希望利用地下材料，恢复被疑古派摧毁的古史系统。他们把这一工作称为"古史重建"，仿佛重建的任务就是恢复，而不是提出新的古史系统。于是近二十年，重建的工作就被"光复旧物"的努力所垄断了。这当然与学术史的传统不无关系。因为按照当代人的理解，疑古就是建立在文献考据的基础上，而甚少涉足出土文字的探讨。所以反思疑古，就是要利用疑古所不及的史料，审视甚至推翻疑古的结论，达到为文献辩护的效果。从实践上看，这当然取得了不小的成就。但是另一方面，重建工作的多样性也因此被掩盖了起来。学者们下意识地认为，运用新材料的方式只有一种，就是以地下文字为根据，恢复传统史观的旧貌；殊不知材料的本体虽是客观的，而对材料的解释却有许多不同的方式。重

---

① 王国维：《殷卜辞中所见先公先王考》，《观堂集林》，北京：中华书局，1959年。

建古史是否一定要恢复传统体系，本不是完全确定的事情，而是取决于哪种解读方式能够更好地容纳现有材料，并与我们对世界的整体认知相统一。而寻求这种最佳解释，正是古史重建所不能回避的问题。

第三节　古蜀研究中的实物证据

一、实物资料对古蜀历史重建的推进作用

当然，重建古史的材料绝不限于文字记录，以实物形态存在的遗迹也逐步进入学者的视野，成为必不可少的研究资料。从性质上说，有文字与无文字，其差别是很大的，因此处理起来可以有很大的不同。我们上面简单介绍了学者对于有文字材料的处理，而对于无文字的实物材料，大体说来可以有两种处理方式：（1）从文献出发，寻求与之对应的实物资料，从而在实物与文献间建立联系；（2）从现有考古资料出发，以考古对照文献，进而对考古所得加以解释。当然，这两种方式，实际并非截然划断的。很多时候，考古学者正是根据文献记载，锁定某个区域进行调查，从而有所发现；然后再进一步将这些发现与文献相比照，对其进行解释的。但这里为了讨论方便起见，还是把二者分开，单独予以说明。

我们首先回顾一下学界对于大石遗迹的研究。早在20世纪30年代，学者即已注意到蜀地文献中有关大石崇拜的记载，其中不少就与古蜀国的传说有关。1938年，冯汉骥先生遵循文献的指引，前往川西多地进行调查，写成《成都平原之大石文化遗迹》[1]，文中整理了不少文献资料，同时结合实地考察，对成都平原的大石遗迹作了初步探索。其后，华西大学博物馆馆长郑德坤著《四川古代文化史》一书，又列《大石文化遗迹》专章进行讨论，认为大石遗迹是与古蜀国有关的实物，为秦代未入巴蜀以前的遗存。[2]

值得注意的是，冯汉骥、郑德坤两位先生在他们的研究中，主要是通过援引历代地志、笔记等，结合实地发现的各类遗存，来为自己的观点进行论证。其中一些遗存，如新繁县的列石遗址，当时并未经过科学发掘，其后又为乡人建桥而拆毁。其他如《华阳国志》中的石笋，虽有杜甫《石笋门》、杜光庭《石笋记》、赵抃《蜀都故事》等诗文详加记述，且明见

---

[1] 该文系冯汉骥先生演讲记录，刊于《华西边疆研究学会会志》1946年第16卷。
[2] 郑德坤：《四川古代文化史》，华西大学博物馆印行，1946年。

于清嘉庆所修《四川通志》中，但是否即为蜀王开明氏所立石笋，实不得而知。又如所谓石镜，尽管一再见之于《水经注》《元和郡县志》《太平寰宇记》等书，但其真相究竟如何，固难加以断言。至于成都支矶石、天涯石、五块石等，虽同为大石遗迹，然其来历尤为不明，其与古蜀国有无关系，仍在不可知之列。因此，这些遗迹究竟能为古史传说的真实性提供多少证明，实在非常可疑。

好在考古工作也随之迅速展开。实际上，郑德坤在他的《四川古代文化史》中，便已把冕宁城南三分屯发现的大石墓列入了蜀人的"大石文化"和大石崇拜遗迹之列。① 而冯汉骥在对岷江上游羌人聚居区进行考察时，也已发现一座相对完整的石棺墓，并首次运用现代考古学方法对其进行清理。② 之后，有关大石墓与石棺葬的发现时见报道，并于20世纪70年代后形成一个高潮。大量发掘报告和研究论文相继问世。而对于这两大类文化遗存究竟该作如何解释，引起了学者的热烈讨论。

先说大石墓。以董其祥为代表的学者，坚守《华阳国志》等书的记载，以大石文化遗存为开明氏王朝遗物，认为秦并巴蜀后，蜀人南迁，而沿途所及正是大石墓分布的之地。③ 这种见解可谓相当传统，堪称以实物资料印证古史传说的绝佳典范。然而问题在于，大石墓的分布范围主要集中在川西南的安宁河流域，如其确为古蜀王的遗物，则蜀人南迁以前，大石墓何以竟不见于成都平原腹地？

并且，从时代上看，大石墓在安宁河流域的出现也并不始于秦灭巴蜀以后，而是可以上溯至春秋早期，甚或更古老的时代。④ 要在这个时空范围内寻找大石墓的主人，考古学家不得不另辟途径，由此提出的看法包括邛都说与笮都说，二者都把大石墓的主人归结为当地的某种夷人。只不过前者根据《史记》"以邛都为越嶲郡"的记载，认为邛都是越嶲的主要居民；而后者根据《隋书·地理志》中左人"总葬石窟"的描写，断定左人

---

① 郑德坤：《四川古代文化史》，华西大学博物馆印行，1946年。
② 冯汉骥：《岷江上游的石棺葬文化》，《工商导报》1951年5月20日。冯先生的调查始于1938年，而报告的发表则是1951年了。另外，与冯先生同时，郑德坤也在《四川古代文化史》中对石棺墓进行了研究。
③ 董其祥：《四川大石文化研究》，《重庆师院学报（哲学社会科学版）》1986年第2期。
④ 刘世旭：《试论川西南大石墓的起源与分期》，《考古》1985年第6期；罗开玉：《川西南与滇西大石墓试析》，《考古》1989年第12期。按：罗开玉将其所分第一期划定在"中原地区的商代至西周中期"，未免失之过早。相对而言，比较审慎的说法似乎还是以战国早期为宜。见刘弘《川西南大石墓与邛都七部》，《文物》1993年第3期。我们这里折中采用了刘世旭的观点，即春秋早期说。

就是《史记》里的笮人，从而得出大石墓为笮人墓的观点。①

此后的研究以赞成邛都说的居多，各家争论的焦点也转向了邛都的族属问题。②至于古蜀王与大石墓的关系，学者承认：就已发现的考古文化而言，很难"将两者完全联系起来"，"除使用大石建墓这一点外，在文化特点、内涵和面貌上还看不出两者之间存在明显渊源关系"③。

同时，也有学者注意到，安宁河流域大石墓的分布存在年代早晚的不同，即，越是靠近安宁河上游的墓，其时代也就越晚。这说明修建大石墓的族群经历了由南向北，也就是从安宁河下游向上游迁徙的过程。④而这与蜀文化向川西南地区传播的方向恰好相反，从而进一步排除了大石墓与古蜀文明间仅有的联系。

此外，随着考古工作的开展，四川以外的大石墓也逐渐开始为人所知。例如云南的姚安、祥云、弥渡等地就陆续发现了不少大石墓遗迹。这些遗迹与川西南的大石墓不无相似之处，暗示二者间可能存在某种关联。此后的研究表明，云南的大石墓似乎比安宁河流域的还要古老。这就为大石墓族属的认定带来了新的启发。一些学者开始意识到，安宁河流域的大石墓可能不是本地起源的，而是产生于滇西地区，而后逐渐向北传播的。例如张增祺就认为大石墓的建造者是沿澜沧江河谷进入滇西地区的孟高棉民族，亦即《史记·司马相如列传》中的"苞蒲蛮"，也就是《华阳国志》所说的"濮人"。他们最早分布在金沙江以南地区，后来有一部分向

---

① 童恩正：《四川西南地区大石墓族属试探——附谈有关古代濮族的几个问题》，《考古》1978年第2期；唐嘉弘：《试论四川西南地区石墓的族属》，《考古》1979年第5期。
② 如林向：《大石墓族属的再议》，《凉山彝族奴隶制研究》1980年第1期；李绍明：《邛都夷与大石墓的族属问题》，《西南民族学院学报（哲学社会科学版）》1981年第2期；刘世旭：《试论川西南大石墓的起源与分期》，《考古》1985年第6期。按：关于邛都的族属，童恩正认为当是濮人的一支；而林向则主张其并不属于濮人系统，而是来自西北的氐羌民族。参见童恩正与林向前引文。与林向看法相似的尚有刘弘，见《"西南夷"陶器及相关问题的研究》，《四川考古论文集》，北京：文物出版社，1996年。
③ 石硕：《"蜀曰邛"：古蜀国的邛人及相关问题探讨》，《四川大学学报（哲学社会科学版）》2008年第2期。石硕根据《华阳国志》"蜀曰邛"的记载，推测安宁河流域的邛人，系由蜀地南迁而来，因而认为当地兴起的大石墓文化可能仍然受到了蜀地文化的影响。这当然是一种折中说法，反映出学者始终不愿放弃文献记载的心理。另外，关于大石墓文化与蜀文化的详细对比，参考刘世旭《川西南大石墓与巴蜀文化之比较》，《四川文物》1990年第2期。
④ 李连：《安宁河流域大石墓的再探索》，《西南民族学院学报（哲学社会科学版）》1987年第1期。当然，也有学者反对这一看法，主张川西南大石墓的分布并不代表时代的早晚，而是邛都七部在地理上的反映。见刘弘《"西南夷"陶器及相关问题的研究》，《四川考古论文集》，北京：文物出版社，1996年。

北移动，进入西昌一带，创造了当地的大石墓文化。①

诚然，以上各家观点都只是一种推测，现在距离我们得出结论还有很长一段路要走。但是很明显，随着研究的逐步深入，我们已经离古蜀国的历史越来越远了。晚近的学者无论对于大石墓的主人持何种主张，都很少再把大石墓同古蜀王的传说联系起来。所谓开明氏"每王薨，辄立大石，长三丈，重千钧，为墓志"，《华阳国志》言之凿凿，却难以得到考古学证据的支持。假若文献记载果然可靠，那么开明氏的墓葬究竟到哪里去了呢？

现在且把大石墓文化放在一边，再来看看岷江上游的石棺葬文化是否能与古蜀王攀上关系。按照传统，讨论这个问题还是离不开文献。我们从《先蜀记》中得知，"蚕丛始居岷山石室中"；又从《华阳国志》中得知，"（蚕丛）死，作石棺石椁，……故俗以石棺椁为纵目人冢也"。可见蚕丛氏的传说和石棺有着密切的联系，而蚕丛氏的故地，按照《先蜀记》的说法，就在岷江流域。因此，我们就把目光集中在岷江上游的石棺葬，看看这里发现的石棺葬最早可以上溯到什么时候。

遗憾的是，对于这一问题，考古学界远未达成共识。大体来说，我们可以将争论归结为下面两种看法。第一种看法认为，岷江上游的石棺葬文化主要形成于东周以后②；而另一种看法认为，早在三代时期甚至更早的时候，岷江上游就已产生连续发展的石棺葬文化③。这两种看法到底谁是谁非，至今并无定论。而造成分歧的原因，至少部分是相关资料披露太少，以致不同见解的学者彼此间难以形成有效对话。④

---

① 张增祺：《西南地区的"大石墓"及其族属问题》，《考古》1987年第3期。晚近考古学研究也支持这一判断。根据赵德云梳理，大石墓即最先出现在云南楚雄，而后向西传至大理，再折而向北进入安宁河流域。见赵德云《安宁河流域大石墓的分期及相关问题》，《考古》2019年第3期。
② 例如李复华、李绍明：《论岷江上游石棺葬文化的分期与族属》，《四川文物》1986年第2期；宋治民：《试论川西和滇西北的石棺葬》，《考古与文物》1987年第3期；谢辉、江章华：《岷江上游的石棺墓》，《四川文物》2002年第1期；何锟宇：《岷江上游石棺葬的分期与年代》，《四川文物》2009年第4期。
③ 徐学书：《试论岷江上游"石棺葬"的源流》，《四川文物》1987年第2期；罗开玉：《川滇西部及藏东石棺墓研究》，《考古学报》1992年第4期；罗二虎：《论岷江上游石棺葬的文化性质》，《考古与文物》2008年第3期；陈苇：《甘青地区与西南山地先秦时期考古学文化及互动关系》，吉林大学2009年博士学位论文。
④ 实际上，有学者就曾公开抱怨，"很多墓地的发掘报告都是以简报的形式简单地发表出来"，"而且大部分出土器物未予发表，令人无从着手"。见陈祖军《西南地区的石棺墓分期研究——关于"石棺葬文化"的新认识》，四川省文物考古研究所编《四川考古论文集》，北京：文物出版社，1996年，第172页。

这里，我们即以茂县撮箕山墓群为例，对此略作说明。该墓地自1984年发现后，经先后两次发掘，清理出420余座石棺墓，其数量不可谓不多。然而遗憾的是，有关这批墓葬的详细资料迄今尚未公布；其零星材料，只在徐学书撰写的一篇综述中有所提及①。因此，我们对于这批墓葬的形制类型及其层位关系，可以说毫无所知。而根据徐氏介绍，这批墓葬的年代甚至可以早到夏商时期。②这当然是个惊人的结论，需要进一步的证据加以支撑。③相对而言，江章华、何锟宇等人就要审慎得多，他们根据撮箕山墓葬出土器物的演变特征，对撮箕山整个墓群的年代作了重新估定，而将其中最早的一批划在了春秋时段。④显然，有关这一问题的讨论，还将继续进行下去。

　　同样存在争议的，还有别立村中位于最高处（卡花寨墓地）的五座墓葬（编号BM13-BM17）。这五座墓形制特殊，头足挡板与侧边相接成齐头形，与当地发现的其他石棺墓差异明显；且其所用石板也极为粗糙，反映出一定的原始性。墓中出土的随葬陶器几乎全出手制，不仅形制简单，类型单一，其质地也很松散。⑤因此，一般认为，卡花五墓应为当地石棺葬中年代最早的一批。

　　然则所谓"最早"，到底能够早到何时呢？对于这一问题，学界再次陷入了争论。根据简报的意见，卡花五墓的年代最多只能上推到战国早期。⑥这等于是说，当地的石棺葬文化一直要到战国之世才得以最终形成——显然，李复华等人就是这种看法。⑦稍晚一些的郭继艳，虽然肯定

---

① 徐学书：《岷江上游石棺葬文化综述》，四川大学考古专业编《四川大学考古专业创建三十五周年纪念文集》，成都：四川大学出版社，1998年。
② 有趣的是，徐学书在一篇更早的文章中是把撮箕山墓群的上限推定在西周中晚期的。见徐学书《试论岷江上游"石棺葬"的源流》，《四川文物》1987年第2期。关于这篇文章，我们在下文中还要提及。
③ 必须注意，所谓的证据有时并不完全是客观的。事实上，同一类材料，不同学者的解读往往大不相同。例如同是撮箕山早期墓葬出土的陶器，罗开玉认为"与广汉三星堆新石器时代晚期至殷代地层所出陶器相似"；罗二虎则根据该期所出的尖底盏与小平底罐，而将其与"三星堆和十二桥等遗址的商代晚期至西周早期的地层"联系起来。参见罗开玉《川滇西部及藏东石棺墓研究》，《考古学报》1992年第4期；罗二虎：《论岷江上游石棺葬的文化性质》，《考古与文物》2008年第3期。
④ 谢辉、江章华：《岷江上游的石棺墓》，《四川文物》2002年第1期；何锟宇：《岷江上游石棺葬的分期与年代》，《四川文物》2009年第4期。
⑤ 相关资料参见茂汶羌族自治县文化馆《四川茂汶别立、勒石村的石棺葬》，《文物资料丛刊》第9辑，北京：文物出版社，1985年。
⑥ 茂汶羌族自治县文化馆：《四川茂汶别立、勒石村的石棺葬》，《文物资料丛刊》第9辑，北京：文物出版社，1985年。
⑦ 李复华、李绍明：《论岷江上游石棺葬文化的分期与族属》，《四川文物》1986年第2期。

了卡花五墓"在已公布的资料中年代最早",但也仅将其上限提早到了春秋早期,可谓相当审慎。① 假若按照上述两种看法,则岷江上游的石棺葬自然和传说中的古蜀人扯不上什么关系。但这样的观点在另一些学者看来未免过于保守了。例如,罗开玉和徐学书在为岷江上游的石棺葬进行分期时,就把卡花五墓的上限大胆地定在了商末②;而罗二虎则根据当地出土的陶罐形制,把卡花墓葬同宝墩文化联系起来(尽管这种联系的具体性质目前尚不明确),从而将其时代上推到了商代中期以前③。这就把石棺葬的年代提前了一千年以上。我们如依这后一种说法,则石棺葬或许能与古史传说之间形成了某种对应关系,也未可知。

现在就让我们检视一下这种关联是否可靠。首先必须肯定,无论是别立的卡花墓葬,还是撮箕山的早期墓群,的确都是岷江上游所发现的石棺葬遗存中最早的一批,这是没有疑问的。而按照《华阳国志》的记述,蚕丛氏是有做"石棺石椁"的传说的。然则所谓的"石棺石椁",与这里的石棺葬到底有没有关系呢?按:蚕丛氏的时代,《蜀王本纪》不载明文;《华阳国志》以为"周失纲纪",而后"有蜀侯蚕丛",不过此说并不为一般学者所接受④。今假定蚕丛的时代确实符合上文推定的纪年(即商末或商代中期以前)⑤,那么,能否够得出结论说,石棺葬的主人就是蚕丛呢?

实际上,这个问题还须审慎对待。按照文献给予我们的线索,当代学者一般认为,所谓的"蚕丛氏"是从岷江上游兴起,而后沿江南下,最终进入成都平原的。这一迁徙轨迹,对应于考古学上从营盘山到宝墩文化的发展。而其中最关键的证据,则是二者在陶器方面的承袭关系。例如宝墩文化的夹砂圈足器,就与营盘山晚期的同类器存在明显的继承关系;而宝

---

① 郭继艳:《川滇地区石棺葬的区域类型》,四川大学2002年硕士学位论文。
② 罗开玉:《川滇西部及藏东石棺墓研究》,《考古学报》1992年第4期;徐学书:《岷江上游石棺葬文化综述》,四川大学考古专业编《四川大学考古专业创建三十五周年纪念文集》,成都:四川大学出版社,1998年。
③ 罗二虎:《论岷江上游石棺葬的文化性质》,《考古与文物》2008年第3期。按:宝墩文化的年代,现一般推定在公元前2500—前2000年,实已跨过夏纪年,进入五帝时代。
④ 当代学者似乎多以蚕丛氏为新石器时代晚期或文明时代初期的部落。参见后文相关部分讨论。
⑤ 这是为了照顾石棺葬的年代而采取的方便说法。实际上,晚近的研究偏向把蚕丛的时代大大提前。

墩文化的典型器物，如绳纹花边罐，也能在营盘山文化中发现其影子。①这显示两地文化的发展存在一定的连续性。即是说，从考古学上看，成都平原的文化很可能是从岷江上游发展来的。这就为我们提出一个问题，即同处岷江上游地区的石棺葬，在这一发展的序列中又占有怎样的地位呢？换言之，前述从岷江河谷南下的文化中，能否找到石棺葬文化的一席之地？

答案似乎是否定的。迄今为止，还没有证据表明石棺葬文化曾经沿着岷江河谷进入成都平原。从产生到消亡，岷江上游的石棺葬文化虽然屡经发展，不断变化，却似乎从未离开这一区域，而向成都平原转移。因此，我们在宝墩文化盛行的区域，也完全看不到石棺葬存在的痕迹。反映在器物上，即具有石棺葬文化典型特征的陶双耳罐，几乎从不见于成都平原核心地区。②假若石棺葬文化真为蚕丛氏所创造，那么身为蜀王的蚕丛氏，难道从来没有进入过成都平原吗？

对此，比较传统的学者给出一个解释。他们认为蚕丛氏虽然迁往成都平原，但其后裔的一支仍然留在岷江上游地区并创造了日后的石棺葬文化。如日本学者狩野直祯即作如此看法。③而在国内学者中，又以徐学书对此阐发最为透彻。他指出，岷江上游的石棺葬文化系当地自生自长的土著文化，其早期墓葬所出的陶器与广汉三星堆三、四期文化密切关联；而其后期文化则为蚕丛氏之后裔所创造；到西汉中期以后，由于羌人南下，当地的石棺葬逐渐衰落，至西汉晚期终于消失。④这一看法，照顾到了文献记载与考古发掘的成果，似乎也可备一说。

然而这种观点并未得到多数学者的认同。一般学者宁可舍弃文献中的"石棺石椁"，而将营盘山遗址或宝墩古城与蚕丛氏相联系，这显然是为了顾及成都平原文化发展的连续性。但如此一来，有关石棺葬主人的问题，就必须改弦更张，另寻别的线索了。于是岷江上游的夷人再次找到了自己的舞台。

---

① 黄昊德、赵宾福：《宝墩文化的发现及其来源考察》，《中华文化论坛》2004年第2期。除陶器外，该文还从房屋建筑与经济类型两方面对宝墩文化和营盘山文化的关系进行了综合分析。
② 有关双耳罐在西南地区的分布与时代，参见谢崇安《略论西南地区早期平底双耳罐的源流及其族属问题》，《考古学报》2005年第2期。
③ ［日］狩野直祯：《巴蜀古史的再构成》，《东洋史研究》第33卷第4号，1975年3月。转引自李复华、李绍明《论岷江上游石棺葬文化的分期与族属》，《四川文物》1986年第2期。
④ 徐学书：《试论岷江上游"石棺葬"的源流》，《四川文物》1987年第2期。

据《史记》记载，秦汉时期，岷江上游地区生活着一个叫冉駹的族群①，其所在正好与石棺葬的分布相符合。因此，有不少的学者认为，冉駹就是考古学上所见石棺葬的主人。譬如童恩正先生就持这种主张，他推断冉駹属于古代氐羌系的民族，于新石器时代后期向南迁徙，逐渐从羌人中分化出来，形成川西北氐族的先民，进而创造了石棺葬文化。②

林向也赞同氐人说，他引用羌族史诗《羌戈大战》，认为诗中与羌人为敌的戈基人就是石棺葬文化的创造者，而其族属应当就是氐人。至于氐人在当地的消失，则是由于西汉末期羌人大量南下，与氐人发生"羌戈大战"，氐人战败，而石棺葬文化也就从此走向了衰亡。③

以上两说，尽管都主张石棺葬是由氐人创造的，但二者观点有些微的不同。例如林向在论文中就未曾提到冉駹这一民族，似乎表示其并不认同冉駹说。与之类似的是，李复华等人也认为石棺葬文化并非由冉駹所创造，而是属于另一支古羌人的文化。照他们看来，古羌人是分成很多支从青海、河湟地区南下，进入四川西北的。而早期南下的这一支，也就是《羌戈大战》中的戈基人，才是石棺葬的真正创造者。他们被现今羌人的祖先，即后到此地的羌人所征服，从而纳入冉駹的部落联盟中。④

以上两种观点，虽然具体看法有所不同，但都以氐羌系的民族为石棺葬的主人。唯独曾文琼提出一种不同见解，认为石棺葬的主人并非氐羌民族，而应当是僰人。据他主张，僰人最早来自荆楚，本是百濮的一支，后来被楚人打败而移居岷江上游，创造了当地的石棺葬文化。而到了西汉时，这支僰人又被羌人打败，从而消失在历史中。⑤

总之，上述两类看法，一以氐羌为本，一以百濮（僰人）为归，正好

---

① 《史记·西南夷列传》："自筰以东北，君长以十数，冉駹最大。其俗或土著，或移徙，在蜀之西。"按：这里的冉駹，也有学者认为是冉和駹两种民族。
② 童恩正：《四川西北地区石棺葬族属试探——附谈有关古代氐族的几个问题》，《思想战线》1978年第1期。
③ 林向：《〈羌戈大战〉的历史分析——岷江上游石棺葬的族属》，《四川大学学报丛刊》第20辑，1984年。值得注意的是，林向在该文中还进一步提出，蜀王蚕丛既居石室，又葬石棺，且其人恰为纵目，凡此均与传说之戈基人相合，因而怀疑蚕丛即氐族的戈基人。此说可与前引徐学书的观点相补充。
④ 沈仲常、李复华：《关于"石棺葬文化"的几个问题》，《中国考古学会第一次年会论文集（1979）》，北京：文物出版社，1980年；李复华、李绍明：《论岷江上游石棺葬文化的分期与族属》，《四川文物》1986年第2期。李复华认为，冉駹是现今羌人的先祖，因此战国秦汉之际，岷江上游的石棺葬文化是包括冉駹在内的羌人的文化。其与林向观点的区别在于，后者以戈基人为氐族，而前者以戈基人为羌族。
⑤ 曾文琼：《岷山上游石棺墓族属试探》，《中央民族学院学报》1984年第1期。

涵盖了先秦时期四川民族中的两大族系。① 然而无论是氐羌还是僰人，我们注意到，如今已很少有学者再把岷江上游的石棺葬文化，同文献中所说的"石棺石椁"联系起来。人们越来越肯定，石棺葬文化的主人，并非文献中所见的蜀王，而更可能是《史记》等书所描述的西南夷。②

上文中，我们以大石遗迹为例，讲述了学者是如何在文献资料的指引下，寻找与古蜀国历史有关的遗迹，并且指出这一探索如何取得不少意外收获，使我们对于岷江上游和川西南地区的民族状况产生诸多新的认识。接下来，让我们把目光稍作转移，来看看近百年来巴蜀大地上取得的考古成果。

严格说来，巴蜀考古的开展是与三星堆的发现密不可分的。早在"祭祀坑"发现前，当地一农户燕道诚便于淘沟时掘出一坑玉石器，引起了各方面关注。其后，华西大学博物馆葛维汉教授及助理馆员林名均奔赴该地进行调查，并开展了为期十天的简单发掘。这次发掘收获丰富，根据所获材料，葛维汉整理出《汉州发掘简报》（A Preliminary Report of the Hanchow Excavation）③，是为学术史上第一份三星堆考古发掘报告，时在1936年，抗战尚未全面爆发。之后，随着战争的打响，系统的挖掘一度中断，直到50年代以后，考古工作者才又陆续恢复了清理工作。然而，由于当时尚不清楚遗址的规模，发掘地南部的中兴乡和北部的月亮湾仍被看作两处独立的遗址分别命了名。④ 此外，对三星堆遗址的年代，也未能形成准确的认识。例如童恩正先生在其1979年出版的《古代的巴蜀》中，就认为"这是西周后期至春秋前期蜀国的一处重要的政治经济中心"，而将其作为杜宇时代社会状况的说明。⑤ 然而到了80年代，突破性的发展很快到来。城墙、大型建筑乃至后来广为人知的"祭祀坑"相继出土，三星堆的范围终于被大致框定。⑥ 而对于其分期和年代的研究，也迅速得以展开。

面对如此众多的成果，学者们不但要分别对其加以研究，还要尝试

---

① 一般认为，先秦四川的各民族，除巴族、蜀族外，主要分为百濮和氐羌两大系统。此外虽有百越和华夏民族，但数量并不甚多。见段渝《四川通史》（卷一先秦）第十一章《先秦四川的民族》，成都：四川人民出版社，2010年。
② 当然，也有学者综合两种主张，以为文献所见的蜀王即《史记》中西南夷的前身。例如段渝在其著作中，就以蚕丛氏为氐族的一支，并认为冉駹即是由蚕丛氏中分化出来的。见段渝：《玉垒浮云变古今：古代的蜀国》，成都：四川人民出版社，2001年，第58页，又314—315页。其说实与徐学书、林向等人见解不无相通之处。
③ 葛维汉：《汉州发掘简报》，《华西边疆研究学会会志》第6卷，1936年。
④ 许宏：《三星堆之惑》，郑州：郑州大学出版社，2022年，第16—18页。
⑤ 童恩正：《古代的巴蜀》，成都：巴蜀书社，1979年，第64页。
⑥ 陈德安：《三星堆遗址》，《四川文物》1991年第1期。

将其贯串起来，以梳理出一条完整的发展线索。如此，才能知晓每一发现在整个古蜀历史发展的长河中所占据的位置。这一工作，我们将在另一本著作中作详细介绍。此处仅给出一个结论，即，成都平原的文明乃是按照"宝墩文化／三星堆一期文化 → 三星堆文化 → 十二桥文化 → 晚期蜀文化"这样一个序列逐渐衍展的。① 对于这一结论，我们大体表示认同（并且真诚地感谢考古研究者在这一领域中的辛勤付出）。

但问题到这里并没有结束。如果说考古发掘的最终目的是重建已经湮灭的历史，那么，仅仅指出各遗存所属的考古学文化及其先后发展顺序并不能满足历史学者的要求。他们还要进一步找出各遗存背后的主人，了解其在文献中所对应的内容。于是，这就来到了我们前文所说的"以考古对照文献，进而对考古加以解释"的地步。而要想达成这一目标，需要满足什么样的条件呢？

按理说，如果遗址中出土有可靠的文字记录，那么根据这些记录，寻求遗址的主人，或借此了解整个遗址的背景，似乎并非太难的事情。（例如，甲骨卜辞的发现对于证明殷墟的所在便有决定性的作用。）

即使没有文字记录，也还有一种方法可以帮助我们推测遗址的主人。就是通过文化共同特征（尤其是典型器物的形制特征），对不同遗址进行关联。例如，我们只要梳理出殷墟遗物中所表现的文化特征，就能根据这些特征，联系那些我们尚不知晓其背景的遗址，从而确定两者间的关系。邹衡先生正是利用这种方法，才在小屯和郑州商文化之间搭建起了联系，从而明确了二里岗文化为殷墟文化的前身。②

这样的方法当然有其局限性。我们由此得出的结论只能视为一种推测，而难以达到定论的程度。况且，即便知道了郑州的几处遗址属于早期商文化，我们也很难判断这些遗址究竟对应于文献中的哪座城邑。考古学界关于郑亳和隞都的分歧，自产生以来，迄今争论不已；主张不同观点

---

① 这里，我们略去了桂圆桥一期遗址、新一村遗址等最新发掘成果，以求简明扼要。
② 邹衡：《试论郑州新发现的殷商文化遗址》，《考古学报》1956年第3期。按：邹衡主要是从铜器、陶器、卜骨、建筑基址等方面建立关联的，其中陶器所占的分量尤重。关于器物与族属的关系，更详细的讨论请见作者的其他著作。

的学者，都能举出大量文献来为己说提供证明。① 然则，郑州商城与偃师商城，二者究当如何定位，仍是一个有待解决的疑问。更何况早于两座商城，二里头遗址的归属则更是学术界激辩的焦点。学者围绕这一问题，笔战数十年，至今犹未定于一是。② 从中我们不难看出，由已知上溯未知，所得出的看法其实是有风险的，往往并不能一举论定，而仍有待于后人的继续论争。

对此，古蜀文明的研究又如何呢？我们能从前述那些挖掘中得出什么结论？

显然，就研究的困难来说，巴蜀考古所存在的疑问一点不少于中原任何考古发现。相反，由于文献的不足，四川的考古学者实际是在一个更为不利的条件下展开其工作的。这里，最为关键的问题仍然在于，迄今发现的考古资料中，尚没有可供识别的文字材料来帮助人们鉴别遗存的"身份"。我们唯一的出发点是晚期蜀文化。根据文献所述，公元前316年，秦将张仪、司马错率军伐蜀，消灭了当地的开明氏政权，并在其地设置"蜀郡"。这样，我们大体可以知道，至少在灭蜀之前的一段时间（譬如从春秋中期以后？），成都平原上的统治者理应就是文献中的开明氏。但是，我们能够就此找到开明氏的遗存吗？

为此，考古学者进行了多方的努力。其中最有希望的收获位于新都马家乡。当地于1980年初发现一座带墓道的大型土坑木椁墓，时代被判定在战国早、中期之际。而令人惊讶的是，该墓不仅在椁室内的八个边箱中随葬有不同类型的器物，还在中部的腰坑内埋藏了大小各异的铜器近两百件。就规模来说，该墓无疑是当时发现的巴蜀墓葬中级别最高的。因此，发掘报告的编写者推测，该墓葬的主人很可能就是古蜀国的蜀王。并且，按照《华阳国志》的记载，开明氏从第九世开始，始由郫邑徙治成都，而

---

① 主张郑州商城为隞都说，见安金槐《试论郑州商代城址——隞都》，《文物》1961年第4、5期；方酉生：《论汤都西亳——兼论探索夏文化的问题》，《中原文物》1979年第1期。主张郑州商城为郑亳说，见邹衡《郑州商城即汤都亳说》，《文物》1978年第2期。主张偃师商城为西亳说，见赵芝荃、徐殿魁《河南偃师商城西亳说》，胡厚宣主编《全国商史学术讨论会论文集》，《殷都学刊》1985年增刊；方酉生：《论偃师商城为汤都西亳》，《江汉考古》1987年第1期。主张偃师商城为太甲所居桐宫说，见邹衡《西亳与桐宫考辨》，北京大学考古系编《纪念北京大学考古专业三十周年论文集》，北京：文物出版社，1990年。相关学术史的详细梳理，可参看刘琼《商汤都亳研究综述》，《南方文物》2010年第4期。

② 相关各说可以概括为二里头夏都说、二里头商都说、二里头兼跨夏商说；而兼跨夏商说又可进一步细分为一二期分界说、二三期分界说、三四期分界说等。相关讨论极为复杂。晚近，陈民镇在《"二里头商都说"的再检视》一文中对此作过一番简略的梳理，该文刊《华夏考古》2020年第2期。

从地望来看，该墓葬与郫邑的距离远而与成都的距离近，考虑到开明氏十二世而亡，因此该墓葬属于开明氏九至十一世的可能性似乎不小。①

当然，这一问题不会是没有争论的（任何学术问题都是如此）。马家大墓发现后不久，就有学者质疑墓主人的身份，认为从文化特征来看，该墓似乎并非蜀人之墓，而是充斥着浓厚的楚文化色彩。例如沈仲常就从葬制和随葬器物的组合入手，对该墓中包含的文化因素进行了细致的分析，认为该墓不仅木椁制度与楚墓相同，而且在以白膏泥进行防腐方面，也同湖北、湖南发现的楚墓完全相合，就连腰坑与墓道也是对楚制的模仿，更不用说墓坑内出土的大量铜器，反映的也多是战国中期后段的楚式风格。沈先生据此主张，这座墓应当是一座"比较典型的楚文化的墓葬"②。

当然，沈先生在文中并没有提出这是一座楚人的墓。他在全文的结语部分很审慎地指出，开明氏的创立者为"荆人鳖灵"，因此墓葬中包含楚文化色彩，并非什么奇怪的事。这实际上调和了发掘报告同自己在文中的观点，本质上还是一种"蜀人"说。而真正提出该墓为楚人墓的，则是先秦史学界的大师徐中舒先生。徐先生的文章视野恢宏，并且（一如既往地）联系了后世许多民族志材料，对于楚国历史上向西、南扩张的整个经过进行了一番概览，最后归结到马家大墓的主人，认为当是屯驻于当地的楚国贵族支裔。而最有趣的是，徐先生注意的马家大墓中出土的五件铜鼎中，有一件的盖内铸有"邵之飤鼎"的铭文。徐先生指出，"邵之飤鼎"的"邵"，实际就是楚国贵族"昭氏"的"昭"，因此该墓的主人很可能出自楚国的昭氏。③

沈仲常和徐先生的文章，观点虽然不同，但对于蜀王开明氏墓的说法无疑都构成了挑战，因而引来了不少学者的回应。针对沈仲常的观点，孙智彬特地从葬制和遗物两方面，对马家大墓的性质进行了再分析，认为墓葬中虽包含有楚文化的成分，但反映的主要还是蜀文化的内涵④。而李学勤则指出，大墓中出土的青铜器，形制固然与楚器相近似，但这更多是由于"同样的时代流行类似的器形和艺术风格"，并不意味着"蜀国到战国时期还需要输入或仿造楚国的青铜器"⑤。至于"邵之飤鼎"的"邵"，段渝通过对《国语·楚语》的分析，提出"邵"字应读为昭祀之"昭"，而

---

① 四川省博物馆、新都县文物管理所：《四川新都战国木椁墓》，《文物》1981年第6期。
② 沈仲常：《新都战国木椁墓与楚文化》，《文物》1981年第6期。
③ 徐中舒、唐嘉弘：《古代楚蜀的关系》，《文物》1981年第6期。
④ 孙智彬：《新都战国木椁墓文化因素剖析》，《江汉考古》1986年第1期。
⑤ 李学勤：《论新都出土的蜀国青铜器》，《文物》1982年第1期。

非楚国昭氏之"昭";进而主张"卲之飤鼎"为蜀王举行昭祀所用的鼎①。这些说法从不同角度驳斥了楚文化的假说,似乎在相当程度上代表了主流的意见。

然而距离争论平息还没过多久,学术界又有了新的发现。就在2000年的夏天,成都考古研究所在成都市区一环路内的商业街挖到一座大型多棺合葬的土坑竖穴墓,该墓既无墓道也无封土;墓坑中残存船棺、独木棺17具,其中9具为"船棺"。棺中出土大量陶器、铜器、漆木器等,种类丰富,而尤以漆器最为精美。此外,发掘者还在墓坑之上发现了"前朝后寝"式的地面建筑,疑是祭奠用的享堂之类。并且据推测,该墓葬的年代当属战国早期偏晚,正与开明氏王朝的晚期相符。综合考虑这些因素,报告的编写者照例得出结论说:"该墓葬很有可能就是一处极为罕见的古蜀国开明王朝王族甚或蜀王本人的家族墓地。"②

应该说这一结论并不令我们感到意外。因为正如新都马家大墓一样,判断的标准主要还是时间、地点,以及墓葬所反映的"等级";况且,这一座墓葬就地点来说,正好就位于成都市内,可以说很完美地符合于文献中开明氏九世而"徙治成都"的记载。有的分析者甚至还进一步指出,船棺这种葬式"从一方面印证了开明氏族的确是一个长于水性的民族,死后仍以船为棺,从而也使我们更明确了船棺葬应是古蜀开明氏族所特有的一种墓葬习俗"③。(可惜马家大墓刚出土时,学者们忙于争论其是否为楚人墓,似乎忘记了开明氏是一个"长于水性的民族"。)

不过如此一来,我们势必就要作一选择。马家大墓与商业街船棺,二者时代如此接近,而葬式上的差异又极为明显,总不能两者都是开明氏的墓葬吧?然而由于两座墓葬中都没有文字,我们对于这一问题还真感到难于取舍,因为我们根本就不知道开明氏的文化是什么样的。④诚然,早在商业街的船棺发现以前,船棺墓作为春秋战国至西汉前期古代巴蜀特有的一种丧葬习俗,就已在四川、重庆的各个地方相继出现,证明以船为棺的

---

① 段渝:《论新都蜀墓及所出"昭之飤鼎"》,《考古与文物》1991年第3期。按:段渝后来又提出一种新的主张,认为"卲之飤鼎"的"卲",其意当与"南诏"的"诏"相同,为古代南方民族对于王的一种尊称。
② 成都市考古文物研究所:《成都市商业街船棺、独木棺墓葬发掘报告》,《成都考古发现(2000)》,北京:科学出版社,2002年。
③ 颜劲松:《成都市商业街船棺墓葬初析》,成都文物考古研究所《成都考古研究(一)》,北京:科学出版社,2009年。
④ 当然,一种合理的解释是,经过第九代开明氏的改制,蜀王墓葬的形式已经发生了巨大变化。新都大墓和商业街船棺正好就是改制前后的开明氏墓葬。文献中关于开明氏改制的记载,见《华阳国志·蜀志》"九世而有开明帝"以下内容。

确是东周以来四川地区发展起来的文化习俗。①但关于这种习俗同开明氏王族的关系,并没有充足的资料来为我们的判断提供佐证。究竟这种文化是随着开明氏的入蜀,而在四川广泛流传的呢,还是说,这一文化本来就是四川自身发展的产物,而为外来的开明氏政权所继承呢。对此,现有的考古资料根本无法作出回答。

至此,我们似乎又进入了一个死胡同,也就是说,我们对于晚期蜀文化的很多认识,仍然停留在猜测的基础上。那么,如果我们更进一步往上追溯呢——例如,我们来看看广为人知的三星堆,情况是否会有什么变化?

显然,困难还是存在的,甚至变得更大了。因为在这里,文化的连续性遭遇了巨大的断裂。我们在晚期蜀文化中发现的那些文化因素,在将近六百年的时间里发生了惊人的转变,以至于完全变成了另一种样子。对于这一变化,由于考古发现存在缺环,我们尚不能作出合理的解释。②因而,希望借助于文化发展的连续性,来为我们认识三星堆遗址的性质提供帮助,这条路是难以走通的。学者们所能采取的手段,仍然只能是结合文献,探求其与历史记载间的对应关系。

我们先从早期的研究开始。当时,学者一般根据对遗址年代的认识,而将其推断为蜀王杜宇的都城。例如冯汉骥、童恩正两先生,就曾根据月亮湾出土陶器的形制、纹饰,推定其时代应与水观音墓葬及羊子山土台相当。冯先生与童先生认为,这一年代正好符合文献中开明氏取代杜宇氏的记载,因而猜想遗址中玉石器作坊的突然废弃,可能就与开明氏的政变有关。③

受冯先生和童先生启发,敖天照和刘雨涛进一步指出,三星堆遗址出土的文物和房屋遗址大都保存完好,极可能是突然间主动放弃的,这与月亮湾玉石器作坊的废弃如出一辙。此外,遗址中还出土了不少鸟形陶器,敖天照和刘雨涛把它们同杜宇联系起来,认为其表现的正是杜鹃的形象,

---

① 实际上,晚近的考古发掘更将这一习俗产生的年代上推到了商末周初。目前已知最早的船棺墓出现在金沙遗址的万博地点。见朱章义、张擎、陈云洪等《成都金沙遗址万博地点考古勘探与发掘收获》,《成都考古发现》(2002),北京:科学出版社,2004年。
② 现在所能肯定的是,变化发生在十二桥文化与晚期蜀文化之间,也即十二桥文化的晚期阶段。在此之前,文化的发展大体还是连续的。这种延续性尤其明显地表现在金沙遗址同三星堆遗址出土器物的相似性上。但到了金沙遗址的晚期,一些变化似乎已经发生。例如,代表晚期蜀文化最明显特征的船棺葬最早就发现于金沙遗址晚期的墓葬中。见陈云洪《成都金沙遗址船棺葬的分析》,四川大学博物馆等编《南方民族考古》第十辑,北京:科学出版社,2014年。
③ 冯汉骥、童恩正:《记广汉出土的玉石器》,《文物》1979年第2期。

并断定"三星堆至月亮湾一带很可能是蜀王杜宇氏的'瞿上'都城"①。

以上两说,前后相承,代表了遗址发掘早期的一种意见。其后,随着考古工作的深入开展,三星堆考古年代序列逐步建立起来,学者对于遗址年代的看法也有了变化。按照新的认识,三星堆遗址的年代可分为早、中、晚三个时期。通常所说的三星堆文化,即隶属于第二个时期,也就是整个遗址发展的成熟阶段,大体相当于中原地区的夏商时代。②而按文献记载,开明氏王朝从建立到灭亡一共只有十二世,从年代上看,则开明氏取代杜宇成为蜀王的时间,无论如何不能上及商代。而冯汉骥等人关于三星堆为杜宇都城的假说,也就必须重新加以考量。

解决问题的方法依然是从器物入手,只不过在对器物进行解释时,学者们采取了新的视角,以求符合文献的记载。例如同样是鸟形陶器,过去认为代表了杜鹃的形象,现在则被视为鸬鹚或鱼鹰的象征,而被看作鱼凫时代特有的一种陶器。③遗址"祭祀坑"出土的金杖,上端刻有鱼、鸟和戴冠的人面图像,如今也被同鱼凫联系起来。例如高大伦在其所作《古蜀国鱼凫世钩沉》中,就将该图像的主体部分描述为"一只鸟拖着一条被箭射中的鱼",认为其代表的正是"鱼凫"之义。④而林向更把图案中的鱼、鸟和人面直接读作了"鱼""凫""王",认为金杖很可能是传说中鱼凫王朝的权杖。⑤参与发掘工作的赵殿增更是列举七证,论述三星堆古国全盛时期的统治者,即为古籍所记载的鱼凫氏。⑥这一类见解,无论正确与否,无疑产生了深远的影响。

然而有意思的是,争论并未就此终止。一些学者仍然坚持杜宇都城的说法,并且提出了新的假说。其中,日本学者古贺登便是一个典型。《华阳国志》说杜宇"移治郫邑,或治瞿上",一般认为,这里的郫邑和瞿

---

① 敖天照、刘雨涛:《广汉三星堆考古记略》,李绍明、林向、徐南洲主编《巴蜀历史·民族·考古·文化》,成都:巴蜀书社,1991年。
② 孙华:《试论广汉三星堆遗址的分期》,《南方民族考古》第五辑,成都:四川科学技术出版社,1993年。后续的研究,参见孙华《三星堆遗址的初步研究》,《南方民族考古》第十五辑,北京:科学出版社,2017年。
③ 蒙默等:《四川古代史稿》,成都:四川人民出版社,1989年,第17—18页;四川省地方志编纂委员会:《三星堆图志》,成都:四川人民出版社,2005年,第213页。
④ 高大伦:《古蜀国鱼凫世钩沉》,《四川文物》1998年第3期。
⑤ 林向:《古蜀文化的发现与研究》,《寻根》1997年第4期。据林向本人回忆,早在发掘现场第一眼看到金杖上的图像时,他就脱口而出:"这不是鱼凫王吗?"足见其第一印象之强烈。不过这里需要注意的是,根据林向本人的看法,三星堆遗址实际应为杜宇王朝的都城。见林向《说"鱼凫"——文献记载与考古发现的相互印证》,《长江文明》2011年第1期。
⑥ 赵殿增:《三星堆考古发现与巴蜀古史研究》,《四川文物》1992年第S1期。

上，即在今郫都和双流境内。古贺登对此作了重新考证，指出郫邑当在新繁东北至广汉一带，即广汉原南兴镇（今三星堆镇）的三星堆；而瞿上位于彭州九陇镇的上关口，流经三星堆的鸭子河、马牧河即在此同湔江分流。所以，杜宇"移治郫邑，或治瞿上"，指的就是建都于三星堆，而移治于上关口。古贺登还进一步根据《左传》记载，提出杜宇应为陶唐氏之后。陶唐氏的后裔唐杜氏分为唐氏与杜氏两支，而杜宇即出自杜氏一支。周初成王灭唐氏，封叔虞于唐，同时也把远在三星堆的杜氏迁至陕西，建立杜伯国，加以严密监视。古贺登认为，三星堆祭祀坑出土的大量精美器物，便是杜宇迁封时所埋藏。①

古贺登的观点可谓系统完整，然而立说终不免于凿空之嫌。相比之下，林向的看法似乎更为稳健。前面说过，林向把三星堆出土的金杖视为鱼凫王朝的权杖，但他在解释三星堆文化的衰落时，却认为这与杜宇末年的洪灾和动乱有关。②可见林向依然是把三星堆古城当作杜宇之都的。然则，鱼凫王朝的权杖，何以会出现在杜宇的王都呢？据林向解释，这是由于杜宇取代鱼凫后，对前朝王权象征物实行"压胜"巫术，从而将其瘗埋在了自己都城的祭祀坑中，所以才会如此。③这在逻辑上当然可以成立。

不过晚近以来的研究，倒是越来越肯定杜宇的王都不在三星堆，而在成都的金沙遗址。这首先是因为传统上一直把杜宇的都城定在郫邑和瞿上，而两者均位于成都平原范围内，与金沙遗址的地望差相符合。再从年代上看，金沙遗址隶属于十二桥文化，与三星堆文化正好前后相接，并向下开启了东周时期的晚期蜀文化。按照这一年代推定，十二桥文化的主人当为杜宇氏，似乎成为大多数学者的共识。而金沙作为十二桥文化早期的一大都会，显然具备成为杜宇王都的资格。④当然，上述结论不是一下子就达到的。实际上，早在金沙遗址发现前，学者已针对成都地区的古遗址群和三星堆为中心的古遗址群进行了分析，认为二者属于两种不同的文化类型⑤，赵殿增提出：

---

① ［日］古贺登：《三星堆古城是杜宇之城》，［日］西江清高主编《扶桑与若木——日本学者对三星堆文明的认识》，成都：巴蜀书社，2002年。
② 林向：《寻找三星堆文化的来龙去脉——成都平原的考古最新发现》，《中华文化论坛》2001年第4期。
③ 林向：《古蜀文化的发现与研究》，《寻根》1997年第4期。
④ 毛曦：《从考古发现看杜宇时期蜀国城市的发展》，葛志毅主编《中国古代社会与思想文化研究论集》，哈尔滨：黑龙江人民出版社，2006年。
⑤ 宋治民：《早期蜀文化的再探讨》，《成都文物》1989年1、2期。罗开玉：《三星堆遗址与古代西南又化关系初论》，《四川文物》1989年第S1期"广汉三星堆遗址研究专辑"。

这一现象所代表的政治关系可能是这两个区域分别为两个不同的部族所拥有,并先后建立了两个王国。三星堆为鱼凫族活动中心和王国都邑,成都地区为杜宇族活动场所和都邑所在地。两者不是简单的并列,更不是两个共存的中心,它们有一个相互交错的时期(商代晚期),又有前后衔接关系。西周初期,三星堆废弃,成都地区迅速发展起来,这一过程可能正是古代杜宇族兴起并逐步取代鱼凫族统治的历史体现。①

赵殿增写上一段文字时,金沙遗址尚未发现,"十二桥文化"的命名也还没有正式提出②,但赵殿增对于广汉与成都两地关系的判断就已大体形成,成都作为"杜宇族活动场所和都邑所在地"的观点也基本得到确立。金沙遗址的出现,无非是为这一观点提供了考古上的佐证而已。

当然,这种解释也带来一些问题。按照《蜀王本纪》和《华阳国志》记载,杜宇晚年是把帝位禅让给鳖灵的,而鳖灵创立的王朝共传十二世,即被秦人所灭——《史记》把这一著名事件明确记录在秦惠文王更元后的第九年,也就是公元前316年。③ 由此上推十二代(约360年),则杜宇禅位的时间,最多也只能达到春秋早期而已。④ 而金沙遗址的兴起,照一般公认的看法,是可以早到殷周之际的。⑤ 假若三星堆的废弃和成都地区的发展,的确代表了杜宇取代鱼凫成为蜀地的共主,那么这一过程发生的时间也该是在商末周初。而这与文献中杜宇禅位的年代足足相差了近400年。我们要如何弥缝这长达400年的差距呢?

对此,学者提出一种解释,认为远古时代的君王代表的是他所在的整个族群,因此,诸如蚕丛、柏灌、鱼凫之类的名号,实际并非君王一人

---

① 赵殿增:《三星堆考古发现与巴蜀古史研究》,《四川文物》1992年第S1期。
② 按:十二桥文化最早是由孙华在讨论三星堆遗址的分期时提出。见孙华《试论广汉三星堆遗址的分期》,四川大学博物馆、中国古代铜鼓研究学会编《南方民族考古》第五辑,成都:四川科学技术出版社,1993年。
③ (汉)司马迁:《史记·秦本纪》。另见《六国年表》周慎靓王五年条。
④ 公元前676年,据《左传》为鲁庄公时期,其时去平王东迁(公元前770年)已达近百年之久。按:这里采取的算法是以每世30年计,而真实的历史通常达不到这一标准。以鲁国为例,春秋十二公,实际只传了254年,远远低于这里的360年。
⑤ 成都市文物考古研究所:《成都金沙遗址Ⅰ区"梅苑"地点发掘一期简报》,《文物》2004年第4期。

的私名，而是全共同体历代统治者的通名。① 按照这种理解，所谓的"杜宇"当然也不是某个具体的蜀王，而是历史上一系列蜀王所构成的集合。由此可以得出结论：所谓杜宇族群，"在蜀地应有数百年历史，而其统治者称为蜀地共主的时间也跨晚商到两周之际"②。论者认为，这正与金沙—十二桥遗址的年代相当，从而再次证明了文献记载之可信。③

明确了这一点之后，再回过头来看三星堆和金沙遗址，很多现象也就一目了然了。根据直观的印象，三星堆和金沙遗址在文化性质方面原是十分相似的。然而我们一旦知道了三星堆是鱼凫之都，而金沙遗址是杜宇之都以后，二者的差别也就突显出来。以玉器为例，我们知道，三星堆和金沙遗址都出土了不少精美的玉器，其数量之大，足以令人震惊。然而细加比较，可以发现，三星堆出土的玉器实际以璋为主，数量达到57件之多；而金沙出土的璋在数量上却与一般玉礼器相差无几，反而是仅有的两件玉琮，制作都很精美，其中显然蕴涵着重要的意义。这意义是什么呢？李复华引《周礼·春官·大宗伯》，以为琮是天子祭地的礼器，而这与《华阳国志》中"杜宇称帝"的记载恰相吻合。于是，李先生就此推论，认为鱼凫以玉璋礼祭南方，说明鱼凫统治下的三星堆仍然臣服于周；而杜宇取代鱼凫定都于金沙后，即脱离周人而自立，于是僭用玉琮以祭地。这不仅是文化上的转变，而且是政治中心的一次大转移。④

当然，这里还有一个问题没有解决，即杜宇的都邑所在问题。按照《蜀王本纪》的说法，杜宇自立为蜀王，"治汶山下邑曰郫"⑤；《华阳国志》也说，杜宇"移治郫邑，或治瞿上"⑥。这里的郫邑或瞿上，虽在成

---

① 据《华阳国志·蜀志》：蚕丛、柏灌、鱼凫，"此三代各数百岁"。任乃强认为，此"皆就其氏族旺盛年代言之"，"非一人能活数百岁"，见（晋）常璩著，任乃强校注：《华阳国志校补图注》，上海：上海古籍出版社，1987年，第119页。蒙文通也认为"蚕丛等都是一代之名，而非一人之名"，见蒙文通《巴蜀史的问题》，《古族甄微》，成都：巴蜀书社，1993年，第209页。
② 彭邦本：《杜宇王朝的存续年代与农业发展略论》，《地方文化研究辑刊》第五辑，成都：巴蜀书社，2012年。以杜宇为一朝君主的通称，早已成为学界通行的看法。但对此阐述得最清楚的，首推彭邦本此文。
③ 这里，金沙遗址被划入了十二桥文化，而不是三星堆文化。这一划分确立了三星堆与金沙遗址的对立，从而为鱼凫和杜宇王朝的更替提供了考古学依据。不过需要注意的是，关于三星堆晚期文化与金沙遗址的分合问题，考古学界尚有争议，相关讨论可参考施劲松《论三星堆—金沙文化》，《考古与文物》2020年第5期。此处暂不赘述。
④ 李复华：《从三星堆、金沙遗址出土文物看蜀文化大转移的政治意义》，《中国历史文物》2003年第5期。
⑤ （汉）扬雄：《蜀王本纪》。
⑥ （晋）常璩：《华阳国志·蜀志》。

都平原范围之内,但与地处成都之西的金沙遗址到底还是不合。如何解决这一矛盾呢?对此,李复华提出一个原则,凡文献记载与考古发现不相符合之处,"当以考古发现为准,对不同的相关记载则应予以否定"。因此,对于杜宇取代鱼凫成为蜀王后的都城所在,应当舍弃文献,而"以成都地区的考古发现为准"①。这就提出了一个方法论上的重要问题:文献服从考古,还是考古服从文献。如果文献应当服从于考古——也就是采取考古本位的立场的话——那么学界现存的很多争论,或许原本就不会发生,因为这些争论恰恰是为了牵合文献才得以产生的。

仍以杜宇年代为例。《华阳国志》说"七国称王,杜宇称帝",很多学者注意到这里的年代存在问题。盖七国会徐州称王,已在周显王三十五年(公元前334年),下距秦人灭蜀只有18年,杜宇年世必不能晚到这一时日。然则正确的年代又当在何时呢?对此,蒙文通先生根据《蜀王本纪》"望帝积百余岁"一语,推测杜宇王朝当延续五六世之长,于是将杜宇称帝之年上推到周宣王之世。②而任乃强先生则把《华阳国志》"七国称王"中的"七"字,径改为"巴",以为继楚国之后,巴国亦称王,而杜宇即缘此而称帝。③今查楚国称王在西周之末夷王、厉王之世,然未几又取消王号;及春秋初楚武王熊通在位,而称王之制始成定局。④我们照此推论,则杜宇称帝之年也当在两周之际,与蒙先生之说大体相合。

以上两家,都把杜宇称帝的时代放在西周、春秋之交,可以代表学者早期的一种观点。⑤稍晚,童恩正先生发表《古代的巴蜀》,也对这个问题进行了一番研究。所不同的是,童先生并非纯由文献考证入手,而是注意到广汉中兴公社遗址(即后来"三星堆遗址"的一部分)、成都羊子山土台以及彭县濛阳镇(今成都市彭州市濛阳街道)青铜器窖藏,认为这些

---

① 李复华:《从三星堆、金沙遗址出土文物看蜀文化大转移的政治意义》,《中国历史文物》2003年第5期。
② 蒙文通:《巴蜀史的问题》,《古族甄微》,成都:巴蜀书社,1993年,第211页。按:蒙先生以《本纪》中的"蒲卑"("蒲泽")为杜宇王朝之名,以为"蒲泽"王朝长125—150年,故可上达宣王之世。
③ (晋)常璩著,任乃强校注:《华阳国志校补图注》,上海:上海古籍出版社,1987年,第118页,又120页注8。按:任先生此处所改,实际并无版本上的依据。事实上,常璩原文既说"七国称王,杜宇称帝",又说杜宇"自以为功德高诸王",前后文气一脉贯通。这里,所谓"诸王"即指七国之王也,绝不能指巴王。
④ 按《史记·楚世家》,熊渠封其三子为句亶王、鄂王、越章王,是为称王之始。其后厉王暴虐,熊渠畏其伐楚,"亦去其王"。到春秋时,熊通伐随得胜,"乃自立为武王"。此后楚国历代君主均称王。
⑤ 蒙先生《巴蜀史的问题》发表于1959年;而任先生的《华阳国志校补图注》虽于80年代始告出版,其初稿盖亦成于1961年前后。

通通都是杜宇族的遗存。根据当时的考古学知识，这些遗存的年代既被判定为西周后期到春秋这一时段，则杜宇族活动的年代自然也就落在这一范围了。①

如果说杜宇的时代尚有文献记载可资推寻，那么，鱼凫以上，蚕丛、柏灌的年代就显得更为模糊了。如何把他们同考古发现对应起来，成为学者苦心钻研的又一问题。按照文献的说法："蜀王之先名蚕丛，后代名曰柏濩，后者曰鱼凫"。②可见蚕丛、柏濩（亦作柏灌），二者都在鱼凫之前。但这"前"究竟要"前"多少，文献中并没有明确记载，只说"此三代各数百岁"，未免语焉不详。③我们假若接受三星堆遗址二三期为鱼凫之都的说法，那么，蚕丛、柏濩所代表的文化，就要到三星堆二三期之前去找。显然，学者们正是沿着这一思路出发，进行探索的。

于是，叠压在三星堆文化之下的三星堆一期文化，自然成为备受关注的目标。而宝墩文化的发现，又为相关研究的开展起到了重要的推动作用。经过一系列讨论，学者们初步达成共识：宝墩文化，连同三星堆遗址第一期，二者当属同一期文化，且共同构成了三星堆文化的前身。④这一结论自然引导我们思考，蚕丛、柏灌的文化是否就包含在宝墩文化或三星堆一期文化之中呢？

对此，林向的回答是肯定的。他把古史传说中的蜀国世系分为三世，其中蚕丛、柏灌为开国之世，认为宝墩文化的古城群即其进入成都平原，发展为早期国家的遗迹。⑤李星星则从地理与族群迁徙的角度，对古蜀国历史展开推想，提出蚕丛氏系由岷江峡谷走出灌口，进入成都平原西部，宝墩文化即与之有关；而柏灌氏则是越过湔山（茶坪山）从西北角进入成

---

① 童恩正：《古代的巴蜀》，成都：四川人民出版社，1979年，第62—67页。
② 《太平御览》卷八八八引《蜀王本纪》。又《华阳国志·蜀志》云："蜀先称王，有蜀侯蚕丛，……次王曰柏灌。次王曰鱼凫。"与《本纪》之文大体相同。唯"柏濩"作"柏灌"，与此稍异。
③ 《华阳国志·序志》云："世俗间横有为蜀传者，言蜀王、蚕丛之间周回三千岁。"又《太平御览》卷一六六引《蜀王本纪》，则曰："从开明已上至蚕丛，凡四千岁。"（《文选·蜀都赋》刘注作"三万四千岁"，失之太长，故不采。）依此说，则蚕丛始年当公元前3300或4300左右，已进入仰韶时代中晚期。若三星堆遗址二三期果为鱼凫都邑，则蚕丛、柏灌两代平均延续650—1150年。殊可惊人！
④ 江章华、王毅、张擎：《成都平原早期城址及其考古学文化初论》，宿白主编《苏秉琦与当代中国考古学》，北京：科学出版社，2001年。按：此文主要观点，已见江章华等《成都平原的早期古城址群——宝墩文化初论》，《中华文化论坛》1997年第4期。
⑤ 林向："'禹兴于西羌'补证——从考古新发现看夏蜀关系"，《阿坝师范高等专科学校学报》2004年第3期。相同观点又见《古蜀文化的发现与研究》，《寻根》1997年第4期。

都平原的，三星堆一期文化当与之有关。①

李星星从地理角度出发，把成都平原的早期文化分成宝墩文化和三星堆一期文化，分别归属于蚕丛和柏灌两支族群。这与晚近赵殿增的看法不无相似之处。根据赵殿增的见解，宝墩文化与三星堆一期文化似同实异：前者来源于长江中游，后者则与岷江上游文化更为接近。所不同者，李星星将宝墩文化划给了蚕丛氏，而把三星堆一期文化划给了柏灌氏；而赵殿增正好相反，将宝墩文化划给了柏灌氏，而把三星堆一期文化划给了蚕丛氏。②

当然，以上各家不论存在什么分歧，都同意蚕丛、柏灌的遗迹要在成都平原的范围内寻找，且其时间上限均不超过公元前2800年。而另一些学者则将目光投向了岷江上游地区：在他们看来，蚕丛氏活动的区域非但不在成都平原，且其时代也要继续向前追寻。例如段渝就认为，蚕丛早于鱼凫而延续了"数百岁"，假如三星堆遗址第二期的城墙为鱼凫所筑，则蚕丛的年代就应当与夏代同时或更早。属于这一时期的营盘山和沙乌都遗址，既有当地土著文化特点，又与成都宝墩文化存在某种关联，且遗址所在地又位于传说中蚕丛氏居住的岷江上游地区，因而很可能与蚕丛氏（及蜀山氏）的先民有关。③

与之相应，晚于蚕丛而早于鱼凫的柏灌氏，其年代夹在三星堆和营盘山遗址之间，自然就该对应于宝墩文化或三星堆一期文化了。至于这两者中，到底哪一者才是柏灌的遗存，段渝似有两种说法。一说系从考古遗物着眼，认为三星堆一、二期之间有明显的变化，假如三星堆二、三期果然为鱼凫统治的文化，则其第一期中很可能就包含有柏灌的文化遗存。而另一说则由地理方位进行判断，认为柏灌居住的都江堰市灌口一带，正是宝墩文化分布的区域。当地的考古遗迹，从时间上和空间上都与柏灌史迹若合符节。④总之两说各有理据，不妨兼而并存。

这里需要我们注意的是，按照段渝的观点，蚕丛氏尽管兴起于岷江

---

① 李星星：《论"藏彝走廊"》，《藏学学刊》第2辑，成都：四川大学出版社，2005年。关于蚕丛氏与宝墩文化的关系，又见李星星《从"都广之野"到"邛都之野"——略论蚕丛及古蜀族群历史变迁》，《中华文化论坛》2009年第S2期。
② 赵殿增：《三星堆考古新发现与古蜀文明新认识》，《四川文物》2017年第1期。
③ 段渝：《四川通史》（卷一先秦），成都：四川人民出版社，2010年，第80页。
④ 前说见段渝《四川通史》（卷一先秦），成都：四川人民出版社，2010年，第80页；后说见第83页。相同说法，又见段渝：《玉垒浮云变古今：古代的蜀国》，成都：四川人民出版社，2001年，第59、63页。

上游河谷，而最终却向成都平原迁徙拓殖。① 因此，无论是营盘山还是沙乌都遗址，都只是与"蚕丛氏的先民有关"。这是一种极矜慎的说法。与之相比，冯广宏的态度则明显要坚决得多。依照他的阐述，营盘山遗址无论年代还是位置，都与蚕丛氏的传说完全相合。这证明"最古老的蚕丛王朝，并非虚构，而是实质性的存在着"②。

不过问题至此并没有完全解决。

正如我们前面指出的，学者之所以到岷江上游寻找蚕丛氏的遗迹，主要是由于文献明确记载说"蚕丛居岷山石室中"，而营盘山恰好就处在岷山这一区域内。有的学者把"石室"同石棺葬文化联系起来，但根据我们前文介绍，岷江上游的石棺葬遗存最早只能追溯到夏商时期。③ 这与我们推定的蚕丛氏年代并不完全相符。勉强能与蚕丛氏对应的，只能是新石器时代的大型遗址，例如我们一再提到的营盘山遗址，根据碳十四测年数据，其时代大约距今5300—4600年④。这与《华阳国志》所说"蜀王蚕丛之间周回三千岁"，大体相互吻合。因此，从逻辑上说，营盘山作为蚕丛氏遗存的候选，的确相当合适。

然而问题也随之而来。营盘山遗址出土的彩陶，无论陶质、器形或者花纹，都与同时期黄河上游及中原的彩陶文化密切相关。⑤ 更重要的是，这种彩陶文化的分布，居然一路向西，覆盖了大渡河流域的上源，却从未逾越岷江中游而向成都平原推进。⑥ 这就未免太奇怪了。毕竟，按照通行的观点，蚕丛氏是沿着岷江河谷，逐步进入成都平原的。⑦ 而这一发展轨迹，却与彩陶文化的分布范围明显不合。假若后者确为蚕丛氏的遗存，那

---

① 段渝：《四川通史》（卷一先秦），成都：四川人民出版社，2010年，第79页。段渝特别指出，从岷江河谷一线到成都平原的途中，即多有与"蚕丛氏"相关的地名，如蚕陵山、蚕崖关、蚕崖市等。
② 冯广宏：《论蚕丛与蜀》，《成都理工大学学报（社会科学版）》2007年第3期。
③ 营盘山发现的石棺墓年代甚至更晚。发掘者认为"应属于战国中、晚时期"，见茂汶羌族自治县文化馆：《四川茂汶营盘山的石棺葬》，《考古》1981年第5期。
④ 陈剑：《波西、营盘山及沙乌都——浅析岷江上游新石器文化演变的阶段性》，《考古与文物》2007年第5期。
⑤ 因此，有的学者就把这种彩陶文化归入马家窑文化的范围之内。参见江章华《岷江上游新石器时代遗存新发现的几点思考》，《四川文物》2004年第3期。
⑥ 实际上，类似风格的彩陶，除了分布在岷江上游地区，还见于大渡河流域上游的仰韶时代晚期遗址，包括哈休、刘家寨等遗址。该区域与岷江上游一起构成了川西北高原的彩陶文化分布区。见任瑞波、陈苇《试论川西北高原仰韶时代晚期遗存》，《考古》2022年第8期。大渡河中游的麦坪遗址、狮子山遗址，很可能即这一文化区向南扩张的产物。这说明彩陶文化的传播，始终以四川西部高原为界，未能进入平原地区。
⑦ 根据近人考证，从岷江河谷一线到成都平原的途中，还保留有不少与"蚕"相关的地名，如蚕崖石、蚕崖关、蚕崖市等。这些地名似乎向我们展示了一条蚕丛氏向南迁徙的路径。

么身为蜀王的蚕丛氏，所统治的区域倒不在成都平原，而在川西高原了。并且，相比成都平原，他与西北马家窑文化的联系似乎也要紧密得多。倘若真是如此，这倒刷新了我们对于古蜀历史的认知。

当然，鉴于文献上所谓的三代蜀王，系由蚕丛、柏灌、鱼凫共同构成的一条连续谱，我们上面所虚构的理论，并没有为任何学者所接受。相反，他们提出另一种看法，用于解释彩陶文化间的紧密关联。根据这种解释，黄河上游与中原地区的庙底沟和马家窑文化，以其极富特色的彩陶为人所知，代表的正是黄帝和他的族群。① 该族群中的一支沿西汉水、白龙江向南迁徙，将彩陶文化带入岷山地区。而接受这一文化影响而在当地兴起的，便是名为"蜀山氏"的族群。蜀山，顾名思义，就是茂县以北的岷山——这是宋以来所公认的看法。② 而按照《史记》的记载：黄帝有子二人，其一为昌意；昌意"降居若水"，"娶蜀山氏女"，生高阳，是为帝颛顼。这就把黄帝氏族同岷山地区的考古学文化联系起来，同时也解释了庙底沟类型和马家窑文化的彩陶何以会在当地大量出土，因而确是一个巧妙的假说。③ 从这一解释出发，则营盘山一类的遗址所对应的族群，自然是蜀山氏而非蚕丛氏了。

至此，我们已经在岷山地区找到了蜀山氏的遗存，并且再一次证实了文献记载的真实可信。现在留下的问题是：蚕丛氏到底去了哪里？

岷江上游的考古学遗存并不只有营盘山一处而已。实际上，近20年来学者在岷江上游地区开展了一系列考古工作，目前，当地已探明的新石器时代晚期遗址大抵不下十余处。这些遗址，按照性质的不同可以分成两大类：一类属于仰韶时代晚期，包括营盘山、姜维城、箭山寨等④；另一类则属于龙山时代，包括白水寨、沙乌都、下关子、龙溪寨等。⑤ 前一类

---

① 这里，黄帝和彩陶文化的关系，本身就是一个极有趣味的问题。支持这一主张的学者，通常将仰韶文化庙底沟类型视为黄帝族群的代表，而将马家窑文化的兴起视为该族群向西推进，融合当地文化而形成的产物。关于两种考古学文化（类型）的关系，参见谢端琚《马家窑文化渊源试探》，《中国考古学研究——夏鼐先生考古五十年纪念论文集》，北京：文物出版社，1986年。
② 虽然并没有明确材料支持这一结论，但宋人所作地志，如《太平寰宇记》《舆地纪胜》，并谓"黄帝子昌意取蜀山氏女，盖此山也"。
③ 彭邦本：《"昌意降居若水"与川西地区的颛顼传说》，《地方文化研究辑刊》第七辑，成都：四川大学出版社，2014年。
④ 可能还应包括波西遗址一段，但波西出土的陶器，与庙底沟晚期相差无几，似可归入庙底沟类型中。此处姑不列入。
⑤ 有的遗址实际跨越了两个时期，如营盘山遗址的上层，可能就已进入龙山时代。这里为求简便起见，根据的乃是遗址的主体部分来作划分。

遗址受马家窑文化影响甚深——我们前面所说的彩陶文化，主要即见于这一类遗址中。至于后一类遗址，尽管也承袭了第一类遗址的若干特征，但是两相比较而言，其本地文化的色彩明显要较前者浓厚得多。① 更重要的是，根据考古学家的看法，这一类遗址与成都平原的宝墩文化"不仅关系密切，而且属于同一文化系统"②。假设宝墩文化确为柏灌氏的遗存，那么与之衔接的岷江上游龙山遗址就很有可能代表了蚕丛氏的文化。

二、实物研究评析

总之，经过一系列努力，与传说相对应的考古学文化谱系终于建立起来了，这无疑是一项巨大的成就。当然，我们也要认识到，以上对蚕丛、柏灌所做的拟构，主要还是根据当前发掘提出的一种设想。未来，随着新材料的出现，现有的体系必然还将面临挑战，一些结论甚至可能会被推翻。这种新证据颠覆旧结论的现象，在考古学领域并不新鲜。事实上，我们对古蜀文明的认识，正是随着新材料的积累而日益拓展的。回首近百年的历史，由于批判史学的兴起，旧史料逐渐遭到怀疑，于是对新史料的发掘便成为推动研究向前发展的主要动力。

实物研究是在古文字材料的基础上进一步扩充史料范围的产物。其所以取得丰硕的成果，是与资料的不断积累分不开的。下面，我们就从资料运用的角度，对整个实物研究的历程作一番总结，并尝试指出其中存在的不足之处。

首先我们要认识到，围绕实物遗存所进行的研究，有一个十分鲜明的特点，即，这些研究的主要对象，无论是遗址、墓葬，还是其他种类的遗物，都是在缺乏文字材料的情况下被人发现的。也就是说，我们无法通过释读文字的方法，来对这些发现予以解释。鉴于国内考古学界"以实物证史"的研究取向，要弄清这些遗存与文献记载的对应关系，就显得尤为困难。

通常，考古学家采取的办法，是利用文献对古蜀王的记述，将其与特定遗址或墓葬联系起来。例如，文献记载说，蚕丛氏"居岷山石室"，又

---

① 陈剑：《四川盆地西北缘龙山时代考古新发现述析》，《中华文化论坛》2007年第2期。陈剑在该文中明确指出："四川盆地西北缘龙山时代考古学文化与川西北高原包含彩陶因素的新石器文化在年代及文化系统上均有差异，应属于四川盆地土著文化系统。"

② 陈剑：《蚕丛故地龙山时代考古学文化遗存初析》，《中华文化论坛》2009年第S2期。当地出土的夹砂灰陶以及装饰绳纹和锯齿状花边的褐陶侈口罐，"正是宝墩文化的典型特征之一"。参考陈剑《四川盆地西北缘龙山时代考古新发现述析》，《中华文化论坛》2007年第2期。

说蚕丛死,"作石棺石椁"。于是一些考古学家,便把岷江上游的石棺葬视为蚕丛氏或其遗族之墓。又如文献描述蚕丛氏,称其为"纵目人",而三星堆出遗址土的青铜面具中,就有眼睛向前凸起的人物形象。于是一些学者便把它们与蚕丛氏联系起来,认为这些面具反映的正是蚕丛氏的传说,从而证明三星堆古城即与蚕丛氏有关。这是根据文献描述来对考古发现加以阐释的两个例证。

这样的研究,所得出的结论到底正确与否,当然有赖于文献记载的可信程度。因此,采用这种方法进行研究的学者,必然也同时主张文献记载是真实可靠的,不应轻易加以怀疑。但问题的关键在于,即便文献记载确实可信,我们也不能明确知道,文献所描述的那些特征,是否即对应于我们当前所发现的考古遗存。例如上文提到的石棺葬,即不仅有可能是蚕丛氏的墓葬,也还有可能是当地其他部族所留下的。文献对此既语焉不详,我们生在数千年后,对于蚕丛氏所做"石棺石椁"到底具有哪些特征,更是无从了解。因此,对于上述假设,无论赞成还是反对,都难以提出确切的证据或反证来。

同样,也是由于文献记载的模糊性,我们对于"纵目"一词究当如何理解,也很难达成定论。实际上,在青铜面具发现前,人们对于"纵目"的解释,向来是眼睛呈竖直的形象,而不是眼睛向前凸起。因此,与其说三星堆的面具"证明"了文献的记载,不如说我们根据三星堆的面具,重新解释了何为"纵目"。至于这种解释是否正确,则是一个很难说清的问题。

总之,依靠文献上的零星记载所进行的考证,远没有研究者所认为的那样清晰可靠。很多时候,我们只是根据自己的需要,来对材料加以解读,从而得出符合自己期望的结论。所以单独来看,以上各家学说,尽管立论大不相同,却都能找到支撑自己主张的根据。这就不得不让我们产生疑惑,何以同一项考古发现,居然能为如此多的不同假说提供同样坚实的证明呢?

当然,这一问题可能是由于研究尚未形成体系所导致的。也就是说,这些研究尽管单独来看都能言之成理,却不能放进一个全面而完整的体系中,形成统一的结论。每个学者只考虑他所研究的那一段,当然就可以很容易地从片段的史料中找到自己需要的证据。于是,一项更具挑战的任务出现了,即通过建立完整的考古学文化序列,来为文献记载的每一代蜀王找到考古学根据。

这样的研究要求我们首先找到一个定点,再从这个定点出发,通过相对年代序列，确定文献与考古间的对应关系。显然，这个定点就是公元前316年灭亡的开明氏王朝，而与之对应的考古学文化便是晚期蜀文化了。于是我们由此上溯，早于晚期蜀文化的十二桥文化就应当是文献所见的杜宇王朝；而更早的蚕丛、柏灌、鱼凫，也可以按照同样道理，依次找到对应的考古学文化。这样的方法，不再依赖文献对于历代蜀王的零星记载，而是把结论建立在全面系统的考古发掘之上，相对来说自然也就可靠多了。

但这样的研究也并非没有问题。表面上看，我们是利用文献记载来为每一种考古学文化确定归属的；但在实际操作中，情况则正好相反，我们往往是首先确定了考古学文化的年代范围后，再把它强加给文献中对应的蜀王。前文提到的杜宇就是一个鲜明的例证。

到了70年代末，童恩正先生发表《古代的巴蜀》，也对这个问题作了一番探究。根据他的结论，杜宇族活动的年代大约在西周至春秋中期这一时段。这与蒙、任两先生之说并没有太大差别。所不同的是，童先生并非纯由文献考证入手进行研究，而是注意到广汉中兴公社遗址（即后来"三星堆遗址"的一部分）、成都羊子山土台、以及彭县濛阳镇（今成都市彭州市濛阳街道）青铜器窖藏，并将这些发现通通判定为杜宇族的遗存。这就把考古材料引入杜宇年代的判断中来。而按照当时所知，这些遗存的时代同样落在西周后期到春秋这一时段之内[1]，这与上面蒙、任两先生的看法绝无任何矛盾之处，考古材料与文献记载似乎贴合得十分完美。

然而随着发掘工作的进行，情况有了很大的变化。广汉中兴公社的遗址，逐渐揭露出周代以前的部分——当地发现的古城，年代可以早到二里头四期（公元前1700年）[2]，这就不可能是杜宇的遗迹了。此外，人们对商周时段古蜀文化的认识也在逐步加深，学者开始意识到，从晚商到春秋时代，巴蜀大地上曾经存在一个十二桥文化，前后延续了近600年，最终发展为战国时期的蜀文化。假若我们把战国时期的蜀文化视为开明氏王朝的文化，那么比这更早的十二桥文化自然就该是杜宇王朝的文化了。于是按照这一说法，杜宇王朝的始年就不能再像之前假定的那样止步于西周后期，而是要继续上推到商周之际，以符合于十二桥文化的年代。

但这样一来就与文献记载产生了矛盾。因为按照《蜀王本纪》，杜宇一朝只有百余年的历史，是到不了600年的。早期学者在处理这个问题

---

[1] 童恩正：《古代的巴蜀》，成都：四川人民出版社，1979年，第62—67页。
[2] 这里采用的是三星堆遗址二期的年代上限。三星堆遗址内的月亮湾小城、三星堆小城（分别位于遗址的西北和西南部），就是在这一时期开始修筑城墙的。

时，已经把杜宇看成不止一个蜀王，而是由一系列蜀王构成的一整个王朝。但对他们来说，这样做无非是把杜宇的年代拉长100年，以上达于两周之际而已，还没有想到杜宇王朝是从晚商一直横跨整个西周，进而延续到春秋之初这样一个漫长的时代。而在这个问题上，我们所掌握的材料并不比前人丰富多少，按理说也得不出什么新的结论。但事实却是，自从十二桥文化发现以来，越来越多的学者开始把这一发现与杜宇联系起来，从而意识到杜宇王朝的积年居然有600年之久。至于"望帝积百余岁"的传说，则在这一过程中被悄然抛弃了。这不免让我们产生一个疑问：假若学者对于文献能够如此随意地加以取舍，试问还有什么样的记载得不到考古的证明呢？

第四节　古史研究的方法论反思

　　至此，我们简要回顾了近代以来古蜀历史重建的整个历程。首先，我们谈到传统的古蜀研究，并且指出这一研究存在的两个缺陷，即：材料的匮乏和史料考辨的粗率。正是针对后一缺陷，近代实证主义史学提出了强烈的批评，进而引发学者对于古史的全面怀疑。其结果是，旧的古史系统被打倒，而新的古史系统则迟迟不能建立起来。于是，为了应对疑古思潮所带来的挑战，一些学者另辟蹊径，开始将目光投向前人所未曾运用的史料。这些史料包含三种不同的类型，分别是传世文献、出土文字资料以及考古实物遗存。从这些史料中，学者们挖掘与古蜀有关的信息，以弥补传统研究之不足；同时，也利用这些史料重建被疑古运动所摧毁的上古历史。

　　接下来，我们列举了重建过程中的一些具体实例，以展示这项工作是如何进行的。鉴于所有这类研究，心中都有一个假想敌，即疑古思想，所以学者们在运用史料时，总是倾向于证明传统的古史体系，而不是对传说提出疑问。对他们来说，扩大史料范围的目的，在于从多个角度为同一结论提供证据支撑。其背后的思路是：既然传统史料不可靠，我们就从传统史料之外寻找更多的证据，来证明传统史料所得出的结论其实仍是可信的。由此发展出了所谓"二重证据法"，即以地下史料与传统典籍相印证。既然传世典籍可能出自伪造，或因后人的改写而失真，那么考古发现的史料，由于深埋在地下，就不可能存在这一类的问题。因此，假如地下史料能与传世典籍相印证，就可以证明疑古派对于传统体系的怀疑，大部分是不恰当的。

应该说，站在今天的立场反思疑古思潮，当然是很有必要的。古往今来，任何学术运动都不可能由于自身倡导怀疑，就免于他人的怀疑。实际上，学术研究正是在相互质疑与辩难的过程中取得进展，这对于疑古思想也不例外。因此，我们在这里不拟就疑古的是非加以评析，所要指出的只有一点，即：近代古史重建的主流，是以拒斥疑古派的主张为其前提的。这就产生一个吊诡现象，那就是为了驳正疑古派对于古史的怀疑，主张重建的学者不得不以一部分史料证明另一部分史料的真实。于是在此过程中，史料就被划分成了不同的等级：一部分是需要证明的，而另一部分则是用来证明的。因此，尽管在理论上，主张重建者一再声称传统史料无可置疑，但在实践中却是运用非传统史料来佐证传统史料——这显示后者的可信度明显要高于前者。

这种对史料可信度的划分，不仅表现在传统史料与非传统史料之间，也反映在非传统史料的内部。例如像《山海经》这样的史料，即因带有"异端"色彩，反倒保证了书中材料未经后人窜改，因而尤为新史家所看重。对此，傅斯年先生早就有过明白表示。他强调，正统史料如《史记》《左传》《国语》，由于经历了儒家"伦理化"的改动，其价值反不及《山海经》等带有神秘性的古籍。①

不过，即便是傅斯年，也承认像《山海经》之类的材料，"如无殷墟文字的出土和海宁王（国维）君之发明，则敢去用这些材料的，是没有清楚头脑的人"②。所以王国维本人尽管已经充分意识到《山海经》一类"百家不雅驯"之书的史料价值，但在具体研究中仍不得不以卜辞作为佐证，然后始能取信于人。这正应了罗志田说的：

> 纸上材料要靠地下"新"材料的补正其实暗示着纸上材料本身的不足据，结果本意反对疑古的王（国维）至少间接支持了疑古派。③

---

① 傅斯年：《中国上古史与考古学》，见傅斯年档案Ⅰ：807，转引自王汎森《价值与事实的分离？——民国的新史学及其批评者》，《中国近代思想与学术的系谱》，长春：吉林出版集团，2011年。关于《山海经》的史料价值，吕子方先生也有类似表述。他以为《山海经》中后人添加的往往是系统、完整，或致密、文雅的部分，"而书中那些比较粗陋难懂和闳诞奇怪东西，正是保留下来的原始社会的记录，正是精华所在，并非后人窜入"。见吕子方《读〈山海经〉杂记》，《中国科学技术史论文集》下册，成都：四川科学技术出版社，1984年，第3—4页。
② 傅斯年：《"新获卜辞写本后记"跋》，《傅斯年全集》第3册，台北：联经出版事业公司，1980年，第225页。
③ 罗志田：《史料的尽量扩充与不看二十四史——民国新史学的一个诡论现象》，《历史研究》2000年第4期。

实在是相当讽刺的事情。

不过反过来，我们从这些史家对于材料的论述中也能看出，即便像《山海经》这样非正统的文献可用于佐证正统史籍的记述，但是相比于地下出土的考古资料，其可信度还是要稍逊一筹。关于这一点，李学勤有过很好的表述，他说：

> 古书是历代传下来的东西，它是曾被歪曲和变化的。不管有意无意，总会有些歪曲，而考古获得的东西就不一样，我们是直接看到了古代的遗存。现在我们有了机会，可以直接看到古代的书，这就没有辨伪的问题。①

这里所谓"考古获得的东西"，据李先生自己讲，可以分成两种：一种是有字的，一种是没字的——分别对应我们所说的出土文字材料和考古实物资料。李先生认为这两种材料都很重要，但他主要谈的还是前一种，即有文字的史料；至于后一种，他特别举了三门峡虢国墓出土的"铜鱼"，认为可以印证《仪礼》郑玄注的说法。李先生就此总结说："很多古人本来讲的是对的东西，后人却怀疑起来了，结果最后证明，他们的看法还是对的。"②

考古发现能在多大程度上证明古人的说法是正确的，不是此处所要讨论的问题。这里要指出的是：由于近代史学引发的疑古运动，传统史料的可靠性不再被当作天经地义，而是成了一个有待证明的问题。而要证明其可信，最有效的办法便是拿出地下埋藏的资料，来与传世文献相印证。在此，古文字材料和考古实物被归结为同一类史料，共同起到印证典籍的效用。

明白这一点，也就理解前文介绍的古史重建工作是如何开展的了。表面上看，这是一场新运动，使用的也都是新材料，但其思想内核则依然延续着"证经补史"的旧传统——其中新材料所发挥的作用，主要还是为了证明旧体系的真实性：假如《帝系》《纪年》《世本》《山海经》等仍不足以说服疑古派，那么广义的考古资料就为我们提供了最坚实的依据，能

---

① 李学勤：《走出疑古时代》，长春：长春出版社，2007年，第3页。另见李学勤、裘锡圭《新学问大都由于新发现——考古发现与先秦、秦汉典籍文化》，《文学遗产》2000年第3期。

② 李学勤：《走出疑古时代》，长春：长春出版社，2007年，第2页。关于"铜鱼"的例子，可以参看张长寿《"墙柳"与"荒帷"》，《文物》1992年第4期。

令一切怀疑者三缄其口。这里，所谓"广义的考古资料"包括甲骨金文、简牍帛书等文字材料，以及其他非文字的物质遗存，如：遗址、墓葬、建筑、器物等。在新史家看来，这些都是最"硬"的史料，应该足以打消任何怀疑。

于是我们看到古史重建的参与者怎样利用考古资料来与文献建立关系。甲骨文中的"㕇"被释读为"蜀"字，其地望则被确定在今天的四川。金文中一个不认识的"嫘"字，也被联系到传说中的黄帝之妻嫘祖，从而证明古蜀国的先王的确源出自黄帝的世系。至于岷江流域所发现的大量遗址、墓葬，更是被一一考定出其与历代蜀王的密切关联，一些学者甚至为古蜀国建立起了王朝演进的完整序列。如果这些研究全都是正确的，那么我们对于古蜀历史的了解真是有了很大的进步。

但是我们也要意识到，考古资料与传世文献一样，也存在着如何阐释的问题。如果我们抱定考古与文献互证的想法，从这个单一的角度选取材料，我们可能在无意中落入主观认定的陷阱，而全无自觉。① 事实上，表面看来相互印证的材料，其内部往往存在着深刻的分歧。我们对于文献的解读，既然不是只有一种方式，则我们对于考古资料的运用，其方法也就不止一种。决定这些方法优劣的，不在其是否为文献提供了印证，而在其是否为我们认识历史、解释历史提供了帮助。

因此，我们不妨采取另一种视角，来看待我们掌握的史料。这种视角不再强调史料间的互证，也就是说，它不打算回应疑古派所带来的挑战，也并不抱着证明传统体系的目标；而是按史料本身的性质对其进行分类，从而根据研究本身的目的，对不同类型的史料分别加以处理。按照这一原则，我们可以把史料分为文字史料和非文字史料两种。所谓非文字史料，当然是指考古所得的实物遗存；而文字史料则包含了传世文献和出土文字资料，后者曾经与实物归为一类，而本文则把它放到传世文献一边，作为同一类别。

这就是说，对于文字史料，不论来自地上还是地下，我们都采取了一视同仁的态度。一段史料，如果经过研究，判定其年代属于战国，那么无论它是传世的抑或出土的，都被我们当作战国时代的文字材料。假若它的内容涉及的是西周时的历史，我们就按战国时代的西周史料来进行处理。是不是出土材料，在此并不是什么重要问题。我们也不打算用出土材料来为传世材料提供证明。重要的是，史料就是史料，将它们运用于研究中，

---

① 关于这一点，上面我们在介绍各家学说的时候已经有过简要讨论，此处不再赘述。

目的只是为了解释历史。当传统的古史体系能够很好地解释历史时，我们就采用传统解释；而当传统的古史体系与我们知识的其他方面不相协调时，我们尝试用其他方式解释历史。

当然，这不是一个简单的问题，也不是说我们认为史料的考辨并不重要。而是说，史料的考辨乃是解释历史的一个环节。当两种史料相互冲突时，我们要对这种冲突加以解释；而当史料与我们整体知识的其他部分存在冲突时，我们也要对这种冲突加以解释。说"某个史料真"，或"某个史料伪"，实际只是一种解释的方式。这种方式小之必须符合史学研究的原则，大之必须符合我们对于世界的整体认知。——其中后者尤其重要，却往往被一般史家所忽视。很多辨伪的工作，其出发点就是因为史料与我们对世界的认知存在冲突，所以才会产生考辨的必要。反之，我们对于一些史料所以能够大胆采信，也不是因为我们有什么证据证明它可信，而是因为我们没有理由进行怀疑——换言之，它与任何既存的知识体系都没有矛盾。

关于这个问题，深入的探讨可能涉及哲学问题，在此难以细究。① 我们要说明的只是，传统的古史体系正是古人对于历史的一种解释方法。假若我们怀疑它，并非因为它是"伪造"的，而是由于这样的解释难以令人满意②，所以必须提出另一种体系取代它。

而要达到这个目的，我们必须了解不同史料在性质上的差异。例如文献与古文字资料，二者来源虽有不同，但就性质而言，固均为文本材料（textual source），反映的是古人对于历史及其自身的主观见解。这种见解无论正确与否，都是古人有意书写的产物。从这类史料出发，我们能够深入古人内心，与之展开"对话"，了解他们对于事物的看法。史料之于我们，是可供阅读的材料：它自身并不沉默，而是总在有所述说。

而实物资料则与此不同。表面上看，它和古文字材料一样，也是地下出土的，具有相似的来源。但这不是真正重要的。关键在于，实物资料并不以文字表达自身：它无所言说，只是静默地等待着人来解读。因此，我们在运用这类史料的时候，必须充分发挥自身的解读能力，做到"透物见人"，即通过对物质遗存的阐释，认识实物背后古人的生活，让实物代替古人说话。

---

① 读者可以看出，我在这里采取了一种真理的融贯论（coherentism）视角，而不是真理的符合论（correspondence theory）视角。
② 这通常意味着该体系内部存在冲突，或与我们对于世界的其他认识存在冲突。这个问题，我们将在别处进行详细讨论。

实物本身并不言说，需要研究者代其进行言说。这就决定了实物本身虽是客观的，但对于实物的研究不能没有主观的意味。也就是说，我们如何认识实物，取决于我们能从实物中看出什么；反过来，我们能从实物中看出什么，又受到实物这一介质本身的局限，不是我们所能任意决定的。我们利用自身的知识解读实物，剖析实物背后潜藏的信息；而这一信息又是借由实物本身的物质形态，从其产生的那个时代保存下来的。于是，实物能够保存什么信息，也就间接决定了我们能从实物中获得什么。

在这方面，实物与文字大不相同。前面我们说过，文字，无论其内容是否真实，都是古人有意书写的产物。我们透过文字，能与书写这些文字的古人直接进行沟通。而实物，无论其当初是否有意生产[①]，都不是为了传达信息而存在的。我们能从实物中获取信息，不是由于古人通过实物"说"了什么，而是我们根据自己的需要从实物中提炼而出，因此，其所包含的内容自然受到实物形态的局限。例如我们能从一件陶器中看出当时的制陶技术，或是能从器物的装饰中看出当时的审美倾向甚至精神信仰。但这不是古人直接告诉我们的，而是我们从器物上所间接获知的。这种知识有其局限，可以意会，却不能取代言传的功能。

…………

现在让我们回到古蜀历史重建的问题上来。我们已经看到，近几十年来，倡言重建古史的学者是如何针对古史辨派的怀疑论而提出其具体主张的。他们利用地下出土的各种资料，极大地拓展了古史研究的资料范围。这在学术史上无疑是一个巨大成就。但我们同时也要指出，为了矫正古史辨的弊病，他们又走入另一个极端，即为了证明古史记载的真实可信，将出土文物与传世典籍牵合在一起，强行比附，以证明历代相承的说法并非伪造。于是，为了与疑古派作战，"伪造"成了他们心中挥之不去的梦魇。似乎只要证明了文献并非伪造，古人的说法就可以重新为我们所采用。于是每发现一处遗址、每出土一件文物，人们首先想到的，是怎样把它们与文献记载勾连起来。这种尝试构成了我们学术史的每一阶段。我们在回顾四川考古发展时，已经对此有过描述。

当然，我们这里不是主张考古和文献资料必须截然分开，彼此不作联系。实际上，研究历史本来就应充分运用各种史料，而不是在不同史料之间树立壁垒。我们要说的仅仅是史料的性质决定了它所能运用的限度和范

---

① 按：有意生产的各种实物，包括生产生活用具；无意产生的实物，涵盖古人生产生活所遗留的各种痕迹以及废料等。

围。作为"无声之证",实物材料中包含的信息往往有其边界,而探索这一边界的所在,本身也是历史研究的任务之一。遗憾的是,这一任务长期被人们所忽略,成为一个有待提出的问题。

因此,要想推进古史研究的继续发展,我们所能采取的步骤之一,便是重新检视以往的研究中,学者从不同史料中得出的结论,哪些已经形成共识,哪些还要再作探讨。为了厘清前人的各种说法,使其不致相互纠缠,我们主张详细考察每一假说的由来,看它们之所以提出,是建立在哪些史料的基础之上,从而认识其作为一种假说的限度所在。为此,我们不妨将文本与实物暂时分开,单独加以讨论。只有明确了两种史料各自能够得出什么结论,才能在未来的探索中进一步考虑其结合的可能,而不至于坠入比附的陷阱。

结　语

最后,我们要对上文作一个总结。在前面的叙述中,我们追随前人的脚步,对近代以来学者探索古蜀历史的过程进行了一番简要的回溯。我们从近代史学转型开始,讨论疑古思想如何进入古蜀研究领域,并对传统史学构成了严重的挑战。接下来,我们探讨了现代学者对于疑古思潮所作的回应。我们分三个方面,来对其方法进行概括,这三方面分别是:(1)对传世文献的再利用;(2)运用地下出土的文字资料,以弥补文献记载的不足;(3)尝试将考古遗存与文献相联系,判明二者间的关系。我们引证了前人的研究,来对这三个方面进行说明。

经过一番考察,我们对于近80年来所取得的成果,大体形成以下一些看法:

首先,前人为古史重建所作的探索是极为有益的。这些研究,无论其结论是否正确,都构成了我们再次出发的起点。我们即便反对其中的一些说法,也应对其加以充分的讨论,说明其错误的原因,或我们不赞成它的理由所在,而不能对其采取视而不见的态度。另一方面,对于其研究中富有启发性的部分,则要尽可能全面地加以吸收,从而在前人研究的基础上,继续向前迈进。

其次,我们还必须认识到,历史的重建是一个艰难的过程。我们所运用的每一种材料,其实都存在不同的解释方式。没有人能够武断地表示,某个材料只能具有唯一正确的解释。这是由研究本身的性质决定的,而与研究者所用的材料无关。晚近以来,学者标榜以考古资料重建历史,仿佛一件材料从地下出土，就具备某种先天的优势，可以不加分析地决定人们对于历史的解读。这样的思路是太过简单的。

实际上，无论传世文献，还是地下出土的资料，都只是我们重建古史所运用的一种材料。如何运用这种材料，正是每个人治学路径的不同特点所在。疑古派对于史料的解释，或有不足之处，这只需要后人如实地加以指出即可。正如后人的研究，其对于史料解释的不足，也会被再后来的人所指出。在这里，任何材料的运用都没有高低贵贱之分，而全看其能不能符合理性的要求。

本着这样的态度，我们自然也不可能对于前人之说出之以简单的否定或推倒，而是应承认每一种说法都有其足以成立的可能。我们所要做的，只是从其运用证据的方式，判断其立说的根据是否充分，除此之外，则诸说并存可也，万物并存而不相妨害。

当然，我们也有自己的思路。为了厘清前人的各种说法，使其不致相互纠缠，我们主张详细考察每一假说的由来，看它们之所以提出，是建立在哪些材料的基础上，从而认识其作为一种假说的限度所在，同时也得以了解其所希望回答的问题为何。这样，我们才能对其得出一个正确的评估。

当然，上面提到的各家研究，只是古蜀历史重建中的荦荦大者，绝不是对所有学说的全面罗列。我们希望能以这些大家为起点，继续推进古蜀历史的重建工作。

图书在版编目（CIP数据）

三星堆·古蜀学术史研究 / 段渝主编；汪志斌等著.
成都：四川人民出版社，2024.12. -- ISBN 978-7-220-
14003-7
Ⅰ．K872.71
中国国家版本馆CIP数据核字第2024X5U225号

SANXINGDUI GUSHU XUESHUSHI YANJIU
三星堆·古蜀学术史研究

段 渝 主编　　汪志斌　杨丽华　李桂芳　向 野 著

出 版 人	黄立新
项目统筹	邹　近
责任编辑	王卓熙
版式设计	张迪茗
封面设计	邵晓锋
责任印制	周　奇
出版发行	四川人民出版社（成都市三色路238号）
网　　址	http://www.scpph.com
E-mail	scrmcbs@sina.com
新浪微博	@四川人民出版社
微信公众号	四川人民出版社
发行部业务电话	（028）86361653　86361656
防盗版举报电话	（028）86361653
照　　排	四川胜翔数码印务设计有限公司
印　　刷	成都蜀通印务有限责任公司
成品尺寸	165mm×238mm
印　　张	15.5
字　　数	282千
版　　次	2024年12月第1版
印　　次	2024年12月第1次印刷
书　　号	ISBN 978-7-220-14003-7
定　　价	68.00元

■版权所有·侵权必究

本书若出现印装质量问题，请与我社发行部联系调换
电话：（028）86361656